W0308513

Inhalt

Einführung

Hat es Sinn – und wieviel Sinn hat es, die Flut der Emanzipationsliteratur noch um ein weiteres Buch zu vermehren? Ich habe mich über diese Bedenken hinweggesetzt, aber es ist vielleicht doch notwendig, gleich zu Beginn auf sie zurückzukommen. Die Frauenemanzipation gehört sicher nicht zu den Problemen, die durch Bücher gelöst werden können, ebensowenig wie die Erziehung, die Psychotherapie oder der Umweltschutz. Man kann allenfalls darauf hinweisen, wie diese Emanzipation nicht aussehen sollte.

Das Verhältnis der Psychologen und Psychoanalytiker zu den Problemen der Frau ist bisher recht getrübt. Kate Millet hat Sigmund Freud scharf (und zumindest teilweise zu Recht) angegriffen und den Mißbrauch von Begriffen wie »Penisneid« aufgezeigt. Tatsächlich läßt sich jedes Streben nach Selbstverwirklichung durch solche Deutungen »auflösen«. Die Frau suche ja unbewußt immer nur das, was sie nicht haben kann und niemals haben wird. Konsequent genug, sah Freud in diesem Penisneid der Frau eines jener unüberwindlichen Hindernisse der Analyse, die er mit dem gewachsenen Fels verglich, den endlich der Spaten des Archäologen nicht weiter zergliedern kann. Solange die Frage nach dem Wesen der patriarchalischen Gesellschaft selbst nicht gestellt war, wurde für den Blick des Analytikers etwas so Veränderliches wie soziale Normen zum Ausdruck rein biologischer Notwendigkeit.

Diese Spannung zwischen angeblich biologischem Naturgesetz und von Menschen geschaffenen, durch Menschen veränderlichen sozialen Normen beschäftigt die Diskussion um die Emanzipation der Frau bis heute. Hier mehr Klarheit zu gewinnen, ist das Ziel meiner Arbeit. Denn nur wenn diese Klarheit besteht, wird es möglich, einen richtigen Weg zur Emanzipation zu finden, der nicht mit den Schattenseiten der gegenwärtigen Pseudo-Emanzipation belastet ist: Rund 50 Prozent leicht und mindestens 20 Prozent schwer verhaltensgestörter Kinder[1], zwischen Haushalt und Berufsarbeit aufgeriebener Frauen und einer fortbestehenden sozialen Starre der Geschlechtsrollen.

1 Vgl. G. Biermann: Handbuch der Kinderpsychotherapie. München 1968.

Es geht also in diesem Buch vor allem um die seelische Hygiene der Emanzipation, um die Möglichkeiten und Grenzen, die Geschlechtsrollen zu verändern. Dabei sollen gut bewiesene Tatsachen – etwa die, daß ein Kleinkind eine stabile Bindung an eine Elternfigur (nicht unbedingt die Mutter, es kann ebensogut der Vater oder eine andere Bezugsperson sein) herstellen muß, um nicht seelisch zu erkranken – von pseudobiologischen Behauptungen abgegrenzt werden, durch die eine emanzipationsfeindliche Haltung ihre eigene Bestätigung sucht. Früher war das die längst widerlegte These vom »physiologischen Schwachsinn des Weibes« (Möbius); heute tarnen sich diese Vorstellungen etwa in der Annahme Lionel Tigers[2], Männer seien aus biologischen Gründen weit mehr befähigt, Führungseigenschaften zu entwickeln und politische Verantwortung zu übernehmen als Frauen. Biologie und Psychologie können heute zeigen, wie groß der Spielraum menschlicher Anpassungsfähigkeit ist, in dem wir unser Verhalten sicher ändern können – wobei »sicher« besagt, daß sich die Gefahr seelischer Erkrankung durch einen Konflikt zwischen Triebnatur und gesellschaftlicher Anpassungsforderung in vertretbaren Grenzen hält.

Eine nicht starr an überkommene Lehren gebundene Psychoanalyse kann sicherlich ein sehr wichtiger Helfer in der weiblichen Emanzipation werden. Sie kann zeigen, was ich für die wesentlichste Ursache einer neurotisch verarbeiteten Emanzipationsproblematik halte: Die Konflikte zwischen den in früher Kindheit erworbenen emotionalen Prägungen und dem später, im Übergang zum Erwachsenenalter selbst gesetzten rationalen Leitbild der emanzipierten Frau. Die Psychoanalyse muß durch Einsichten aus Soziologie, Kulturanthropologie und Gruppendynamik bereichert werden. Sie kann uns Emanzipation nicht mehr als individuelle Aufgabe, als Zwang zu einer Selbstbefreiung innerhalb einer von Zwängen bestimmten Klein- und Großgruppe abverlangen. Die Emanzipation wird im Gegenteil zu einem Element des Gruppenschicksals selbst. Nicht das Individuum allein muß sich befreien – damit wird es überfordert und vereinsamt – sondern die ganze Gruppe, in der es lebt. Diese theoretische, abstrakt erscheinende Formulierung ge-

2 L. Tiger: Warum die Männer wirklich herrschen. München 1971.

winnt sofort Leben und Inhalt, wenn wir sie auf Alltagssituationen anwenden. Es ist eine falsche Emanzipation, wenn man nur von der Frau fordert, ihr überliefertes Rollenbild aufzugeben, etwa indem sie sich von der Nur-Hausfrau zur Mit-Verdienerin »emanzipiert«. Neben ihrer Berufstätigkeit besorgt sie morgens das Frühstück für Mann und Kinder, erledigt in der Mittagspause rasch einige Einkäufe, kocht das Abendessen und verbringt ihre Wochenenden damit, die dringendsten Hausarbeiten zu erledigen.

Das sind zwar äußere Probleme, die man aber nicht unterschätzen sollte. Sie zeigen, wie absurd es ist, wenn sich nur die Frau von ihrem überkommenen Rollenbild befreit, nicht aber der Mann auch, der nach wie vor seinen »Feierabend« genießt. Wichtiger noch sind aber die emotionalen Konflikte innerhalb dieser falschen Emanzipation. Die Frau fühlt sich nach wie vor ihrer ganzen Erziehung gemäß für den Haushalt und das Wohlergehen der Kinder verantwortlich. Wenn nun irgend etwas schief geht, die Kinder schlechte Zeugnisse mitbringen, krank werden, Verhaltensstörungen zeigen – dann wird sie zum Sündenbock gemacht, ja sie macht sich selbst dazu, lädt bereitwillig zu allem übrigen nun auch noch die Schuldgefühle auf sich und entlastet damit ihren Partner von der gemeinsamen Verantwortung. Es ist mir unvergeßlich, wie in der Diskussion eines Vortrags von Gisela Ammon auf einer Arbeitstagung der Deutschen Akademie für Psychoanalyse immer wieder die Zusammenhänge zwischen seelischen oder psychosomatischen Störungen von Kleinkindern und dem Verhalten der Mütter unterstrichen wurden. Ich fragte Frau Ammon, warum das Verhalten der Väter hier überhaupt nicht zur Sprache komme. Ihre Antwort: »Zu uns kommen immer nur die Mütter. Die Väter lassen sich nie blicken.«[3]

Der Schritt von einem auf die Einzelperson bezogenen zu einem Gruppen-Konzept der Emanzipation ist für das Gelingen der Selbstbefreiung und Selbstverwirklichung in der modernen Gesellschaft von zentraler Bedeutung. Das wird besser verständlich, wenn man sich vergegenwärtigt, daß vor allem die emotionalen Reaktionsformen eines Menschen – was ihn freut und schmerzt, ängstigt

3 Diskussion anl. des Internationalen Symposiums der Deutschen Gruppenpsychotherapeutischen Gesellschaft. Pästum Mai 1972.

und befriedigt – in einer Kleingruppe erworben und später ständig durch Kleingruppen aktiviert werden. Erst wenn die Emanzipation der Frau als Gruppenprozeß verstanden wird, in dem die Frau heute aus einer Sündenbock-Rolle befreit werden muß, dann läßt sich eine falsche Emanzipation korrigieren.

Was ist Emanzipation?

In kaum einem Staatswesen, das die Geschichte kennt, ist patriarchalische Herrschaft deutlicher ausgeprägt gewesen als im Rom der Republik. Der Pater familias hatte buchstäblich das Recht über Leben und Tod aller Hausgenossen. Neugeborene Kinder wurden ihm vorgelegt, und er entschied, ob sie überleben durften oder ausgesetzt wurden. Selbst die eigenen Söhne konnte er hinrichten lassen; Frauen und Sklaven hatten bedingungslos zu gehorchen. Diese väterliche Gewalt dauerte grundsätzlich bis zum Tode des Gewalthabers. Wenn der Sohn oder die Tochter früher aus ihr entlassen wurden, so geschah es freiwillig, in einem feierlichen Ritus. Dieser war in seiner ursprünglichsten Form dem rituellen In-Besitz-Nehmen von Beute, später Handels-Abschlüssen schlechthin angeglichen: Die Mancipatio (von manu capere = mit der Hand ergreifen) bestand darin, daß sechs römische Bürger die Abmachung bezeugten; einer von ihnen mußte eine Waage tragen (um den Kaufpreis abzuwägen). In der Emancipatio (e von lat. ex = aus, heraus) wurde der Sohn dreimal, die Tochter einmal an einen Scheinkäufer abgetreten und von diesem dann freigelassen. Später genügte es, vor Gericht die Freilassung auszusprechen, die im Prinzip durchaus der Freilassung eines Sklaven entsprach. Im deutschen Recht tritt schon zur Zeit der Sachsenkaiser die Emancipatio (saxonica) von selbst ein, wenn die Tochter heiratet oder der Sohn wirtschaftlich unabhängig wird. Im Bürgerlichen Gesetzbuch ist der juristische Begriff vollends verschwunden; die Emanzipation in diesem Sinn tritt automatisch mit dem Erreichen der Volljährigkeit ein.

Seit der Aufklärung hat der Begriff der Emanzipation den Sinn einer Befreiung aus Abhängigkeit schlechthin gewonnen (Emanzipation der Juden, der Sklaven, endlich der Frauen). Im Brockhaus-Lexikon von 1901 steht: »Emanzipation der Frauen wird von denen gefordert, welche in den Schranken, mit denen Naturverhältnisse, Sitte und gesellschaftliche Einrichtungen das weibliche Geschlecht umgeben, ein Unrecht sehen und diese Schranken weggeschafft wissen wollen ... unter emanzipierten oder freien Weibern versteht man solche, die in übertriebener Weise sich über diese Schranken hinwegsetzen.«

Unter Emanzipation ist heute aber sicherlich mehr als die Befreiung von äußeren Zwängen zu verstehen. Gerade die gegenwärtige Situation zeigt deutlich, daß eine juristische Gleichstellung nur die Voraussetzung für diese Freiheit schaffen kann. Zugleich gewinnt Emanzipation mehr und mehr den Sinn von Selbstverwirklichung und Identitätsfindung: Nicht nur äußere, sondern auch und vor allem innere Zwänge sollen überwunden werden.

Emanzipation und Identität

Nun ist Selbstverwirklichung ein etwas verschwommener Begriff. Das von Erik H. Erikson entwickelte Konzept der Identität mag dazu beitragen, ihn etwas zu klären. Die Identität ist gewissermaßen die Emanzipation nach innen; das Gefühl für die eigene Identität wird zum Gradmesser der Selbstverwirklichung und damit der Zufriedenheit mit dem Erreichten und des Mutes, neue Ziele anzustreben. Als Identität erlebt wird ein Gefühl der inneren Kontinuität, eines Eins-Seins mit sich selbst, das die Aktivität nach außen trägt, gewissermaßen die Achse des Bewußtseins von der eigenen Persönlichkeit und den sozialen Rollen, in denen sich diese Persönlichkeit selbst verwirklicht.[1]

Das Identitätsgefühl spricht sich deutlich in einem Brief von William James an seine Frau aus, in dem er sagt: »Der Charakter eines Mannes ist an der geistigen oder moralischen Haltung erkennbar, in der er sich, wenn sie ihn erfaßte, am tiefsten und intensivsten aktiv und lebendig fühlte. In solchen Augenblicken gibt es in unserem Inneren eine Stimme, die ... sagt: Dies ist mein wirkliches Ich!«[2] Die Identität ist kein Besitz, den man ein für allemal erwerben kann, sondern ein Prozeß, ein Geschehen, das Krisen enthält und von Krisen bestimmt ist. Weiter ist im Begriff der Identität deutlich geworden, daß Emanzipation und Selbstverwirklichung nicht nur eine individuelle Aufgabe sind, sondern ein durchaus sozialer Vorgang,

1 E. H. Erikson: Jugend und Krise. Stuttgart 1970, S. 15.
2 H. James (Hrsg.): The Letters of William James. Bd. I, Boston 1920; zit. n. Erikson, a. a. O., S. 15.

der die Abgrenzung gegenüber gesellschaftlichen Anpassungsforderungen ebenso enthält wie den inneren Bezug auf eine Gruppe von Menschen, der gegenüber die Identität erlebt und durch die sie bestätigt wird.

»Wir haben es mit einem Prozeß zu tun, der im Kern des Individuums ›lokalisiert‹ ist und doch auch im Kern seiner gemeinschaftlichen Kultur, ein Prozeß, der faktisch die Identität dieser beiden Identitäten begründet«[3], sagt Erikson. Mit anderen Worten: Erst in der Gruppe – der Kleingruppe persönlich bekannter Menschen, der Großgruppe einer Klasse (zum Beispiel der Arbeiter), eines »Publikums« (zum Beispiel der Leser eines Schriftstellers, der Zuschauer eines Schauspielers), ja einer ganzen Gesellschaft – wird die eigene Identität erfahrbar. So gesehen, beginnt die Identitätsfindung, sobald Mutter und Kind einander zum ersten Mal wahrnehmen, sich berühren und erkennen – und sie hört nicht auf, solange ein Mensch andere Menschen bestätigen oder von ihnen bestätigt werden kann. So ist die Identität zugleich ein psychoanalytischer und ein sozialpsychologischer Begriff: Denn nur die Psychoanalyse verfügt über genügend verfeinerte Methoden, um sie zu erkennen, und nur die Sozialpsychologie ist imstande, das soziale Feld zu erfassen, in dem Identität erst greifbar wird. Gegenteil der Identität ist der Prozeß, den Karl Marx als »Entfremdung« beschrieben hat: Der entfremdete Arbeiter fühlt sich erst »außer der Arbeit bei sich, und in der Arbeit außer sich«.[4] Seine Identität als Mensch wird durch seine Tätigkeit und durch die soziale Rolle, die ihm die Gesellschaft zubilligt, nicht bestätigt. Die Arbeit ist dem Arbeiter äußerlich, so daß »er sich daher in seiner Arbeit nicht bejaht, sondern verneint, nicht wohl, sondern unglücklich fühlt, keine freie physische und geistige Energie entwickelt, sondern seine Physis abkasteit und seinen Geist ruiniert.«[5]

Die Identität der Frau ist heute besonders gefährdet, gerade weil die Emanzipation juristisch und rational zum guten Teil möglich

3 Erikson, a. a. O., S. 18.

4 Karl Marx: Zur Kritik der Nationalökonomie. Erstes Ms.: Die entfremdete Arbeit. Zit. nach B. Goldenberg: Karl Marx. Ausgewählte Schriften. München 1962, S. 115.

5 Ebenda, S. 115.

geworden ist, aber von tief verwurzelten emotionalen Einflüssen behindert wird. Dabei sind im Prinzip die Vorurteile der Männer noch leichter zu erkennen und zu bekämpfen als die unbewußt gewordenen Prägungen der Frau selbst. Sie mag sich etwa in ihrer Emanzipiertheit nicht mehr als Frau erleben, da sie die zu diesem Zweck übernommenen männlichen Rollenelemente nicht in ihre weibliche Identität integrieren kann. So wird als fremd erlebt, was gerade in den Dienst der Selbstverwirklichung als Frau gestellt werden soll.

Das sind zunächst einmal Thesen, die Eindrücke aus der psychotherapeutischen Arbeit mit Frauen zusammenfassen. Warum diese Identitätsprobleme auftreten, wird später noch genauer zu schildern sein. Nur soviel sei hier schon vorweggenommen: Sie hängen sehr eng mit der Familiengruppe zusammen, in der die Frau aufgewachsen ist, und werden durch die Gruppen aktiviert, mit denen sie in Beruf und Freizeit Kontakt hat.

Penisneid und Passivität

Obschon Sigmund Freud selbst seinen Aussagen über die Psychologie der Frau mit einiger Skepsis gegenüberstand, sind diese immer noch aktuell genug. Wie auf vielen anderen Gebieten bleiben auch hier die aus der unmittelbaren Beobachtung gewonnenen Erfahrungen Freuds bedeutsam, während seine theoretischen Interpretationen höchst angreifbar sind. Verglichen mit dem, was Freuds Patientin »Dora« (»Bruchstück einer Hysterie-Analyse«) in ihrer Familiengruppe an zweideutigen Kommunikationen und geistigem Terror widerfahren ist, kann man die analytische Behandlung, welche Freud schildert, nur als Vorwegnahme einer emanzipatorischen Haltung bejahen.

Dora vertrug sich schlecht mit ihrer Mutter, die sexuelle Ansprüche ihres Mannes mit einer krankhaften Putzsucht abwehrte und ganz in der Pflege des Haushaltes aufging (wobei dieses zwanghafte Sauberkeitsstreben als Reaktionsbildung gegen unbewußte sexuelle Wünsche gedeutet werden kann). Sie kämpfte aber auch gegen ihren Vater, vor allem durch ihre hysterischen Symptome – nervöser Husten, Atemnot, heftige Kopfschmerzen, Depressionen und Lebensekel bis zu Selbstmordabsichten – und damit indirekt gegen dessen Geliebte, die Frau jenes Verehrers, dessen stürmische Umarmung Dora mit einem Aufflammen ihrer neurotischen Symptome quittierte[1]. Freuds offene Gespräche über sexuelle Themen und unbewußte, aus ihren Träumen erschlossene sexuelle Wünsche müssen sich für Dora wohltuend von der Haltung der Familiengruppe gegenüber der Sexualität unterschieden haben. Obschon Herr K., der Mann der Geliebten von Doras Vater, sie monatelang mit Blumen, Geschenken und eindeutigen Anträgen bedrängte, erkannten weder Vater noch Mutter darin eine sexuelle Absicht. Als dann Dora von dem geraubten Kuß auf einem Spaziergang berichtete, sah die Geliebte des Vaters nur eine verdorbene Phantasie am Werk – einem Mädchen, das Bücher über die »Physiologie der Liebe« (von Mantegazza) lese, sei auch die gewagteste Lüge zuzutrauen.

Die emanzipatorische Praxis Freuds, die aus dieser Krankengeschichte deutlich wird, darf allerdings nicht darüber hinwegtäuschen, daß seine bürgerlich-individualisierende Auffassung der Neurose, seine These einer den menschlichen Triebbedürfnissen widersprechenden, kulturellen Zähmung des Menschen und seine Neigung, gesellschaftlich bedingte Vorgänge biologisch zu fassen, die theoretischen Vorstellungen der orthodoxen Psychoanalyse zum Rüstzeug einer antiemanzipatorischen Ideologie werden ließen. Tatsächlich gesellschaftlich bedingte Einschränkungen wurden biologisiert und auf diesem Weg verabsolutiert; ein Beispiel dafür ist der Begriff des »Penisneides« als seelischer Grundtendenz der Frau.

Die Kluft zwischen dieser Theorie und seiner persönlichen Praxis mag es gewesen sein, die Freud zu der Aussage veranlaßte: »Die große Frage, die noch nie beantwortet wurde und die ich trotz meiner dreißigjährigen Erforschung der weiblichen Seele nicht beantworten kann, ist: Was will das Weib?«[2] Mit Dora jedenfalls hat er sich ganz offen über intimste sexuelle Fragen unterhalten (etwa über den Zusammenhang zwischen Phantasien oral-genitaler Be-

1 S. Freud: Ges. Werke Bd. V, S. 218 f.

2 Freud in einem Brief an Marie Bonaparte, zit. n. E. Jones: The Life and Work of Sigmund Freud. New York 1953, Vol. II, S. 421.

friedigung und ihren nervös bedingten Halsschmerzen) und auch die von der Familiengruppe des Mädchens verleugneten sexuellen Attacken des Hausfreundes als Tatsachen akzeptiert. Sicherlich hat diese Offenheit, sein standhaftes Weigern, die patriarchalische Verdunklungstaktik gegenüber der Sexualität mitzumachen, viel zu den therapeutischen Erfolgen Freuds beigetragen.

Das ändert nichts daran, daß seine theoretischen Vorstellungen eher geeignet waren, die Frau zu einer resignierenden Anpassung an ihre Unterdrückung zu führen, als ihr zu einer Emanzipation zu verhelfen. Freud genügte es, hysterisches Elend in gewöhnliches Leiden zurückzuverwandeln, wie er einmal sinngemäß sagte. Die selbstzerstörerischen Abwehrmechanismen, welche eine Abwendung von der Wirklichkeit enthalten, sollen zugunsten einer realistischen Sicht der eigenen Lage korrigiert werden. Tatsächlich mag das Konzept vom Penisneid der vereinzelten Hysterika zu Freuds Zeit ihre Unterdrückung begründet haben. Die »therapeutische«, d. h. sozialer Anpassung dienliche Funktion dieses Begriffes darf aber nicht darüber hinwegtäuschen, daß hier patriarchalische Machtstrukturen pseudo-biologisch verfestigt wurden. Wie gesagt: Was Freud an Daten über den Penisneid gesammelt hat, ist durchaus korrekt beobachtet. Viele Frauen »betrachten sich als infantil ... geschädigt, ohne ihre Schuld um ein Stück verkürzt und zurückgesetzt, und die Erbitterung so mancher Tochter gegen ihre Mutter hat zur letzten Wurzel den Vorwurf, daß sie sie als Weib anstatt als Mann zur Welt gebracht hat.«[3] Aber Freud verfolgt diese Beobachtung nur einen Schritt weit – bis zum unzweifelhaften anatomischen Unterschied zwischen Mädchen und Knaben, bis zu den Formen, in denen dieser Unterschied seelisch verarbeitet wird. Die Tatsache, daß »die Frau in eine männlich beherrschte Kultur hineingeboren wird, in eine Kultur, die es darauf abgesehen hat, ihre Wertbegriffe auch auf die Anatomie auszudehnen und biologische Phänomene mit symbolischer Kraft auszustatten«[4] wird nicht gesehen. Das weibliche Unbehagen ist realistisch erfaßt; die Gefühle des Be-

3 S. Freud: Einige Charaktertypen aus der psychoanalytischen Arbeit. Ges. Werke Bd. X, S. 370.

4 K. Millet: Sexus und Herrschaft. München 1971, S. 211.

schnitten-Seins, der Mangelhaftigkeit findet man in den Frauen, die 1970 analysiert werden, noch ebenso wie in den Analysen von 1904.

Aber es genügt nicht, den anatomischen Geschlechtsunterschied als Ursache hinzustellen. Zwei Faktoren spielen eine mindestens ebenso wichtige Rolle. Den einen hat Kate Millet unterstrichen: die patriarchalische Haltung der Gesellschaft. Den anderen zeigt uns die gruppendynamisch orientierte Psychoanalyse. Es hängt von der Sozialisation des Mädchens in der frühen Kindheit ab, ob später dieses Gefühl, »kastriert« geboren zu sein, einen beherrschenden Einfluß auf sein Leben ausübt oder nicht. Beide Einflußwege – die patriarchalische Ideologie und die familiäre Sozialisation – wirken naturgemäß oft in der gleichen Richtung. Aber die Sozialisation kann auch ideologische Prägungen korrigieren und dazu führen, daß sich eine ungebrochene weibliche Identität ausbildet. Das hängt davon ab, in wie weit die Familiengruppe imstande ist, die kindliche Neugieraktivität, das unbefangene An-Gehen der Umwelt zu dulden und zu fördern. Die mit »Penisneid« beschriebenen Symptome sind Folge einer Erziehung, die tatsächlich die ursprüngliche Aktivität des kleinen Mädchens beschnitten, »kastriert« hat. Die patriarchalische Haltung reproduziert sich in den Familien, weil die Mütter unfähig sind, die gesunde Aktivität des Mädchens voll zu bejahen. Sie machen es zum Opfer des eigenen Schicksals, weil sie in den ursprünglichen Strebungen des Kindes eine Wiederkehr dessen erleben, was sie verdrängen mußten und deshalb nicht ertragen können. Da diese Dynamik der Familiengruppe, welche dem Kind eine eigene Identität verweigert, unbewußt bleibt, kann sie in der Regel auch nicht durch bewußte, emanzipatorische Anstrengungen überwunden werden. Die Frau bleibt in symbiotischen Beziehungen gefesselt, weil sie ihr Verhältnis zur Mutter verinnerlicht hat und es auf spätere Partner überträgt. Die bewußt angestrebte Emanzipation kann diesen Konflikt sogar verschärfen, weil dann die unbewußte Abhängigkeit mit Schuldgefühlen besetzt und jede ihrer Äußerungen abgewehrt wird. Die Reaktion sind schwere Depressionen, oft mit Selbstmordimpulsen verknüpft. Die Ehe kann zu einem Kampf werden, in dem sich beide Partner aufreiben, ohne doch voneinander lassen zu können.

Freud hat in seiner Arbeit über »Die Weiblichkeit«[5] schon in seiner Ausdrucksweise gezeigt, wie sehr die phallische Überlegenheit des Mannes sein Denken beherrschte. Der Frau schreibt er eine »ursprüngliche sexuelle Minderwertigkeit«, einen »Defekt des Genitale« zu. Dieser mag eine Zeitlang unbewußt bleiben, doch tritt er deutlich hervor, sobald das kleine Mädchen erkennt, daß es »kastriert« ist: »Es bemerkt den auffällig sichtbaren ... Penis eines Bruders oder Gespielen, erkennt ihn sofort als überlegenes Gegenstück seines eigenen, kleinen oder versteckten Organs und ist von da an dem Penisneid verfallen.«[6]

Diese anatomische Deutung eines sozialen Sachverhalts ist aus einer ganzen Reihe von Gründen ungereimt. Da sie bis in die jüngste Zeit von orthodoxen Psychoanalytikern vertreten und für die »tiefste Schicht« der seelischen Konflikten von Frauen zugrundeliegenden Motivationsstruktur gehalten wird[7], fasse ich hier die Einwände noch einmal kurz zusammen:

1. Man kann nicht die Interpretation des anatomischen Unterschiedes aus diesem Unterschied selbst ableiten, sondern muß ein bestimmtes Wertsystem zugrundelegen. Es ist keineswegs selbstverständlich, daß das Mädchen von Anfang an den Penis für besser, weil größer, hält. Freud geht hier – wie schon die Kirchenväter – davon aus, daß der Mann die »Norm« des Menschen ist, von der die Frau abweicht. Ernest Jones hat hier mit Recht von einer phallozentrischen Haltung Freuds gesprochen. Viele Schülerinnen Freuds haben jedoch – eine indirekte Bestätigung seiner These von den starken masochistischen Neigungen der Frau – das Konzept vom Penisneid akzeptiert.

2. Kulturvergleichende Studien fehlen, wonach auch in weniger patriarchalisch gestalteten Gesellschaften der Penisneid eine Rolle

5 S. Freud: Die Weiblichkeit. Ges. Werke Bd. XV, S. 145 f.

6 S. Freud: Einige psychische Folgen des anatomischen Geschlechtsunterschiedes. Ges. Werke Bd. XIV, S. 23.

7 H. Deutsch sah in der Klitoris einen »ungenügenden Ersatz für den Penis«, K. Abraham spricht von einer »Armut der äußeren Genitalien« bei der Frau. Vgl. H. Deutsch: Psychologie der Frau. Bern 1948. – K. Abraham: Manifestations of the female castration complex. In: International Journal of Psychoanalysis, Vol. III, 1922. Selbst Margarete Mitscherlich hält am Konzept des Penisneides fest. Vgl. M. Mitscherlich: Müssen wir hassen? München 1972.

spielt. Im Gegenteil: Es gibt eine Reihe von Hinweisen darauf, daß in Primitivkulturen der männliche Neid auf die weibliche Gebärfähigkeit eine wichtige Rolle spielt (Margaret Mead, Ashley Montagu).

3. Wenn die Kultur nicht den Penis und damit die Männlichkeit höher schätzen würde, wäre es durchaus denkbar, daß das kleine Mädchen in seinem ungebrochenen Narzißmus das männliche Genitale für einen häßlichen Auswuchs, nicht für einen begehrenswerten Besitz hält. Entsprechende, nur schwer als Ausdruck einer Abwehr des Penisneides interpretierbare Beobachtungen an Kindern hat Karen Horney gesammelt. Mädchen empfinden den Penis gelegentlich als »praktisch« zum Urinieren, ohne das eigene Genitale primär als defekt zu erleben.

4. Die von Freud skizzierte Trennung zwischen einer infantilen, um die Klitoris zentrierten Sexualität der Frau und einer, die erst in der Adoleszenz vaginal um-orientiert wird, ist durch die neuere sexualphysiologische Forschung (William Masters, Virginia Johnson) entkräftet worden. Offensichtlich handelt es sich auch hier nicht um anatomisch-physiologische Unterschiede zwischen Mann und Frau, sondern um Folgen sozialer Prägungen, welche den durch Selbstbefriedigung erreichten klitoralen Orgasmus im Bewußtsein der Frau von einem vaginalen, d. h. in der Mehrzahl der Fälle koitalen Orgasmus unterscheiden. Freuds phallozentrisches Vorurteil wird nicht zuletzt daraus deutlich, daß er der Libido eine prinzipiell männliche (da aktive) Qualität zuspricht und die durch Manipulation der Klitoris charakterisierte Periode der weiblichen Sexualität als »phallisch« bezeichnet. Wo Aktivität solcherart zum männlichen Privileg wird, können sich offenbar nur Mannweiber emanzipieren.

Auch in dem, was Freud als weitere Folgen des anatomischen Geschlechtsunterschiedes erläutert, muß man zwischen korrekten Beobachtungen und falschen, ideologischen Interpretationen trennen. Beobachten kann man, daß Frauen, in ihrer Selbstverwirklichung eingeschränkt und gehindert, eine volle Identität zu gewinnen, auch nicht bereit sind, ihren Kindern diese Identität zu erlauben. Ihre Liebe wird besitzergreifend; sie suchen im Kind einen Ersatz für die Lebensmöglichkeiten, die man ihnen abgeschnitten hat. Freud sagt es in seiner Sprache: Das Kind wird für die unter dem Penisneid leidende Frau zum Ersatz-Penis, »das Glück ist groß, ... besonders ..., wenn das Kind ein Knäblein ist, das den ersehnten Penis mitbringt«.[8] Diese Bewertung des Kindes als Penis-Ersatz hat, wenn es um die Interpretation von Beobachtungsdaten, von freien Einfällen im Zug einer Psychoanalyse geht, durchaus ihren Sinn: Tatsächlich muß ja auch das Kind der Mutter ersetzen, was ihr genommen wird; die Söhne werden, wie es gelegentlich naiv oder zynisch gesagt wird, zum Sinn des weiblichen Lebens selbst. Daß das diesen Söhnen ganz und gar nicht bekommt, zeigen die Erfahrungen aus der Psychotherapie.

Offensichtlich hat es einer so temperamentvollen Fürsprecherin wie Kate Millet bedurft, um den Frauen bewußt zu machen, wie sehr die Freudsche Psychoanalyse dazu dienen konnte, ihre Unterdrükkung zu rechtfertigen. Der Penisneid wird in ihr zum biologisch-anatomischen Schicksal, das für die Psyche die Rolle eines »gewachsenen Felsens« spielt, der die seelische Entwicklung mit Notwendigkeit in eine bestimmte Richtung leitet. Die Frau muß entweder die Tatsache ihrer konstitutionellen Minderwertigkeit akzeptieren und sich auf die Mutterschaft beschränken, oder sie verfällt in ihrer Rebellion dem »Männlichkeitskomplex« oder »männlichen Protest«. Kate Millet hat hier allerdings auch Freuds konkretes Handeln angegriffen, wo eine Kritik an seinen Theorien (und vor allem ihrem ideologischen Mißbrauch) angezeigt war. Es ist nicht richtig – und Millet kann in diesem Punkt ihren Zorn auch nicht durch Zitate belegen – daß Freud die emanzipierten Frauen gehaßt und gefürchtet habe, daß er Beschwörungsformeln lieferte, um »das Gespenst der emanzipierten oder intellektuellen Frau (zu) vertreiben«[9]. Wenn er beschreibt, wie Frauen zur Analyse kommen, um gleichsam »einen Penis zu erwerben«, dann ist es einfach falsch, nun daraus zu schließen, »weibliche Patienten konsultierten ihn in der Hoffnung, in ihrer Arbeit produktiver zu werden; als Gegenleistung für ihre Ho-

8 S. Freud: Die Weiblichkeit. Ges. Werke Bd. XV, S. 137. Kate Millet sagt dazu: »Die Freudsche Logik hat es zustande gebracht, die Geburt, eine eindrucksvolle weibliche Leistung, ... in nichts weiter als eine Jagd nach dem männlichen Glied zu verwandeln.« K. Millet: Sexus und Herrschaft. München 1971, S. 217.

9 Millet, a. a. O., S. 219.

norare tat Freud sein Bestes, sie dazu zu bewegen, ihre Berufe als unnatürliche Irrwege aufzugeben«[10].

Nicht nur die Geschichte der Psychoanalyse hat gezeigt, daß Freud keineswegs Frauen von einem produktiven, intellektuellen Beruf abriet. Er hat sie sogar darin unterstützt und die Identität weiblicher Analytiker immer wieder gefördert – von Lou Andreas-Salomé bis zu seiner Tochter Anna Freud, die als einziges seiner Kinder die psychoanalytische Arbeit des Vaters fortführte und heute eine der international angesehensten Vertreterinnen dieser Wissenschaft ist. Auch das von Millet angeführte Freud-Zitat selbst bestätigt ihre These nicht, wenn man die analytischen Begriffe der damaligen Zeit korrekt versteht. Freud sagt: »Der Wunsch, den ersehnten Penis endlich doch zu bekommen, kann noch seinen Beitrag zu den Motiven leisten, die das gereifte Weib in die Analyse drängen; und was sie verständigerweise von der Analyse erwarten kann, etwa die Fähigkeit, einen intellektuellen Beruf auszuüben, läßt sich oft als eine sublimierte Abwandlung dieses verdrängten Wunsches erkennen.«[11] Freud hat ja die Sublimierung zu den kulturell wertvollen Abwehrmechanismen gerechnet und würde nie versucht haben, eine Patientin, bei der er sublimierten Penisneid vermutete, nun dazu zu veranlassen, die Sublimierung – beispielsweise eine Berufsarbeit – aufzugeben. Solche direkten Ratschläge passen nicht in die Methode des Analytikers. Wie wenig abwertend Freud den Begriff der Sublimierung gebrauchte, wird auch aus einer Bemerkung in seiner Selbstdarstellung deutlich, in der er ärztliches Helfen-Wollen mit sublimiertem Sadismus in Beziehung setzt.

Auch in einem anderen Punkt tut Kate Millet Freud Unrecht: Sie beschuldigt ihn, Weiblichkeit mit Passivität schlechthin zu identifizieren. Freud hat sich dagegen gewehrt, »aktiv« mit »männlich« und »passiv« mit »weiblich« zusammenfallen zu lassen, denn »Frauen können große Aktivität nach verschiedenen Richtungen entfalten, Männer können nicht mit ihresgleichen zusammenleben, wenn sie nicht ein hohes Maß von passiver Gefügigkeit entwikkeln . . . ›aktiv‹ mit ›männlich‹, ›passiv‹ mit ›weiblich‹ zusammenfal-

10 Millet, a. a. O., S. 220.
11 S. Freud: Die Weiblichkeit, a. a. O., S. 134.

len zu lassen ... erscheint mir unzweckmäßig und bringt keine neue Erkenntnis.«[12]

Freud hat auch ausdrücklich gesagt, wir »müssen ... achthaben, den Einfluß sozialer Ordnungen nicht zu unterschätzen, die das Weib gleichfalls in passive Situationen drängen«, wobei »die ... konstitutionell vorgeschriebene und sozial auferlegte Unterdrükkung (weiblicher Aggression) die Ausbildung starker masochistischer Regungen«[13] begünstigt. Liegen solche bei Männern vor, so schreibt ihnen Freud weibliche Züge zu, seinem Konzept der Bisexualität entsprechend.

Freud hat vielleicht nicht einmal an eine primäre Minderwertigkeit oder Unterlegenheit der Frau geglaubt. Wohl aber schreibt er ihrer Entwicklung zur »Weiblichkeit« einen verkrüppelnden Einfluß zu und macht es von den männlichen Komponenten in einem ursprünglich bisexuell angelegten seelischen Apparat abhängig, wie der Frau ihre Selbstverwirklichung gelingen mag.[14]

Dieses Konzept der Bisexualität ist für eine emanzipatorische Psychologie beider Geschlechter wichtig genug. Man muß sich daran erinnern, daß Freud in seiner Arbeit über »Die endliche und die

12 Ebenda, S. 123.

13 Ebenda, S. 123.

14 Wie sehr männliche Vorurteile und maskulin zentriertes Denken auch in der angeblich »objektiven« Verhaltensforschung dominieren, zeigt das folgende Zitat: »Zu den vielen bindenden Mechanismen (bei Tieren, W. S.) tritt auch eine Form der sexuellen Bindung, die wir von anderen Säugern nicht kennen. Diese paaren sich bekanntlich nur während der kurzen Brunstperiode der Weibchen. Nur beim Schimpansen hat man gelegentlich auch Begattungen außerhalb dieser Zeit beobachtet. So beschreibt R. Yerkes (1948), daß Schimpansenweibchen sich mitunter auch außerhalb der Brunst erfolgreich anboten und damit von dem so verführten Männchen bestimmte Vorteile (Vortritt am Futterplatz) erkauften. Beim Menschen ist nun die Bindung des Sexualtriebes an Brunstzyklen weitgehend weggefallen. Die Frau ist physiologisch die meiste Zeit bereit, den sexuellen Triebwünschen des Mannes zu entsprechen, obgleich sie nur zu einem Bruchteil dieser Zeit empfängnisbereit ist. Sie kann daher den Mann auch auf der Basis einer sexuellen Belohnung dauernd an sich binden. Und das dürfte wohl die Funktion dieser physiologischen Besonderheit sein. Im Dienste der Partnerbindung steht ferner wohl auch die Fähigkeit der Frau, selbst eine Entsprechung zum männlichen Orgasmus erleben zu können. Dies erhöht ihre Bereitschaft zur Hingabe und stärkt überdies ihre emotionelle Bindung an den Partner.« (Eibl-Eibesfeldt: Grundriß der vergleichenden Verhaltensforschung. München 1967, S. 432). Die Frau »entspricht« also den sexuellen Wünschen des Mannes; die »Entsprechung zum männlichen Orgasmus«, die sie erlebt, erhöht »ihre Bereitschaft zur Hingabe«.

unendliche Analyse«[15] neben dem »Penisneid« der Frau – also ihrer Unzufriedenheit mit der weiblichen Geschlechtsrolle in einer patriarchalischen Gesellschaft – auch die »femininen«, passiven Seiten des männlichen Charakters als schier unüberwindliches Hindernis der analytischen Arbeit beschrieben hat. Läßt man einmal die pseudobiologischen Erklärungen dieses Sachverhaltes beiseite, die von Freud viel vorsichtiger angedeutet wurden als etwa von seinem Freund Fließ oder von Weininger[16], dann läßt sich doch festhalten, daß nicht nur die Frau durch eine patriarchalische Unterdrückung in ihrer Selbstverwirklichung beschnitten wird und Mühe hat, eine stabile Identität zu finden. Das Gleiche gilt vom Mann. Wie die Frau ihre Aktivität, so muß auch er bestimmte Seiten seines Wesens verleugnen, Möglichkeiten der Selbstverwirklichung aufgeben, die an sich für ihn »von Natur aus«, also innerhalb der Variationsbreite seiner Anlagen, vorhanden sind. Freud, der gerade jene Kultur, die er so heftig kritisierte, für die einzig mögliche Form menschlichen Zusammenlebens hielt – die hochkapitalistische, patriarchalische, industrialisierte und von einer Doppelmoral geprägte Zivilisation der Jahrhundertwende – sieht hier den Mann an seiner unbewußten »Weiblichkeit« scheitern, wie die neurotische Frau an ihrem unbewußten »männlichen Protest«. Beide Formen des Scheiterns resultieren für Freud aus mangelnder Bewältigung biologischen Schicksals – sei es des anatomischen Geschlechtsunterschiedes, sei es der angeborenen Bisexualität. Natürlich muß der Mensch – Mann wie Frau – »bisexuell« erscheinen, sobald die Kultur die Geschlechtstypologie in einer Strenge normiert, welche biologisch einfach nicht vorgegeben ist. Was biologisch vorgegeben ist, wird noch in dem Abschnitt über die kulturelle Evolution der Geschlechtsrollen deutlich gemacht werden. Jedenfalls muß festgehalten werden, daß die feministischen Emanzipationsforderungen so lange unrealistisch sind, wie sie davon ausgehen, daß die Männer in ihrer patriarchalischen Vorherrschaft tatsächlich emanzipiert sind – das heißt: frei, sich selbst zu verwirklichen, eine Identität zu finden, in der sich Ich-Ideal und soziale Rolle, Gefühlsanlagen und Arbeit ei-

15 S. Freud: Ges. Werke Bd. XVI, S. 98.
16 W. Weininger: Geschlecht und Charakter. Berlin 1932.

nigermaßen entsprechen. Jedem kritischen Betrachter – vor allem jedem, der mit der neurotischen Verarbeitung der Geschlechtsrolle bei Mann und Frau beschäftigt ist – dürfte es klar sein, daß der Mann in der gegenwärtigen Gesellschaft ebenso weit von diesem Ideal entfernt ist wie die Frau.

Eifersucht und Neid

Zur psychischen »Natur« der Frau gehören für Freud neben Masochismus und Passivität auch Eifersucht und Neid. Es ist problematisch genug, wie diesen doch allesamt recht wertenden Begriffen dadurch ein Kavaliersmäntelchen umgehängt wird, daß Freud konzediert, sie könnten auch bei Männern mehr oder weniger stark ausgeprägt sein. Während er Masochismus und Passivität allemal der versteckten Weiblichkeit dieser Männer zuschreibt, sucht er mit Selbstironie mögliche Einwände vorwegzunehmen: »Hören Sie als ein Beispiel männlicher Ungerechtigkeit . . ., daß Neid und Eifersucht im Seelenleben der Frauen eine noch größere Rolle spielen als bei den Männern. Nicht daß diese Eigenschaften bei Männern vermißt würden oder daß sie bei Frauen keine andere Wurzel hätten als den Penisneid, aber wir sind geneigt, das Mehr bei den Frauen diesem letzten Einfluß zuzuschreiben.«[1] Gerade im Fall des Neides tritt Freud nach dieser scheinbaren Selbstkritik um so deutlicher für »das Übergewicht des infantilen Moments« ein[2]. Selbst die angeblich spezifisch weibliche Eitelkeit wird auf diese Weise miterklärt, »da sie ihre Reize als späte Entschädigung für die ursprüngliche sexuelle Minderwertigkeit um so höher einschätzen muß.«[3]

Das Freudsche Bild der Frau bietet einer Rechtfertigung des patriarchalischen Status quo so viele Anhaltspunkte, daß man ihm mißtrauisch gegenübertreten muß, wenngleich es fragwürdig scheint – wie es Kate Millet tut – aus ihm Schlüsse auf eine persönliche Bindung Freuds an die Doppelmoral seiner Epoche zu schlie-

1 S. Freud: Die Weiblichkeit. Ges. Werke Bd. XV, S. 134.
2 Ebenda, S. 135.
3 Ebenda, S. 142.

ßen. Das ist nach unserem biographischen Wissen falsch. Zu Masochismus, Passivität, einem Mangel an kulturschöpferischen Interessen (nur das Flechten und Weben, sagt Freud, haben die Frauen erfunden – um ihr defektes Genitale zu verbergen!), Neid und Eifersucht als hervorstechenden weiblichen Charakteristika rechnet Freud endlich auch noch den mangelnden Gerechtigkeitssinn der Frau. Er »hängt wohl mit dem Überwiegen des Neids in ihrem Seelenleben zusammen, denn die Gerechtigkeitsforderung ist eine Verarbeitung des Neides, gibt die Bedingung an, unter der man ihn fahren lassen kann.«[4] Insgesamt sind denn auch noch »die sozialen Interessen (der Frauen) schwächer und ihre Fähigkeit zur Triebsublimierung geringer als die der Männer«.[5] Dabei scheint sich Freud des Widerspruchs gar nicht mehr bewußt zu werden, wenn er einerseits ausdrücklich sagt, die Frauen seien mit einer »nur schwachen« Libido ausgestattet, andrerseits aber diesem schwachen Sexualtrieb einen so starken, ja beherrschenden Einfluß über das weibliche Leben einräumt. Das klingt an Thesen an wie »Der Mann ist auch Geschlechtswesen, die Frau ist nur Geschlechtswesen«, in denen sich die unterdrückte Triebnatur der viktorianischen Epoche Luft verschaffte, indem sie den mundtoten, sozial schwächeren Partner, das »Sexualobjekt«, in der Sprache Freuds, zum Sündenbock macht, der das eigene Verdrängte verkörpert[6]. Es mußte für die Freudsche Theorie Folgen haben, daß er nicht erkannte, wie sehr es sich bei allen von ihm der Frau zugeschriebenen Eigenschaften – Passivität, Masochismus, Neid, Eifersucht und geringere Fähigkeit zur Sublimierung – letzten Endes um interpersonelle Vorgänge handelte, um Merkmale, die man nur dann in den Griff bekommt, wenn man sie nicht Individuen, sondern Gruppen zuschreibt. Was Freud »Sublimierung« nannte – tatsächlich gehören kulturschöpferische, kreative Handlungen zur biologischen Grundausrüstung des Menschen, müssen keineswegs einem kulturfeindlichen Triebleben abgerungen werden[7] – ist ein Gruppengeschehen.

4 S. Freud: Die Weiblichkeit, a. a. O., S. 144.
5 Ebenda, S. 144.
6 W. Weininger: Geschlecht und Charakter. Berlin 1932, S. 101 f.
7 Vgl. C. G. Jung: Über die Beziehungen der analytischen Psychologie zum dichterischen Kunstwerk. Ges. Werke Bd. 15, 1931.

Denn von der jeweiligen Familiengruppe des Kindes, den Bezugspersonen des Erwachsenen hängt es weitgehend ab, ob kreative Möglichkeiten auch verwirklicht werden[8].

Die angeblich mangelnde Fähigkeit der Frau zur Sublimierung erklärt sich also daraus, daß die Gruppe, in der diese Frau lebt, eine solche Form der Selbstverwirklichung in der Regel nicht erlaubt.

Es ist fesselnd zu sehen, wie nahe Freud dank seiner scharfen und im vor-theoretischen Bereich durchaus vorurteilslosen Beobachtungsgabe dieser Erkenntnis der gruppendynamisch orientierten Psychoanalyse kam. Er hat durchaus gesehen, daß in der frühen Kindheit das Mädchen nicht weniger intelligent und kreativ ist als der Junge – im Gegenteil! (Wobei man daran denken muß, daß das »Mehr« an Intelligenz, das Freud dem Mädchen in der präödipalen Phase zubilligt, wohl dadurch bedingt ist, daß er ein Weniger erwartete und erstaunt war, es *nicht* vorzufinden. Tatsächlich sind die Unterschiede praktisch zu vernachlässigen, wenn man z. B. von Testresultaten ausgeht). Freud gibt zu, daß »das kleine Mädchen nicht intellektuell rückständig genannt werden kann«, »intelligenter, lebhafter ist als der gleichaltrige Knabe, es kommt der Außenwelt mehr entgegen, macht zur gleichen Zeit stärkere Objektbesetzungen.«[9]

Wodurch wird dieses kleine Mädchen, das Freud so richtig beobachtet hat, in jene Frau verwandelt, deren Passivität, Energielosigkeit, mangelnde kulturschöpferische Fähigkeiten, asoziale Neigungen er später beklagt? Wie kommt es zu jenem Bild, das er in seiner Arbeit über »Die Weiblichkeit« abschließend als »Eindruck aus der analytischen Arbeit« festhält: »Ein Mann um die Dreißig erscheint als ein jugendliches, eher unfertiges Individuum, von dem wir erwarten, daß es die Möglichkeiten der Entwicklung, die ihm die Analyse eröffnet, kräftig ausnützen wird. Eine Frau um die gleiche Lebenszeit aber erschreckt uns häufig durch ihre psychische Starrheit und Unveränderlichkeit. Ihre Libido hat endgültige Positionen eingenommen und scheint unfähig, sie gegen andere zu verlassen. Wege zu weiterer Entwicklung ergeben sich nicht; es ist, als wäre der ganze

8 Vgl. W. Schmidbauer: Sensitivitätstraining und analytische Gruppendynamik. München 1973.

9 S. Freud: Die Weiblichkeit, a. a. O., S. 125.

Prozeß bereits abgelaufen, bliebe von nun an unbeeinflußbar, ja als hätte die schwierige Entwicklung zur Weiblichkeit die Möglichkeiten der Person erschöpft.«[10]

Freud hat hier den verkrüppelnden Einfluß sozialer, vor allem in der patriarchalisch organisierten Familie wirksam werdender Prägungen unterschätzt. Anatomische Unterschiede, die in einer bestimmten Weise interpretiert werden »müssen«, führen das heranwachsende Mädchen in eine vorgezeichnete Richtung, nimmt er an. Während faktisch die Familiengruppe das heranwachsende Mädchen kastriert, ihm Aktivität und Kreativität verbietet oder sie doch nicht so fördert, wie es beim Jungen geschieht, behauptet Freud, daß das Resultat dieses Vorgangs beim Mädchen schon von Anfang an gegeben ist – in der anatomischen Tatsache seiner Penislosigkeit, die ja eben keine Tatsache ist, sondern bereits eine Interpretation. Denn es wäre durchaus möglich, daß der Knabe seinen Penis als widerwärtig empfindet, wenn die Familiengruppe ihn dazu anhält. Das muß nicht ausdrücklich geschehen; die nicht verbale Kommunikation, d. h. das durch Mienen, Gesten oder den Klang der Stimme Ausgedrückte, ist mindestens ebenso wichtig. Da der Penis als Signal für einen »Stammhalter« in vielen Familien sogar verbal gepriesen wird, darf man annehmen, daß die nonverbalen Botschaften fast überall in diese Richtung wirken. »Penisneid« ist, so gesehen, ein Stück Familiendynamik, in dem sich die gesellschaftliche Haltung widerspiegelt.

Der Ödipuskomplex der Frau

Wie hat sich Freud nun die Entwicklung des kleinen Mädchens, dessen Intelligenz und Lebhaftigkeit er sogar für größer hält als die des Knaben, zu jener seelisch erstarrten, unschöpferischen Frau vorgestellt, die für ihn offensichtlich das »typisch Weibliche« verkörpert (denn jenen Frauen, die gegen dieses Bild protestieren, billigt er großzügig männliche Eigenschaften zu; sie sind eben nicht »ganz

10 S. Freud, a. a. O., S. 144.

weiblich«)? Die frühen Phasen der seelischen Entwicklung, sagt er, sehen für beide Geschlechter ähnlich aus. Das kleine Mädchen lernt wie der Junge die orale Periode kennen, in der die Befriedigung durch die Mutterbrust von zentraler Bedeutung ist[1]. Es ist auch nicht weniger aggressiv, was sich in der sogenannten »analsadistischen« Phase zeigt, in der die Zurückhaltung von Kot und Urin zum ersten Ausdruck eigenen Willens, das Gebot, sie zur rechten Zeit herzugeben, zum ersten Präzedenzfall elterlicher Gebote werden. Selbst eine »phallische« Phase durchlebt es, in der Freud die Gemeinsamkeiten sogar noch am deutlichsten sieht – »wir müssen nun anerkennen, das kleine Mädchen sei ein kleiner Mann«[2]. Sobald es also aktiv wird, sexuelle Ansprüche stellt und sie (durch Masturbation) auch selbst erfüllt, ist das Mädchen für Freud ein »kleiner Mann«, denn Aktivität kann ja nur männlich sein (im Widerspruch zu Freuds Aussagen an anderer Stelle, vgl. S. 21). Die phallische Phase charakterisiert Freud dadurch, daß der Junge durch den Penis, das Mädchen durch die Klitoris lustvolle Empfindungen gewinnen. Beide richten ihre kindlichen sexuellen Bedürfnisse auf die Mutter, die ja durch die Reinigung des Säuglings diesem die ersten Lustgefühle in der Genitalzone verschafft hat. Während aber der Knabe, nachdem er unter dem Eindruck der Kastrationsangst seine kindliche Frühblüte der Sexualität unterdrückt und verdrängt hat, zur Zeit der genitalen Reife nur auf diese phallische Phase zurückgreifen muß, ist das Mädchen vor eine doppelte Aufgabe gestellt. Es muß die klitoral geprägte Sexualität durch eine vaginale ersetzen und auch das Liebesobjekt wechseln, indem es statt der Mutter den Vater vorziehen lernt. Beides, so will uns Freud glauben machen, geschieht durch die Entdeckung des anatomischen Geschlechtsunterschiedes, welche das Mädchen »aus ihrer männlichen in die ihr biologisch bestimmte weibliche Phase« führt.[3]

Die Bindungen des Mädchens an die Mutter sind vielgestaltig wie die infantile Sexualität auch: Orale, abhängige, passive Komponenten (durch die Mutter masturbiert oder verführt zu werden) gehen ebenso in sie ein wie die Phantasie, die Mutter zu heiraten. Diese

1 Vgl. S. Freud: Die Weiblichkeit, a. a. O., S. 126.
2 Ebenda, S. 126.
3 S. Freud, a. a. O., S. 127.

präödipale Beziehung zur Mutter wird später, wenn sich das Mädchen mehr oder weniger deutlich von der Mutter abwendet, auf den Vater übertragen. Diesen wichtigen Schritt, der die Situation des Mädchens so sehr kompliziert macht, leiten verschiedene Versagungen ein. Die erste dieser Enttäuschungen äußert sich in dem Vorwurf, die Mutter habe zu wenig Milch hergegeben, das Kind zu kurz gestillt – von diesem Konflikt leitet Freud die spätere, bei paranoisch-schizophrenen Reaktionen häufig nachweisbare Angst ab, vergiftet zu werden. Möglicherweise führt das Kind frühe Krankheiten auf solche Vergiftungen durch die Mutter zurück. Eine nächste Anklage gegen die Mutter ist dann gegeben, wenn sie ein zweites Kind bekommt, welches als unerwünschter Eindringling erlebt wird, durch den sich das Erstgeborene entthront und beraubt fühlt (auch wenn es sich bewußt, den Eltern zuliebe, über das Baby freuen möchte). Eine dritte Quelle solcher Frustrationen ist das oft von der Mutter gegen die kindliche Sexualbefriedigung gerichtete Verbot.

Warum aber entfremden diese Versagungen nur das Mädchen der Mutter, nicht auch den Knaben, den sie doch ganz ähnlich treffen? Nun, auch bei ihm gibt es eine zärtliche Strömung zum Vater hin und eine feindselige gegen die Mutter, gewissermaßen eine tiefere Schicht des klassischen Ödipuskomplexes (Mutterliebe und Vaterhaß). Diese Neigung kann sich in Phantasien ausdrücken, vom Vater vergewaltigt zu werden oder gemeinsam mit ihm die Mutter zu vergewaltigen. Dennoch ist hier die Abwendung von der Mutter selten so vollständig wie beim Mädchen. Freud setzt an dieser Stelle den Penisneid quasi als Deus ex machina ein. Während der Knabe den Ödipuskomplex unterdrückt, weil er fürchtet, kastriert zu werden (eine Drohung, die er zunächst nicht ernst nimmt, aber akzeptiert, sobald er ein Mädchen gesehen hat, das er – so glaubt Freud – für bereits kastriert halten muß), führt die Entdeckung des Kastriertseins das Mädchen zum Peniseid und mit ihm dazu, sich von der Mutter abzukehren. Denn diese Mutter hat es so schlecht ausgerüstet zur Welt gebracht, und sie verfügt auch selbst nicht über das begehrte Organ. Freud sieht drei Folgen der Kastrations-Entdeckung durch das Mädchen; drei Entwicklungslinien gehen von ihr aus:

1. Die Sexualhemmung mit einem erheblich gesteigerten Risiko neurotischer Krankheiten.

2. Die Charakterveränderung im Sinn eines »Männlichkeitskomplexes« oder »männlichen Protestes«.

3. Die »normale Weiblichkeit«.

Durch den Einfluß des Penisneides »läßt sich das Mädchen den Genuß seiner phallischen Sexualität verderben«, weil es »durch den Vergleich mit dem soviel besser ausgestatteten Knaben in seiner Selbstliebe gekränkt« wird[4]. Mit dieser Aufgabe der Klitoris-Masturbation geht ein Stück Aktivität verloren, das Mädchen wird passiver. Seine Zuwendung zum Vater sieht Freud ebenfalls durch den Penisneid motiviert: Der Vater, so erwartet es, könne das begehrte Organ verschaffen. Den vollen Schritt zur Weiblichkeit markiert erst der Ersatz dieses Wunsches durch den Wunsch nach einem Kind – zunächst vom Vater, dann von einem Sexualpartner, gegen den sich nicht das Inzestverbot richtet. Während der Knabe seine ödipale Situation verdrängen muß, um über die Identifizierung mit dem erst gehaßten Vater den Eintritt in die Latenzperiode zu finden, ist für das Mädchen die Ödipussituation »der Ausgang einer langen und schwierigen Entwicklung, eine Art vorläufiger Erledigung, eine Ruheposition, die man nicht so bald verläßt«[5]. Der Knabe entwickelt seinen Ödipuskomplex in der phallischen Phase und verliert, d. h. verdrängt ihn unter dem Zwang der Kastrationsangst. Das Mädchen hingegen wird unter dem Eindruck eben der Kastration, welche den Knaben aus seinem Ödipuskomplex heraustreibt, in den ihrigen hineingeführt – »der Kastrationskomplex bereitet den (weiblichen) Ödipuskomplex vor, anstatt ihn zu zerstören«.[6] Daher – so sagt Freud weiter – ist auch das Über-Ich, die Gewissensinstanz, bei der Frau weniger streng, denn während der Knabe den erst gehaßten Vater zum Über-Ich verinnerlicht, um den Ödipuskomplex zu überwinden, verharrt das Mädchen in der Bindung an den Vater, häufig ungewöhnlich lange, nicht selten ihr ganzes Leben.

An dieser Stelle wird deutlicher, wie sich Freud die Ursachen

4 S. Freud, a. a. O., S. 133.
5 S. Freud, a. a. O., S. 138.
6 Ebenda, S. 138.

vorstellte, daß aus dem strahlend intelligenten und lebhaften kleinen Mädchen die passive, seelisch erstarrte, von Neid und Eifersucht (vor allem gegenüber ihren Geschlechtsgenossinnen) geplagte Frau wird. Denn mit der phallischen Aktivität hat sie auch ein Stück Aktivität und Sexualität schlechthin verdrängt. Unglaubhaft bleibt, daß das allein unter dem Eindruck der Penislosigkeit geschehen soll. Hier zeigt sich, wohin eine psychologische Konzeption führen muß, welche gruppendynamische Gesichtspunkte völlig vernachlässigt. Weil er die Gruppe nicht sieht, muß Freud seine Zuflucht zu den anatomischen Unterschieden nehmen, die auf eine völlig unklare Weise »verarbeitet« werden – als ob es keine vorgegebenen kulturellen und familientypischen Formen gäbe, in denen diese an und für sich bedeutungslosen Unterschiede erst mit emotionalen Werten versehen und zu Rollenvorschriften umgemünzt werden[7].

Tatsächlich fällt das Ende der phallischen Aktivität des Mädchens nicht zufällig mit jener Periode seiner Entwicklung zusammen, in der die Sprachfähigkeit soweit ausdifferenziert und das Bild von der Umwelt soweit entfaltet sind, daß die Unterschiede zwischen den Geschlechtern nicht mehr nur faktisch präsent sind, sondern verinnerlicht werden. (»Mädchen tun das nicht ...« »Ein Junge darf sich nicht unterkriegen lassen ...« usw.) Wegen der auch von vielen Psychologen als notwendig erachteten, harten Auseinandersetzungen in diesem Prozeß hat man diese Periode auch das »Trotzalter« genannt – ein Beleg mehr für die Umwertung kulturtypischer Reaktionen auf einen gesteigerten Normenzwang in ein »entwicklungspsychologisches Naturgesetz«[8], dem man oft gar eine unentbehrliche pädagogische Funktion zubilligen möchte. Die Unterschiede in der Über-Ich-Entwicklung entsprechen der unterschiedlichen Rollenprägung. Vom Knaben verlangt man mehr Disziplin und eine eher leistungsorientierte, ernsthafte, konkreten Sach-

7 Wie belanglos körperliche Merkmale für die Übernahme der Geschlechtsrolle sind, zeigen neben den Studien von M. Mead (siehe S. 112) vor allem die Schicksale von Intersexen, d. h. anatomisch nicht eindeutig als männlich oder weiblich erkennbaren Kindern. Hier hat sich die anerzogene Geschlechtsrolle häufig als stärker prägende Kraft erwiesen als das genetische Geschlecht.

8 Vgl. zur Kritik an diesem sogenannten Trotzalter W. Schmidbauer: Erziehung ohne Angst. München 1972, S. 83 ff.

verhalten zugewandte Haltung, während beim Mädchen (solange es nicht zu »wild«, d. h. aktiv ist) kindliche Verhaltensmuster, unbeherrschtere Äußerung von Emotionen, Eitelkeit und Selbstliebe geduldet werden. Daher auch das »höhere Maß an Narzißmus«, das Freud bei der »reifen Weiblichkeit« erkennen will[9], und dessen Schicksal er bis in die »Objektwahl des Weibes« hinein verfolgt: Sie orientiert sich am »narzißtischen Ideal«, d. h. das Mädchen verliebt sich in jenen Mann, der zu werden es sich gewünscht hat.

Neben Sexual- und damit auch Aktivitätshemmung (ein bestimmtes Maß davon hält Freud für ein unentbehrliches Element der reifen Weiblichkeit) ist auch der Ausweg in den »Männlichkeitskomplex« möglich. Das Mädchen weigert sich, »die unliebsame Tatsache anzuerkennen«, es übertreibt »in trotziger Auflehnung seine bisherige Männlichkeit«, hält an der klitoralen Sexualität fest (die es ja, wie Freud verlangt, verdrängen müßte, um ein »reifes Weib« zu werden) und identifiziert sich mit der »phallischen Mutter« oder dem Vater. Extrempunkt dieser Entwicklung ist die weibliche Homosexualität. Freuds Konzept enthüllt sich in diesem Punkt als Ideologie einer Anpassung an die passive Weiblichkeit, welche er offensichtlich für die einzige legitime Identität einer Frau (ohne ausgeprägte männliche Züge im Sinne der Bisexualität) hielt.

Wo es in der männlichen Entwicklung für Freud nur eine schwerwiegende Hürde gibt – den Ödipuskomplex, der unter dem Druck der Kastrationsangst überwunden wird – muß die Frau drei Hindernisse überwinden: Die sexuelle Erregbarkeit von der Klitoris auf die Scheide übertragen, das bevorzugte Liebesobjekt wechseln (die Mutter gegen den Vater) und den Penisneid überwinden. Kate Millet übertreibt, wenn sie die männliche Entwicklung in Freuds Augen als »glückliches und unkompliziertes Kontinuum« bezeichnet[10], denn die volle Schärfe der Kastrationsangst spürt ja in Freuds Entwicklungsmodell nur der Knabe.

Was bleibt in dem psychoanalytischen Modell Freuds an Tatsachen, die für eine Befreiung der Frau bedeutsam sind? Wie im Ödipuskomplex des Mannes, der ja die tatsächliche Familiensituation

9 S. Freud, Die Weiblichkeit, a. a. O., S. 141.
10 K. Millet: Sexus und Herrschaft. München 1971, S. 233.

nur sehr ungenügend wiedergibt, muß auch der Ödipuskomplex der Frau (gelegentlich auch Elektrakomplex genannt) gruppendynamisch interpretiert werden, um den Ansatz für eine echte Emanzipation zu gewinnen. Günter Ammon hat in diesem Zusammenhang den Begriff des »Laioskomplexes« aufgegriffen, der ebenfalls der griechischen Mythologie entnommen ist. Laios ist der Vater des Ödipus, der seinen Sohn zuerst ausgesetzt hat und später durch Stockschläge aus dem Weg schaffen will: Die Agression des Ödipus ist reaktiv, durch eine Gruppensituation bedingt, in der die Väter den Söhnen ihren Anspruch auf eine eigene Identität verweigern wollen. Freud hat diese Kastrationsdrohung der Väter als naturgegeben akzeptiert und die ganze Verantwortung für den Haß des Kindes diesem aufgeladen. Ammon korrigiert: Der Ödipuskomplex ist oft nur eine Reaktion auf den väterlichen Laioskomplex[11].

Mit vielleicht noch mehr Recht läßt sich dieser Gesichtspunkt auf den Ödipuskomplex der Frau anwenden. Auch hier spielen gruppendynamische Vorgänge, welche die ganze Familie erfassen, eine sehr wichtige und bisher weitgehend vernachlässigte Rolle. Vergleichende Studien von Märchen- und Mythen-Motiven haben gezeigt, daß der Vater-Tochter-Inzest mindestens zehnmal so häufig ist wie der Mutter-Sohn-Inzest; die Realität dürfte, vor allem in unterprivilegierten Familien, nicht viel anders aussehen. Der Vater-Tochter-Inzest ist in der Realität und auch in der Phantasie wohl häufiger als die klassische Ödipus-Konstellation. Was die Tochter, die den Vater heiraten und die Mutter wegschicken möchte, ausformuliert, ist in sehr vielen Fällen ein unbewußter Wunsch des Vaters selbst, auf den die Tochter reagiert[12]. In einem Fall, den ich beobachten konnte, brachte der Vater seiner siebenjährigen Tochter einen »echten Zungenkuß« bei und beklagte sich gleichzeitig bei dem Mädchen darüber, daß die prüde Mutter ihm noch nie einen

11 G. Ammon: Gruppendynamik der Aggression. Berlin 1970.

12 In mancher Hinsicht führt ein solches, familiendynamisch orientiertes Konzept zurück zu den »Studien über Hysterie« Freuds der Jahrhundertwende. Damals glaubte Freud, daß hysterische Reaktionen dadurch entstehen, daß der Vater oder eine Vater-Ersatzfigur das kleine Mädchen genital reizen. Später erkannte Freud, daß es sich vielfach um bloße Phantasien seiner Patientinnen handelte; den Schritt zur Einsicht, daß es keine monologisch produzierten, sondern in der Familiendynamik verwurzelte Phantasien waren, hat er nicht mehr getan.

solchen gegeben habe. Die feindseligen Reaktionen gegenüber der Mutter gehorchen oft genug einem ähnlichen Gesetz. Auch hier haßt nicht die Tochter die Mutter, um den Vater allein für sich zu haben, sondern die Mutter erkennt in der Tochter eine gefährliche Konkurrentin und engt sie nun nach dem Motto: »Du sollst es auch nicht besser haben!« ein, indem sie ihr jede eigene, von der Mutter unabhängige Identität verbietet. In dem oben zitierten Fall sah das etwa so aus: Wenn die Tochter einmal weggehen wollte, um eine Freundin zu besuchen, und den Einwänden der Mutter trotzte, dann begann diese, das Mädchen massiv zu bedrohen. Sie schickte es fort, warf es geradezu aus der Wohnung, »du brauchst gar nicht mehr wiederzukommen, ich will dich nicht mehr sehen.« Völlig verängstigt, wagte das Kind nun eben nicht mehr fortzugehen; von der Mutter aus der Wohnung gesperrt, flüchtete es in den Garten und reagierte auch nicht, als eine freundliche Nachbarin es aufforderte, doch mitzukommen. Denn dann hätte die Mutter noch heftiger reagiert.

Man erkennt hier wieder einen Beweis für den verinnerlichten »Gummizaun« (Wynne), mit dem sich solche Familien gegen die Außenwelt abgrenzen. Dem Kind wird jede Reaktion blockiert, indem man ihm erst das Weggehen verbietet und es anschließend befiehlt (zu den Selbstmordphantasien dieser Patientin gehörte später, sich in die Gefriertruhe zu legen und auf diese Weise gewissermaßen die von der Mutter befohlene Erstarrung zu wiederholen). In dieser Familiensituation läßt sich ohne weiteres der klassische Ödipuskomplex des Mädchens entdecken, das in den Vater verliebt ist, der mehr Freiheiten gewährt, und die einengende Mutter haßt. Aber wenn man mit Freud darin nur einen Beleg mehr für die unersättlichen Triebwünsche des Kindes sieht, verkürzt man das Spektrum der bedeutsamen, psychologisch prägenden Einflüsse doch beträchtlich. Dabei handelt es sich gewiß nicht nur um ein Problem der Forschungsstrategie und der wissenschaftlichen Theorie, sondern auch um eine Frage der konkreten Emanzipation – der Bewertung und des Vollzugs einer Selbstbefreiung aus bedrückenden, zerstörerischen Prägungen, festgelegten Rollen und Wiederholungszwängen.

Der »weibliche Masochismus«

Freud hat noch gesehen, daß der Frau in seiner Gesellschaft die Unterdrückung ihrer Aggression sozial auferlegt war, wenngleich er diesen Prozeß auch und vor allem für »konstitutionell vorgeschrieben« hielt. Gleichgültig, welche Gesetze ihn nun mehr bestimmen, das Endresultat ist jedenfalls »die Ausbildung starker masochistischer Regungen«, ja der Masochismus »ist also, wie man sagt, echt weiblich«[1]. Daß die Verknüpfung von Schmerzempfindung und sexueller Lust auch bei Männern häufig genug ist (und übrigens der Begriff des Masochismus nach der Autobiographie eines Mannes geprägt wurde) behelligt Freud nicht weiter – es handelt sich dann eben um »sehr deutliche weibliche Züge« dieser Männer.

Marie Bonaparte, eine der ersten Schülerinnen Freuds, hat dieses Konzept des weiblichen Masochismus extrem ausgeweitet. Sie geht dabei erheblich einseitiger vor als Freud selbst, der z. B. keineswegs die gesamte tierische, ja pflanzliche Sexualität von gewalttätigen Männchen und passiv-masochistischen Weibchen charakterisiert sah, sondern durchaus registrierte, daß in vielen Tierarten die Weibchen aggressiver und stärker sind. Die moderne Ethologie hat eine lange Reihe von detaillierten Beschreibungen solcher vom patriarchalischen Standpunkt aus »unmöglichen« Beziehungen geschildert: Die Gottesanbeterin verspeist häufig noch während der Kopulation das Männchen; dasselbe geschieht kurz nachher bei vielen Spinnenarten. Durch ausgefeilte Tanzrituale (die bis zum Überreichen einer erbeuteten Fliege oder eines »symbolischen« Ersatz-Geschenkes gehen) müssen die Männchen versuchen, die Beutefang-Reaktion des Weibchens zu umgehen.

Natürlich sind Schlüsse von einer Tierspezies auf eine andere (bzw. auf den Menschen) wissenschaftlich wertlos, solange man schon Beweise sieht, wo man erst Arbeitshypothesen erwarten darf. Aber die Zoologie kann jedenfalls Marie Bonapartes Überzeugung nicht bestätigen, daß überall das Männchen aggressiv und das Weibchen passiv ist. Selbst bei den Menschenaffen geht nach neueren Feldforschungen (Jane Goodall, Irven DeVore, Georg Schaller)

1 S. Freud: Die Weiblichkeit, Ges. Werke Bd. XV, S. 123.

die Aktivität für einen sexuellen Kontakt meist von dem brünstigen Weibchen aus, das sich seinen Partner selbständig sucht. Von einer Vergewaltigung kann also keine Rede sein. Freuds in »Totem und Tabu« geschilderte Vision des mächtigen Vaters, der in der Ur-Horde alle Weibchen monopolisiert, ist die Projektion einer zeitbedingten Vorstellung in die Naturgeschichte des Menschen selbst.

Ähnlich sieht Marie Bonaparte als getreue Freud-Schülerin die Aufgabe der Frau, die sich schon in der »Bestimmung des Eis« ausdrückt, »die männliche Zelle zu erwarten, zu warten, bis die aktiven, beweglichen Spermatozoen kommen und eindringen ... Daher geht der Befruchtung der weiblichen Zelle eine Art Wunde voraus. Auf die ihr eigentümliche Art ist die weibliche Zelle von Anfang an ›masochistisch‹«[2]. Dieser Masochismus spiegelt sich in der angeblich »typisch weiblichen« Phantasie wider, in der Koitiert- und Geprügeltwerden ein und dasselbe sind, den »die vaginale Empfindung im Koitus beruht für die reife Frau vor allem auf dem Vorhandensein und dem mehr oder weniger bewußten Ausleben der masochistischen Phantasien vom Geschlagenwerden, die sie als Kind hatte. Denn im Koitus ist die Frau tatsächlich den Schlägen des männlichen Penis ausgesetzt. Sie nimmt diese Schläge in sich auf und liebt sie in ihrer Gewalttätigkeit«[3].

Diese Gedankengänge führen die Prinzessin Bonaparte bis zu Forderungen wie jener, der Mann dürfe beim Verkehr mit dem Penis ja nicht die Klitoris berühren, da er auf diese Weise die aktiven Komponenten in seiner Partnerin und mit ihnen ihre »Unreife« reize. Wenn Frauen »eine Abneigung gegen die brutalen Spiele des Mannes zeigen«, so sind sie laut Bonaparte »des männlichen Protestes und exzessiver Bisexualität verdächtig. Solche Frauen können sehr wohl klitoral sein.«[4]

Ebenso wie Bonaparte preist auch Helene Deutsch – freilich ein gut Stück selbstkritischer – die wahre, das heißt passiv sich hingebende Weiblichkeit, für die »der Geschlechtsakt eine tiefe, dramatische und kathartische Bedeutung« erlangt, vorausgesetzt, die Frau »gibt sich ihm auf weibliche, dynamische Art hin, so daß er nicht

2 M. Bonaparte: Female Sexuality. New York 1965, S. 79.
3 M. Bonaparte, a. a. O., S. 87.
4 M. Bonaparte, a. a. O., S. 83.

als erotisches Spiel oder als Akt sexueller ›Gleichheit‹ betrachtet wird.«[5]

Als Gegenstück zu dieser masochistischen Einstellung der Frau erscheint die sadistische des Mannes, vor allem des kleinen Jungen, der eine »anale, kloakale, intestinale Penetration, eine blutige Aufschlitzung der Eingeweide« ersehnt und trotz seines zarten Alters von drei bis vier Jahren von Marie Bonaparte als »potentieller Jack the Ripper« bewertet wird[6].

Es würde zu weit führen, hier die Problematik des Masochismus schlechthin aufzurollen, der ein für jede Psychologie und Anthropologie schwer erklärbares Phänomen darstellt, eine schwerwiegende Ausnahme von dem scheinbar allgemeingültigen Lebensgesetz des Lustprinzips. Sicherlich kann man aber dieses Problem nicht dadurch lösen, daß man den Masochismus einer imaginären Weiblichkeit zuschreibt – und das angesichts der Tatsache, daß er bei beiden Geschlechtern gleichermaßen das Sexualverhalten bestimmen kann.

Es gibt eine Reihe von Beobachtungen, die dafür sprechen, daß die Verbindung von Schmerzerleben und Wollust konditioniert, d. h. nach dem Prinzip des bedingten Reflexes erworben ist, weil – etwa in der Kindheit – Lustempfindung und Schmerz gemeinsam erlebt wurden. Beispiel: Ein Junge masturbiert während des Unterrichts, der Lehrer ertappt ihn und zieht ihn gerade während des Orgasmus am Ohr aus der Bank hoch. Seither gelangt dieser Junge, inzwischen zum Mann herangereift, nur dann zum Höhepunkt, wenn ihn seine Partnerin heftig am Ohr zieht. Wenn solche Erklärungen den Masochismus auch wohl kaum erschöpfend interpretieren lassen, so weisen sie doch in eine bestimmte Richtung. Die Verbindung von Lust und Schmerz spricht dafür, daß der oder die Betroffene nur dann Lust erleben durften, wenn zugleich Schmerzen zugefügt wurden. Die Frau muß demnach nicht unterwürfig sein, weil sie von Natur aus zum Masochismus neigt, wie Bonaparte annimmt. Sondern sie ist masochistisch geworden, weil man sie unterworfen

5 H. Deutsch: Psychologie der Frau, Bd. II, Bern 1948.

6 M. Bonaparte, a. a. O., S. 80. Jack the Ripper war ein berüchtigter, nie identifizierter Mörder im London des 18. Jahrhunderts, der Frauen – meist Prostituierte – erstach und zerstückelte. Die »kloakale Penetration« bezieht sich auf die »infantile Sexualtheorie«, wonach Kinder durch den After gezeugt und geboren werden, wie das bei den Kloakentieren (den Vögeln) tatsächlich der Fall ist.

hat und ihr Lust nur dann gestattete, wenn man ihr auch Schmerzen zufügte. Für den Mann gilt spiegelbildlich ein ähnliches Gesetz: Auch er ist nicht von Natur aus sadistisch, sondern die Familiengruppe (und im größeren Rahmen die patriarchalische Gesellschaft selbst) hat ihn vielfach dazu angehalten, nur dann Lust zu empfinden, wenn er den für minderwertig erklärten Partner auch unterwerfen und ihm Schmerz zufügen konnte. Beide Verhaltensweisen kommen überdies einer Reaktionsbildung gegen Kastrationsängste sehr nahe. Um nicht angegriffen zu werden, greife ich an, um nicht verletzt zu werden, verletze ich. Diese psychodynamische Verwandtschaft erklärt auch, warum Masochismus und Sadismus so oft vergesellschaftet vorkommen – sei es in einem Individuum, sei es in einer Gruppe (zum Beispiel zwischen Ehepartnern oder auch zwischen Eltern und Kindern).

Eine viel überzeugendere Erklärung des weiblichen Masochismus, die – freilich noch unausgesprochen – gruppendynamische Gesichtspunkte berücksichtigt, bietet Margarete Mitscherlich. Die angeblich »typisch weiblich«[7] masochistische Reaktion der Frau ist tatsächlich die Reaktion auf kastrierende, zerstörerische Phantasien gegenüber einem Mann, der sich nicht in sie einfühlen kann und die Frau zum Neid herausfordert. Vielleicht werden die Historikerinnen der Psychoanalyse auch einmal Marie Bonaparte und Helene Deutsch, die den Masochismus so gepriesen haben, unter diesem Gesichtspunkt betrachten. Denn zu ohnmächtigem Haß und Neid auf die selbstgerechte, phallische Dominanz ihrer männlichen Kollegen hatten die weiblichen Analytiker damals wohl Grund genug.

Der Haß gegen den Mann, der Wunsch, ihn zu erniedrigen, löst bei der Frau Schuldgefühle und Strafbedürfnisse aus, die dann sekundär sexualisiert werden: Sie rächt sich an sich selbst für ihre sadistischen Wünsche, und wird dadurch zum willfährigen Objekt der sadistischen Abwehr des Mannes, mit der dieser seiner eigenen, heimlichen Passivität begegnet. Die literarischen Arbeiten von Henry Miller, Norman Mailer, D. H. Lawrence und anderen erweisen diese unbewußte Gruppendynamik des Sadomasochismus[8].

7 M. Mitscherlich: Müssen wir hassen? München 1972, S. 51.

8 K. Millet (Sexus und Herrschaft. München 1971) gibt literaturwissenschaftliche Analysen dieser Autoren.

Äußerer und innerer Raum

Wie kann die Psychologie heute helfen, sich zu emanzipieren, das heißt vor allem: einer falschen Emanzipation zu entgehen? Die Antwort auf diese Frage mußte mit einer kritischen Prüfung der Psychoanalyse beginnen. Was etwa Freud und seine unmittelbaren Schüler oder Schülerinnen über die weibliche Psychologie sagen, ist für Kate Millet und Germaine Greer Grund genug, psychologische Hilfe schlechthin abzulehnen. Greer sieht im Schritt zum Psychotherapeuten nur ein Zeichen mehr dafür, wie sehr man der Frau Autonomie verboten und Abhängigkeit anerzogen hat. Kein Wunder, daß sie diesen Schritt ablehnt, da sie prinzipiell von den Psychologen erwartet, daß sie die Schwierigkeiten ihrer Patientinnen darauf zurückführen, daß diese die Erfüllung »biologischer Funktionen«, nämlich der Kindererziehung und der häuslichen Dienstleistungen, verweigern[1].

Die Klage Greers, Psychotherapeuten gingen davon aus, daß »die Person ... leichter zu verändern (ist) als der Status quo«[2], ist keineswegs unberechtigt. Eine unkritische Anpassungsideologie hat ein gutes Stück psychotherapeutischer Arbeit geprägt, von der Günter Ammon einmal gesagt hat, sie müsse sich hüten, »die hilflose Reparaturwerkstatt einer kranken Gesellschaft« zu werden[3]. Die Auffassung der Emanzipation als Gruppenprozeß bietet hier einen Ausweg, in dem gesellschaftliche Veränderung und die Korrektur neurotischen oder psychotischen Verfehlens der eigenen Identität Hand in Hand gehen können. Um den Weg für solche Formen der Psychotherapie freizumachen, war es notwendig, zunächst einmal Selbstkritik zu üben und zu zeigen, wie sich die Unterdrückung der Frau auch in psychologischen und psychoanalytischen Theorien widerspiegelt.

In allen männlich beherrschten Gesellschaften wird der Verstand dem Mann und das Gefühl der Frau zugeordnet. Wir werden später noch die Entwicklungsgeschichte dieser Korrelation nachzuzeichnen suchen, die auch manche Psychologen (die man tatsächlich

1 G. Greer: Der weibliche Eunuch. Frankfurt 1971, S. 91.
2 Ebenda, S. 91.
3 G. Ammon: Gruppendynamik der Aggression. Berlin 1970, S. 60.

eher als ideologisierende Ethiker bewerten muß, wie Otto Weininger, Möbius) beeinflußt hat. Besonders einflußreich ist ein verwandtes Konzept von Erik H. Erikson geworden, der vom »inneren Raum« der Frau im Gegensatz zum »äußeren Raum« des Mannes spricht. Philipp Lersch meinte wohl dasselbe, als er einer »zentrifugalen« Haltung des Mannes die »zentripetale« (an Familie und heimischem Herd otientierte) Neigung der Frau gegenüberstellte, ebenfalls eine »natürliche« Polarität.

Erikson ist von Vertretern der Frauenbewegung scharf angegriffen worden, obschon er sich eigentlich das Ziel gesetzt hat, Freuds vorwiegend negativ bestimmtes Konzept der Penislosigkeit und des resultierenden Penisneides der Frau durch eine positive Bestimmung der Weiblichkeit zu ersetzen. Er geht davon aus, daß es typisch männliche Züge waren, welche die Menschheit heute so nahe an den Rand der Selbstzerstörung herangeführt haben. Hätten die Frauen nur entschlossen und öffentlich vertreten, was sie privat immer verfochten haben – »eine realistische Erziehung, Erfindergabe, wenn es gilt, den Frieden zu bewahren und die hingebungsvolle Tätigkeit des Heilens«[4] –, dann könnten sie politische Kämpfe mäßigen und zu einer übernationalen Kraft werden.

Die politischen Aufgaben der Frau leitet er vor allem aus ihrer Mutter-Rolle ab, und auf diese Rolle will er auch die Identität der Frau festlegen. Wichtiges Gegengewicht gegenüber dem Penisneid ist für ihn dabei die Existenz eines »produktiven inneren Raums«, welcher der Frau jedes »Gefühl der Benachteiligung unmöglich« machen soll, das sie möglicherweise aus ihrer Penislosigkeit ableiten könnte (die Erikson durchaus Freud-gemäß als »wundenartige Öffnung« beschreibt)[5].

Während Freud den Frauen eher sagt, daß ihnen die anatomische Eintrittskarte in die kulturschöpferische Welt der Männer fehlt, will ihnen Erikson begreiflich machen, daß sie den Zutritt zu dieser Welt gar nicht brauchen, weil sich die Männer ohnedies in Sackgassen verrennen und der äußere Raum gar nicht der Ort der Frau sei, die ja einen inneren Raum mit sich spazieren trage, ihre ureigenste Domäne. Wo Freud Druck ausübt und ein strafendes Vokabular be-

4 E. H. Erikson: Jugend und Krise. Stuttgart 1970, S. 275.
5 E. H. Erikson, a. a. O., S. 283 ff.

nützt (Kastration, Penisneid, Männlichkeitskomplex), arbeitet Erikson mit sanfter Überredung und einem Lob des Uterus, das die Frauen gewissermaßen um die eigene Gebärmutter herum aufbaut, denn der »mütterliche Instinkt« der Frau bestimme auch ihre Identität. Diese engt Erikson weitgehend auf ihre sexuellen Funktionen als Geliebte und Mutter ein, da »ein großer Anteil der Identität des jungen Mädchens schon in ihrer Art der Anziehungskraft ... bestimmt ist.«[6] Deutlicher kann man – mit einem freundlichen Unterton – die alte, patriarchalische Ideologie nicht wiederholen, daß die Frau »nur ein Geschlechtswesen«, der Mann aber »auch ein Geschlechtswesen« sei.[7]

Um diese Auffassung der Weiblichkeit zu belegen, schildert Erikson eine Reihe von Szeno-Tests, denen er insgesamt 150 Schulkinder unterzog. Sie mußten mit Spielsachen (Puppen von Polizisten, Piloten, Indianern usw., Tieren, Möbelstücken, Autos, Bauklötzen) eine möglichst aufregende Filmszene komponieren und das Geschehen anschließend beschreiben.

Erikson fand eine Reihe typischer Unterschiede, die er mit Hilfe einer anatomisch orientierten Symbolik deutet. Mädchen bevorzugen Innenräume, in denen es meist idyllisch zugeht. Menschen und Tiere verharren in statischer Haltung, ein kleines Mädchen spielt Klavier. Der Friede wird allenfalls durch Eindringlinge von außen bedroht. Jungen hingegen gestalten vorwiegend äußere Räume, Fassaden, hohe Türme, Autounfälle, Menschen und Tiere, die sich außerhalb der Häuser bewegen. Erikson stellt fest, daß »die geschlechtlichen Unterschiede im Aufbau einer Spielszene die Morphologie der genitalen Verschiedenheiten wiederholen: beim Mann ein äußerliches Organ, erektionsfähig und mit aggressivem Charakter ... bei der Frau innere Organe mit Vorräumen, die zum statisch funktionsbereiten Ei führen.«[8]

Erikson zieht zu seiner Interpretation anatomische und »instinktive« Unterschiede heran, ehe er die möglichen Folgen kultureller Prägungen ausgeschöpft hat. Neben diesem mehr prinzipiellen Einwand ist zu sagen, daß seine Deutungen teilweise recht willkürlich

6 E. H. Erikson, a. a. O., S. 297.
7 W. Weininger: Geschlecht und Charakter, a. a. O., S. 101.
8 E. H. Erikson, a. a. O., S. 284.

sind (wenn die Mädchen Autounfälle und Ruinen gebaut hätten, ließe sich daraus ein Beweis ihrer Kastration ableiten?). Kate Millet hat bemerkt, daß dieses Experiment die kulturellen Einflüsse sehr deutlich hervorhebe, denen amerikanische Kinder ausgesetzt sind. Die Mädchen werden auf passive Häuslichkeit hin erzogen, die Jungen auf egoistische Leistungsbilder, die teils konstruktiv (Türme, Fassaden, Außenszenen), teils destruktiv sind (Kanonen auf den Häusern, Unfälle, Ruinen)[9]. Die Leitbilder einer solchen Erziehung und die verwendeten »Verstärker« sind häufig nicht bewußt. Sie wirken im Sinne einer sich selbst erfüllenden Prophezeiung. Eriksons Forderung, die Frau sollte sich mehr an politischen Auseinandersetzungen beteiligen, bleibt unrealistisch, solange er ihr auf der anderen Seite ein hohes Maß an Passivität vorschreibt und ihre Erfüllung, um es etwas vereinfacht zu sagen, darin sieht, daß sie Kinder austrägt und erzieht, weil das die Art und Weise ist, in der sie »einzigartig schöpferisch« sein kann.

Tun die Feministen Erikson Unrecht, der sich so ehrlich bemüht hat, das Odium des Penisneides zu überwinden, und der offensichtlich Frauen für moralisch »besser« hält als Männer? Greer nennt seine Argumente diskussionslos »idiotisch«[10]. Millet hat genauer begründet, was man an einer Haltung aussetzen muß, die zwar den Frauen eine moralische Überlegenheit zubilligt, sie aber in ihrer traditionellen Rolle neu fixieren möchte.

Die Identifizierung der Schwangerschaft mit einem künstlerischen Schaffensprozeß ist geeignet, die Frau mit einer Überhöhung ihres biologischen Schicksals abzuspeisen (und das männliche Monopol geistigen Schaffens in einem psychisch-rationalen, nicht körperlich-emotionalen »Raum« zu erhalten). Dabei wird übersehen, daß Kindergebären und -aufziehen heute höchstens ein Fünftel der produktiven Lebenszeit einer Frau erfassen sollte, denn angesichts einer übervölkerten Erde wäre es absurd, Eriksons Forderung nach faktischer »Erfüllung« des produktiven Innenraums der Frau bis in alle Konsequenzen nachzukommen.

Selbst die Überwertung der Weiblichkeit als lebensrettendem

9 K. Millet: Sexus und Herrschaft. München 1971, S. 251.
10 G. Greer: Der weibliche Eunuch. Frankfurt 1971, S. 96.

Faktor in einer männlich bestimmten und zunehmend unmenschlich werdenden Welt hält »den Mann weiterhin davon ab, sich die Menschlichkeit anzueignen, die den Frauen zugeschrieben wird«, sagt Millet[11]. Es wäre wahrhaftig ein Treppenwitz, von den Frauen, nachdem sie jahrhundertelang unterdrückt wurden, nun mit einem Schlag zu erwarten, daß sie den Lauf einer männlich bestimmten Geschichte gerade dann umlenken, wenn die bisher Verantwortlichen nicht mehr weiter wissen. Die Gruppendynamik solcher Hoffnungen entspricht einer umgewendeten Sündenbockrolle. Die Frau, der man bisher die Menschlichkeit ganz oder teilweise abgesprochen hat, soll sie nun auf einmal vor dem Verfall retten. Während sie bisher die Rolle eines schwachen, passiven, masochistischen Spielzeugs zu ertragen hatte, auf das man die eigenen Schwächen projizierte, soll sie nun eine ebenso unrealistische Heilserwartung erfüllen – ohne Rücksicht darauf, wie ihre tatsächlichen Bedürfnisse aussehen.

So überfordert, wird man den Rückschlag schon voraussehen können. Er mag dann das alte Vorurteil bestätigen, daß der starke Mann die einzige Hoffnung in Krisenzeiten bleibt. Es führt zu nichts, wenn man dem Ewig-Weiblichen eine emporziehende Macht zubilligt, während auf der anderen Seite die Frau neben uns unterdrückt, erniedrigt und ausgebeutet wird. Über ein solches Schicksal kann der Besitz eines produktiven Innenraums oder, einfacher gesprochen, eines Uterus ebenso wenig hinwegtäuschen wie man etwa einem Arbeiter am Fließband dadurch Trost zuzusprechen vermag, daß er ja einen Penis besitze.

Rollenprägung und Identitätsverbot

Auf dem SDS-Kongreß 1968 in Hannover verteilten Mitglieder des »Frankfurter Weiberrats« Flugblätter mit einer Zeichnung, auf der in der Art einer Sammlung von Jagdtrophäen die Geschlechtswerkzeuge einiger SDS-Autoritäten abgebildet waren; daneben eine

11 K. Millet: Sexus und Herrschaft. München 1971, S. 257.

spitzbusige »Emanze« mit wohlgeschliffenem Beil. Aus dem Text:

»wir machen das Maul nicht auf!
wenn wir es doch aufmachen, kommt nichts raus!
wenn wir es auflassen, wird es uns gestopft: mit kleinbürgerlichen schwänzen, sozialistischem bumszwang, sozialistischen Kindern, liebe, sozialistischer geworfenheit, schwulst, sozialistischer potenter geilheit, sozialistischem intellektuellem pathos, sozialistischen lebenshilfen, revolutionärem gefummel, sexualrevolutionären argumenten, gesamtgesellschaftlichem orgasmus, sozialistischem emanzipationsgeseich – GELABER!
wenn's uns mal hochkommt, folgt: sozialistisches schulterklopfen, väterliche betulichkeit; dann werden wir ernst genommen, dann sind wir wundersam, erstaunlich, wir werden gelobt, dann dürfen wir an den stammtisch, dann sind wir identisch; dann tippen wir, verteilen flugblätter, malen wandzeitungen, lecken briefmarken: wir werden theoretisch angeturnt!
kotzen wir's aus: sind wir penisneidisch, frustriert, hysterisch, verklemmt, asexuell, lesbisch, frigid, zukurzgekommen, irrational, penisneidisch, lustfeindlich, hart, viril, spitzig, zickig, wir kompensieren, wir überkompensieren, sind penisneidisch, penisneidisch, penisneidisch, penisneidisch, penisneidisch.
frauen sind *anders*!
BEFREIT DIE SOZIALISTISCHEN EMINENZEN VON IHREN BÜRGERLICHEN SCHWÄNZEN!»

Dieses Dokument aus der antiautoritären Phase der Protestbewegung zeigt, daß die Spannung zwischen Psychoanalyse und einer Befreiung der Frau nicht aufgelöst ist. Was der Frankfurter Weiberrat als pseudovernünftig getarnte Abwehr gegen die Bedürfnisse der Genossinnen schildert, ist das klassische Arsenal der Psychoanalyse – Sexualhemmung, Penisneid, Hysterie. Wie stehen die Psychoanalytiker selbst dazu? Es hat lange Zeit gedauert, bis sie begonnen haben, soziologische Einsichten in ihre Arbeit einzubeziehen. Der Zwang dazu war immer deutlicher geworden, denn die Psychoanalyse selbst wurde zu einer sozial höchst einflußreichen Theorie (und nicht selten ideologisch mißbraucht), so daß sich die Analytiker endlich doch mit dem populären Fallout ihrer Konzepte auseinandersetzen mußten.

Freud hat noch angenommen, daß das Verbot der kindlichen Sexualforschung die Frau besonders hart trifft und schier zu einem allgemeinen Denkverbot wird. Das gilt vor allem dann, wenn die Manipulation der Klitoris dem Mädchen mit allen Zeichen des Abscheus von der Mutter verboten wird – wobei das Kind diese Abscheu unbewußt als Signal genitaler Wertlosigkeit empfindet. Heute steht in allen Erziehungsratgebern und populären Erziehungszeitschriften, daß die kindliche Sexualforschung geduldet, die Masturbation nicht bestraft werden soll. Auf diese Weise kann diese Ursache von Minderwertigkeitsgefühlen teilweise beseitigt werden. Übrigens entfällt parallel dazu auch eine wesentliche Ursache der männlichen Kastrationsangst, die vielleicht für die Wendung zum »Unisex«, zur äußerlichen Angleichung der Geschlechter mitverantwortlich ist. Der Junge wird nicht mehr durch die Kastrationsdrohung (die als Onanieverbot formuliert sein kann) dazu gezwungen, seine ödipalen Bindungen schnell aufzugeben und sich mit dem Vater zu identifizieren, sondern er kann länger von der Mutter abhängig bleiben und mehr »weibliche« Züge pflegen. Henry und Yela Loewenfeld haben diesen Prozeß etwas einseitig als Abbau des Über-Ich beschrieben; tatsächlich ist die Gewissensinstanz nur umgeformt worden und führt dazu, daß sich die Jugendlichen – Mädchen wie Jungen – weit mehr an der Gruppe ihrer Altersgenossen orientieren als früher. Das geschieht auch, um Inzestängste abzuwehren, wobei festzuhalten ist, daß es gerade die Erwachsenen sind, die durch ihre sexuell getönte Duldsamkeit einen symbiotischen Sog auf die Kinder ausüben.

Eine Vorstufe der tatsächlich gruppendynamisch orientierten Psychoanalyse bildet die Integration von Rollenforderungen der Gesellschaft in ein nach wie vor am Modell der Libido-Entwicklung orientiertes, analytisches Schema. Auf dieser Stufe stehen etwa die von Margarete Mitscherlich entwickelten Theorien des Zusammenhangs zwischen Emanzipation und Sexualität der Frau[1]. Dabei wird das soziale Rollenmodell der Aktivität, Selbständigkeit, Unabhängigkeit auf die libidinöse Entwicklung des Mannes, das Modell der Unterwürfigkeit und Gefügigkeit auf die Entwicklung der Frau projiziert. Begriffe wie »Penisneid« spielen nach wie vor eine wichtige Rolle; gerade die Einsicht in die infantilen Reaktionen auf den anatomischen Geschlechtsunterschied soll der Frau ermöglichen, zwischen unerfüllbaren – da durch die Natur verbauten –

1 Vgl. Psyche 25 (1971), H. 12; sowie M. Mitscherlich: Müssen wir hassen? München 1972.

Emanzipationswünschen und realistischen Ansprüchen zu unterscheiden. Die Selbstbefreiung wird zur Sache der (hoffentlich besonders begabten) Einzelnen, ihr gruppendynamischer Charakter bleibt unerwähnt.

Immerhin lassen sich auch durch einen derart eingeschränkten Ansatz wertvolle Einsichten gewinnen. Das Mädchen ist auch heute noch, sagt M. Mitscherlich, wegen der ihm sozial zugewiesenen Rolle der Unterwürfigkeit stärker von Angst (vor Liebesverlust) bedroht, wenn es aggressiv reagiert. Deshalb entwickelt es Reaktionsbildungen gegen seine Aggressionen, die der Junge nicht braucht, weil er sich ja mit einem starken Vater identifizieren kann, weniger Schutz und Liebe benötigt, sich mehr seinen eigenen (außerhalb der Eltern-Kind-Beziehung liegenden) Interessen zuwenden kann. Die früh geforderte, ja durch Drohung mit Liebesentzug von der Familie erpreßte Abhängigkeit des Mädchens von Anerkennung im sozialen Feld, von Lob und Zuwendung wird von der Umwelt weidlich ausgenutzt (siehe den vorletzten Abschnitt des Pamphlets auf S. 44). Man impft der Frau Weiblichkeitsideale ein – den von Betty Friedan geschilderten, kompletten »Weiblichkeitswahn«[2] –, stellt ihr hingebungsvolle Liebe als höchsten Wert hin. Weil sie nie gelernt hat, wirkungsvoll mit Aggressionen umzugehen, wird sie von der entsprechenden Fähigkeit anderer Menschen abhängig und bindet sich an diese.

Eine tief deprimierte Frau erklärte mir einmal, ihr Mann könne ihre Aggressivität nicht mehr ertragen. Tatsächlich lag auch hier eine schwere Aggressionshemmung mit ausgeprägten Schuldgefühlen vor. Die Patientin unterdrückte ihre Aggressionen so lange, wie es ihr nur irgend möglich war, und geriet dann bei oft nichtigen Anlässen völlig außer Kontrolle. Ihr Mann hatte es dann leicht, diese Angriffe als unberechtigt und verrückt abzuwehren und damit über die Einsicht hinwegzukommen, daß sein eigenes Verhalten für die Spannungen mitverantwortlich war. Diese Patientin trat durchaus selbstbewußt und durchsetzungsfähig auf, solange es um andere ging; sie war längere Zeit für die Betriebsführung eines Familienunternehmens mit etwa zwanzig Angestellten verantwortlich.

2 B. Friedan: Der Weiblichkeitswahn. Hamburg 1970.

Aber sobald es um sie selbst ging, konnte sie sich nicht angemessen zur Wehr setzen.

Die Rollenprägung der Frau auf Liebe und Hingabe als höchste Werte führt also dazu, daß sie ihre Aggressionen unterdrücken muß und nicht mehr abgestimmt auf Situationen zu reagieren vermag, die Neinsagen, Sichdurchsetzen, oder andere Kränken verlangen. Es gelingt ihr nicht mehr, sich den zahlreichen Aufgaben zu entziehen, die man ihr zumutet. Selbständigkeit und Freiheit für eigenständige Arbeit gehen dabei verloren.

Interessant ist, wie Margarete Mitscherlich in diesem Zusammenhang das altgediente Konzept des Penisneids in einer neuen Form vorstellt. Für Knabe wie Mädchen, sagt sie, muß die erste Liebesbeziehung zur Mutter scheitern, weil sie von ihr nicht sexuell ernst genommen werden können (Was ein etwas zu optimistisches Bild ist, denn manifester Inzest ist viel häufiger, als es sich die Psychoanalytiker mit einer Mittelklasse-Klientel träumen lassen. Sexualisierte Mutter-Tochter-Beziehungen liegen auch vor, wenn die Tochter quasi als hübsches jüngeres Ich der Mutter deren unbefriedigendes Sexualleben nach-agiert und endlich in ihm scheitern muß, weil sie keine eigene Identität entwickeln darf).

»Indem der Knabe entdeckt, daß er nur auf dem Umwege einer Identifikation mit dem Vater und der in den väterlichen Qualitäten sich repräsentierenden Gesellschaft ein ernst zu nehmender Konkurrent werden kann, paßt er sich bestehenden Gesellschaftsordnungen an; er ist aber in einer besseren Situation als das Mädchen, das erkennen muß, daß ihm tatsächlich etwas Grundlegendes fehlt, um in seiner Werbung um die Mutter mit dem Vater konkurrieren zu können. In dieser Situation bleibt ihr nichts anderes übrig, als auf aktive Forderungen zu verzichten und äußerlich ein passiv werbendes Verhalten zu zeigen; denn auch der Vater pflegt sich von ihr abzuwenden, wenn sie solche Verhaltensweisen nicht entwickelt, die dann fälschlich als typisch ›weiblich‹ angesehen werden.«[3]

Diese Haltung charakterisiert eine noch relativ progressive Position der orthodoxen Psychoanalyse. Man sieht die Bedeutung sozialer Faktoren, scheut sich aber davor, die Folgen für Theorie und

3 M. Mitscherlich: Müssen wir hassen? München 1972, S. 58.

Therapie wirklich konsequent zu ziehen (was sich etwa darin äußert, daß M. Mitscherlich ausführlich die geringere Fähigkeit der Frau zur »Sublimierung« zu erklären sucht – ohne zur Kenntnis zu nehmen, daß dieser Begriff einer kritischen Prüfung nicht standhält und folglich völlig ungeeignet ist, Gelingen oder Scheitern einer selbst-verwirklichenden Ich-Entwicklung zu beschreiben). Die Orthodoxie zieht sich gewissermaßen in ein Begriffs-Dickicht zurück, denn »eine säuberliche Trennung der seelischen Reaktion auf die Entdeckung des anatomischen Geschlechtsunterschiedes von den Auswirkungen seiner gesellschaftlichen Bewertung wird bei der Verflechtung von biologischen, psychologischen und gesellschaftlichen Faktoren nicht möglich sein.«[4]

Faktisch bleibt aber alles beim alten – es ist die Entdeckung der Penislosigkeit und mit ihr der Penisneid, welche das Mädchen veranlassen, die »Werbung um die Mutter« aufzugeben und ein »passiv werbendes Verhalten« zu entwickeln, um wenigstens den Vater zu behalten. Daß es sich hier geradezu um einen Präzedenzfall eines gruppendynamischen Prozesses handelt (der sehr viel mehr Gestalten annehmen kann, als es das ödipale Modell erwarten läßt), wird nicht gesehen. Die stärkeren Mitglieder der Familiengruppe – in der Regel die Eltern und Großeltern – bilden ein psychisches Kraftfeld, in dem das sich entwickelnde Ich des Kindes eine bestimmte Struktur erhält (wobei die Familiendynamik ihrerseits von der gesellschaftlichen Dynamik auf eine grundsätzlich ähnliche Art und Weise geprägt wird). Das Kind ist natürlich nicht passives Opfer dieser Situation, es gestaltet sie mit. Durch bestimmte Triebbedürfnisse, die stammesgeschichtlich an die Familiengruppe angepaßt sind (Zärtlichkeitsbedürfnis, Hautkontakt, orale Befriedigung usw.), scheint es sogar besonders verwundbar. Indem es die dynamische Situation der Familiengruppe verinnerlicht, wird es gewissermaßen zum historischen Zeugnis, zur Chronik der Familiengeschichte – zugleich aber zum Träger von Rollenfunktionen, welche die Familie (je nachdem, ob sie dem Kind eine eigene Identität gestattet oder verbietet, bzw. nach dem relativen Überwiegen beider Haltungen) starr in einem bestimmten Systemverhalten fixieren oder auch ihr

4 M. Mitscherlich, a. a. O., S. 43. Zur Sublimierung siehe R. Waelder: Die Grundlagen der Psychoanalyse. Stuttgart 1963.

eine ständige oder unbeständige, kontinuierliche oder diskontinuierliche Entwicklung gestatten kann, die der Verwirklichung aller Mitglieder dient.

Solche Systemzusammenhänge lassen sich kaum dadurch erfassen, daß man dem kleinen Kind eine Unmenge phantastischer Wünsche zutraut (die es später allesamt verdrängt hat, so daß sie niemand genau nachprüfen kann), während die sehr realen Wünsche und Wertungen der erwachsenen Familienmitglieder unberücksichtigt bleiben. In der orthodoxen »Psychoanalyse des Ödipuskomplexes« wird dieses Kraftfeld praktisch ausgeklammert. Man konzentriert sich auf die innere Dynamik eines einzelnen Familienmitglieds – des Patienten – und gibt diesem zu verstehen, daß alles, was in der Familiengruppe geschah, seine eigenen (unbewußten) Phantasien und Wünsche waren. So wird Gruppendynamik auf die Psychodynamik eines einzelnen reduziert, eine komplexe Gesamtheit von Realität und Phantasie, Gruppennorm und individueller Reaktion, Aktivität der Eltern und faktischem Leiden des Kindes auf den simplen Nenner der Phantasieaktivität des zwei- bis fünfjährigen, kleinen Mädchens oder Knaben gebracht, dessen maßlose sexuelle und aggressive Wünsche letzten Endes die Neurose bedingt haben. »Sollen wir unseren Patienten glauben oder nicht? Sollen wir annehmen, daß sie vor allem leiden unter ihren eigenen destruktiven Neigungen und asozialen Wünschen, daß es ihre eigene Triebnatur ist, die ihnen soviel Schmerzen bereitet, und daß die Feindseligkeit, von der sie berichten, die Projektion ihrer eigenen Strebungen auf ihre Umgebung ist, oder müssen uns nicht unsere Beobachtungen gesellschaftlicher Prozesse, der Dynamik von Familiengruppen und jener Prozedur, welche bei uns Erziehung heißt, zu der Erkenntnis verhelfen, daß destruktive Aggression zuerst ein Merkmal kranker Gruppen ist und nicht die natürliche Mitgift des Neugeborenen?«[5]

Was Günter Ammon hier über die angeblich »natürlichen« destruktiven Antriebe des Kindes sagt, gilt auch für andere Hilfsbegriffe, mit denen man bisher in der Psychoanalyse gruppendynamische Vorgänge künstlich individualisiert – darunter auch für

5 G. Ammon: Gruppendynamik der Aggression. Berlin 1970, S. 144.

den Penisneid, den Margarete Mitscherlich hier als Grundelement der weiblichen Psyche verteidigt. Diese einseitige Individualisierung ist gewiß auch dafür verantwortlich, daß die Psychoanalyse bei vielen Feministen als Anpassungsideologie und Emanzipationshindernis verschrien ist. Wir werden noch darauf zu sprechen kommen, warum Freud sein ursprünglich einer gruppendynamischen Konzeption recht nahes Denken später so konsequent (bis zur Todestriebtheorie – also einem allem Leben innewohnenden Trieb zur Wiederherstellung des anorganischen Zustandes) individualisiert hat.

Vorläufig wollen wir noch einige der Konstruktionen untersuchen, mit deren Hilfe sich die orthodoxen Analytiker heute aus ihrem theoretischen Dilemma befreien wollen. Margarete Mitscherlich gibt etwa zu, »wenn wir ... vom Penisneid sprechen, so meinen wir selbstverständlich nicht, daß die erwachsene Frau noch wie das kleine Kind unmittelbar neidisch auf das männliche Organ ist«. Dennoch sollen dann aber wieder »reale, aber korrigierbare Ursachen zum Neid – die soziale Privilegiertheit des Mannes – von solchen (unterschieden werden), die in der anatomischen Gestalt liegen und unabänderlich sind.«[6] Obschon die Frau demnach nicht auf das männliche Organ neidisch ist, hat ihr Neid Ursachen anatomischer Art – es fragt sich nur, welche? Die einfachste Antwort ist wohl der (verständliche) Wunsch einer klugen Frau, es sich weder mit den Orthodoxen noch mit den Feministen zu verderben.

Eine vergleichbare Ambivalenz drückt sich in den Ansichten von Janine Chasseguet-Smirgel[7] und ihren Mitarbeitern aus, die von Renate Staewen-Haas[8] aufgegriffen wurden. Angesichts der Arbeiten der französischen Analytiker fragt man sich manchmal, wie die Patienten dieser Forscher aussehen mögen, deren psychoanalytische Deutungen selbst einer Deutung bedürftig scheinen. Michèle Montrelay etwa sagt: »Die Lust tritt im gleichen Augenblick auf, in dem die Metapher hervorgebracht wird; mit ihrem Sinn selbst identifi-

6 M. Mitscherlich, a. a. O., S. 29.

7 J. Chasseguet-Smirgel: La Sexualité Féminine. Paris 1964 (Mitarbeiter: C. J. Luquet-Parat, M. Torok, C. David, B. Grunberger, J. McDougall).

8 R. Staewen-Haas: Identifizierung und weibliche Kastrationsangst. In: Psyche 24 (1970), S. 23–39.

ziert sie sich. Worin besteht dann dieser der Bedeutung beraubte Sinn? Wir können ihn als das Maß des leeren, von der Verdrängung hervorgerufenen Raumes bestimmen. Die Metapher, die sich gibt, als wäre sie nicht das, was gesagt worden ist, höhlt diesen Raum aus und bezeichnet ihn.«[9]

Gemeint ist (falls ich Montrelay richtig verstanden habe) das befreite Aufatmen oder Auflachen des Analysanden, wenn eine Deutung das Verdrängte getroffen hat. Es handelt sich um einen ausgesprochen zwischenmenschlichen Prozeß, der hier mehr oder weniger als semantisches Problem interpretiert wird. Was Montrelay aber weiter sagt, ist noch phantastischer: In der Analyse einer Frau muß die frühreife Sexualität mit Hilfe des Analytikers verdrängt werden – eine symbolische Kastration, bei der urtümliche Sexualtheorien, in denen Mund und Vagina für denselben »inneren Raum« stehen, durch phallische Interpretationen ersetzt werden. »So gesehen läßt sich vielleicht eine bestimmte kulturelle und soziale Funktion der Psychoanalyse interpretieren. Erinnern wir uns, daß die Freudsche Theorie der Sexualität aufgrund von Problemen der Frau und der Weiblichkeit erstellt wurde. Man könnte also fragen, ob sich die Psychoanalyse nicht artikuliert hat, um diese Art ›schwarzer Flut‹ der Weiblichkeit zu verdrängen (im Sinne der Symbolisierung der Vorstellung), die vielleicht besonders im letzten Jahrhundert die kulturelle und soziale Ordnung zu verseuchen drohte. Gleichzeitig würde man verstehen, warum Jones von Freud absichtlich verschwiegen wurde: Mußten die Versuche, die Weiblichkeit ›zum Sprechen zu bringen‹, nicht gerade die Verdrängung kompromittieren, welche *Freud* endlich *gelungen* war?«[10]

Man mag sich über den Wert eines wissenschaftlichen Vorgehens streiten, das seinen Sinn vor allem darin sieht, literarisch-linguistisch der sprachlosen Weiblichkeit die eigene Stimme zu leihen, bis am Ende völlig unklar wird, ob die Konstruktion des Analytikers und das Erleben des Analysanden noch irgendeinen Zusammenhang haben (außer der zwischenmenschlichen Realität, daß es für einen Hilfesuchenden schwer ist, dem zu widersprechen, von dem

9 M. Montrelay: Recherches sur la Féminité. In: Critique, Juli 1970; zit. n. A. Albus et al.: Maskulin–Feminin. München 1972, S. 192.
10 M. Montrelay, zit. n. A. Albus, a. a. O., S. 193.

er Hilfe erwartet). Auch Montrelays Kritik an Freud ist nicht eben deutlich; immerhin geht sie in die Richtung, seine Phallozentrik als Abwehrmechanismus zu entlarven, seine Überzeugung von der geringen Libido und sexuellen Passivität der Frau als rationalisierende Abwehr einer archaischen Angst vor ihren maßlosen sexuellen Ansprüchen.

Freud glaubte, daß das Mädchen die Vagina meist erst in der Pubertät entdeckt. Montrelay hingegen schließt sich an die Auffassung von Ernest Jones und Melanie Klein an, wonach das Mädchen schon von Anfang an das Leibesinnere und die Vagina hochschätzt. Es wünscht den Penis nicht deshalb, weil es sich genital beraubt fühlt, sondern weil es ihn dank eines erst oralen, dann genitalen Wunsches einverleiben möchte. Diese frühen Wünsche werden dann im genitalen Koitus »sublimiert«, wobei Montrelay den Sexualverkehr als »Metapher« der frühkindlichen Triebhaftigkeit auffaßt (womit sie ein sehr biologiefernes Denken bezeugt, das ein wenig an Karl Kraus erinnert: »Der Geschlechtsverkehr ist ein brauchbarer Ersatz für die Onanie«).

»Vom Penis, seinem Stoßen, seiner taktmäßigen Bewegung, von den Liebesgesten kann man sagen, daß in ihnen die elementarste, die reinste Form der signifikanten Artikulation hervortritt, und zwar die einer Abfolge oder Reihe von Schlägen.«[11] Hier folgt Montrelay zum Teil der klassischen Masochismus-Theorie von Marie Bonaparte (siehe S. 35) und übersieht wieder einmal den durchaus interaktionellen, gegenseitigen Charakter des Koitus (im Prinzip kann die Vagina ebensogut den passiven Penis umklammern und »schlagen« wie umgekehrt). »Wenn diese Reihe einen Sinn annimmt, als Lust von der Frau erlebt wird, geschieht dann dies nicht in dem Maße, in dem diese Reihe – die als radikal anders als die Weiblichkeit erfahren wird – an ihre Stelle tritt und von daher die Szene der Kastration umschreibt?«[12] Die Frau wird also symbolisch kastriert, wenn sie ihre frühkindlichen Phantasien angesichts der biologischen Fakten korrigieren muß. Hier ist das individualisierende Modell der psychosexuellen Entwicklung auf die Spitze getrieben und in einem

11 M. Montrelay, a. a. O., S. 672; zit. n. A. Albus, a. a. O., S. 194.
12 Montrelay, zit. n. Albus, a. a. O., S. 194.

Maß abstrahiert, philosophisch verschönt, daß man versucht ist, ihm jeden Kontakt zur Wirklichkeit abzusprechen. Freud hat sich immerhin niemals weit von beobachtbaren Tatsachen entfernt, auch wenn er sie auf eine bestimmte – und glücklicherweise heute gut bestimmbare – Weise einengte und reduzierte, was ja zum Wesen wissenschaftlicher Arbeit gehört. Kann man das Gleiche noch von Sätzen wie: »Diese im Augenblick der Lust immer wieder erneuerte und weißglühende Metapher explodiert vor lauter Signifikanz« sagen? Montrelay beschreibt damit den weiblichen Orgasmus, der »zu jenem Punkt (führt), wo die weibliche Befriedigung als Schrift zu bestimmen ist«[13], – endgültig heimgeholt ins Gebiet des diskursiven Denkens und einer Logik, die zu glauben scheint, Lebensgesetze zu verkörpern, die sie doch nur beschreiben kann.

Etwas weniger abstrakt hat Janine Chasseguet-Smirgel die Entwicklung des Mädchens gesehen. Sie nimmt (ebenfalls im Gefolge von Melanie Klein) eine frühe Entdeckung des oral-vaginalen Körperinnenraums an. Der Peniswunsch wird erst dann aktuell, wenn sich das Mädchen von der Allmacht seiner Mutter befreien möchte. Er ist um so stärker, je schwerwiegender die narzißtische Kränkung durch die Mutter ausfällt, d. h. je weniger die Mutter auf die Bedürfnisse des Kindes reagiert, seine Ich-Entwicklung und sein Selbstgefühl fördert. Diese Konstruktion einer Abhängigkeit des Penisneids von der »narzißtischen Wunde« überlädt den Peniswunsch mit metaphorischen Bedeutungen. Tatsächlich ist gemeint, daß die verkrüppelte und unterdrückte Aktivität des Mädchens objektlos und zerstörerisch geworden ist, daß es verzweifelt jene Freiheit und Bestätigung sucht, die sich auch im Penis symbolisieren kann.

Um zwischen dem realen Geschlechtswerkzeug und den symbolischen Bedeutungen des Penis zu unterscheiden, trennt die französische Analytikerin zwischen Penis und Phallus – der letztere steht für die narzißtische Bedeutung des Sexualorgans, für den Wunsch nach Integrität und Identität. Das könnte man auch einfacher sagen, aber dann wäre das Ganze eben nicht mehr im kostbaren Jargon der orthodoxen Analyse gesagt.

13 Montrelay, zit. n. Albus, a. a. O., S. 195.

Bela Grunberger, der auf diesen Jargon nicht verzichten kann, kommt endlich zu dem paradoxen Schluß, »wenn man jeden Penisneid als eine Abwehr der Weiblichkeit deutet, riskiert man, die Bedeutung des Wunsches nach narzißtischer Integrität zu verkennen, jenes Wunsches nach Vollständigkeit, der ja im Unbewußten beider Geschlechter oft durch das Bild des Phallischen ausgedrückt wird. Dieses Bild drückt im Unbewußten oft auch die vollendete Weiblichkeit aus. So könnte ein falsches Verstehen der weiblichen Einstellung zum Vollständigkeitsphallus nur zu einer Verstärkung des Penisneides (als sexuelles Organ) und zu einer dauernden Fixierung führen.«[14]

Grunberger gibt hier zu verstehen, daß ein starres Verharren auf dem orthodox-analytischen Konzept des Penisneides diesen quasi erst produzieren und die Patientin dazu bringen kann, sich in einem Begriff zu verstricken, der ihre Probleme nur neu (aber diesmal unlösbar) benennt, statt ihr bei einer konstruktiven Lösung zu helfen. Was Grunberger jedoch als Ausweg anbietet, scheint fragwürdig, denn nur ein wenig kritisches Denken wird sich bereitfinden, den Phallus unreflektiert als Symbol der Integrität – der »vollendeten Weiblichkeit« zu akzeptieren.

Auf diese Gefahr hat bereits Margarete Mitscherlich hingewiesen: »Unbefragt hinzunehmen, daß das Integre und Heile für jeden Menschen quasi von Natur her im Phallussymbol seinen Ausdruck findet, würde die auf keiner biologischen Grundlage beruhende geringere Bewertung der Frau und ihrer Leiblichkeit verewigen. Solange man den Körper der Frau in seiner symbolischen Bedeutung als etwas Zerstörtes oder Unvollständiges ansieht, wird man mit Angst oder Verachtung darauf reagieren oder als Mann unfähig sein, sich in die Frau und ihre Sexualität einzufühlen.«[15]

Wie berechtigt dieser Hinweis ist, läßt sich etwa daraus ableiten, daß Helene Deutsch 1964 behauptete, die rein weibliche Frau sei nicht orgasmusfähig, da es sich beim Orgasmus um eine »männliche« Schließmuskel-Aktivität handle[16]. Chasseguet-Smirgel hat

14 B. Grunberger: Über das Phallische. In: Psyche 17 (1964), S. 604–620.
15 M. Mitscherlich: Müssen wir hassen? München 1972, S. 51.
16 H. Deutsch: Frigidity in Women. In: Journal of American Psychoanalysis, 1961.

diese These dadurch ad absurdum geführt, daß sie auf die ihre logische Konsequenz hinwies, wenn jegliche Sphinkter-Aktivität männlich sei, dann dürfe die »weibliche« Frau auch keinen Anus haben[17].

Lehrreicher als die symbolkundlich-semantischen Spekulationen der französischen Analytiker ist die von M. Mitscherlich versuchte Integration der gesellschaftlichen Rollenforderungen in das Bild einer noch durchaus orthodox-analytisch gesehenen psychosexuellen Entwicklung der Geschlechter. Der Knabe (genauer: der dem bürgerlichen Ideal noch entsprechende Knabe) konzentriert sich demnach schon früh – nachdem er seinen Ödipuskomplex überwunden hat – auf das Ziel, selbst zu einem mächtigen Vater zu werden. Dadurch erwirbt er quasi eine Vorzugs-Eintrittskarte in unsere auf Leistung ausgerichtete Gesellschaft, verdrängt seine Abhängigkeitswünsche und setzt seine Energien ein, um konkurrenzfähig zu werden, auf keinen Fall in die Lage des Abhängigen, Unterlegenen zu kommen.

Gerade diese Haltung erschwert ihm aber eine partnerschaftliche Beziehung zu Frauen. Er idealisiert sie entweder, oder er nimmt sie nicht ernst, behandelt sie als Sexualobjekte. »Die Folge davon ist eine Störung der männlichen Liebesfähigkeit und ein gestörtes Verhältnis des Mannes zu seiner Gefühlswelt überhaupt, die trotz aller scheinbaren Angleichung der Geschlechter immer noch als unmännlich empfunden wird«.[18] Das Mädchen, in seiner Elternbeziehung weit mehr durch die Angst vor Liebesverlust bedrängt, gewinnt eine verfeinerte Sensibilität der Gefühlswahrnehmung; in der Art einer Ergänzungsreihe werden der Frau auch Gefühle eher als Ausdruck ihres Wesens zugestanden, da es sich um ein – vom Verstand her gesehen – verschwommenes, ungreifbares Geschehen handelt. Darin steckt aber auch ein Stück Verachtung. Wer von Emotionen beherrscht wird, ist zu sachlicher Arbeit wenig befähigt.

In diesem Zusammenhang kann von einer wirklichen Befreiung der Frau gar nicht die Rede sein, bemerkt Margarete Mitscherlich. Freiheit in ihrem vollen Sinn bedeutet nicht nur die Befreiung aus einer juristischen Benachteiligung oder der Knechtschaft gegenüber

17 J. Chasseguet-Smirgel: La Sexualité Féminine. Paris 1964.
18 M. Mitscherlich, a. a. O., S. 58.

dem pater familias, sondern mehr noch die Emanzipation aus einer männlich bestimmten Lebensordnung, die gerade der emanzipierten Frau nur soweit entgegenkommt, wie sie bereit ist, die Rolle eines Mannes zu übernehmen. Die Gefahr einer »falschen Emanzipation« sieht M. Mitscherlich denn auch vor allem darin, daß sich die Frau mit dem Mann identifiziert, um ihre Unterdrückung durch ihn zu überwinden, und auf diese Weise ihre Geschlechtsgenossinnen untergründig verachtet (ein klassisches Beispiel dafür ist Esther Vilar[19]). »Noch verzweifelter wird die Situation, wenn die Selbstentfremdung der Frau so weit geht, daß die Identifikation mit den männlichen Wertvorstellungen als eigenes Bedürfnis empfunden wird und z. B. gerade diejenigen Politiker gewählt wurden, mit deren Hilfe eine männlich orientierte Gesellschaftsordnung mit ihrer Unterdrückung und Verachtung der Frau verewigt wird.«[20] Was kann man tun? M. Mitscherlich plädiert für eine Erziehung und Öffentlichkeitsarbeit, die den Frauen helfen kann, ihre tatsächlichen Gefühle und Wünsche kennenzulernen und diese zu akzeptieren – eine Erziehung, die ihnen hilft, sich weniger zu verachten und ihre Minderwertigkeitsgefühle in einer männlich geprägten Gesellschaft zu überwinden. Die Frau kann die starre, zynische, Gefühle und Angst abwehrende Haltung des Mannes nur dann überwinden, wenn sie sicher ist, daß ihre Sensibilität und geschärfte Gefühlswahrnehmung echte Werte sind, die sie gemeinsam mit anderen Frauen (und Männern) verteidigen muß. Auf diese Weise kann die Frau dann auch dem Mann helfen, daß er sich weniger an berufliche Leistungen, sexuelle Perfektion, soziale Anerkennung klammern muß. Je sicherer eine Frau ihrer selbst ist, desto besser wird sie die Ängste des Mannes verstehen (umgekehrt verraten Parolen wie die der Valerie Solanas[21] ein hohes Maß an Unsicherheit und weiblicher Identitätsangst).

Es gehört zur unerbittlichen Logik menschlicher Gruppen, daß ein Verbot für ein Gruppenmitglied, die eigene Identität zu finden, auch alle übrigen, die dieses Verbot aussprechen, zu demselben

19 E. Vilar: Der dressierte Mann. Gütersloh 1971.
20 M. Mitscherlich, a. a. O., S. 60.
21 die auf Andy Warhol schoß und SCUM gründete (Society for cutting up men).

Schicksal verurteilt. Solange die Frau nicht emanzipiert ist, kann sich auch der Mann nicht befreien, bleibt auch er an ein falsches Selbst gebunden und muß zwanghaft seine Gefühle, Ängste und Geborgenheitswünsche abwehren. Erst wenn die Frau emanzipiert ist, schließt M. Mitscherlich, wird man erkennen, wie eine Kultur aussieht, die gemeinsam von beiden Geschlechtern getragen ist. Bisher kennen wir nur eine, in der die Frauen entweder nicht erkannten, daß sie unterdrückt wurden, oder den Mann nachahmen mußten, um ihr ebenbürtiges Recht auf Freiheit zu zeigen.

Emanzipation als Ware

Zu den für die tatsächliche Emanzipation der Geschlechter bedrohlichsten Erscheinungen gehört heute die Vermarktung einer billigen Emanzipationsideologie. Sie biedert sich in Frauenzeitschriften an, die schicke Feministen vorstellen, während parallel dazu der Löwenanteil des Textes einer Industrie gehört oder doch in die Hände arbeitet, die an der Abhängigkeit weiblicher Konsumenten von künstlich produzierten Mode- und Schönheitsidealen gut verdient. Hier wird die Frau nur soweit emanzipiert, wie diese Pseudo-Emanzipation den Konsum steigert; sie verläßt eine Form der Sklaverei, um in eine noch viel zerstörerische überzuwechseln, in der beide Geschlechter schier wehrlos gefangen sind.

Seit von Emanzipation die Rede ist, hat man mit diesem Bedürfnis dasselbe gemacht wie mit anderen auch – etwa mit den zentralen Werten der bürgerlichen Revolutionen in Frankreich und Amerika. Denn Begriffe allein legen keine konkreten Handlungen fest, sondern werden durch die Interessen der Gruppen definiert, die mit diesen Begriffen umgehen (eine Ausnahme sollten wissenschaftliche Begriffe machen; die Erfahrung zeigt jedoch, daß auch in der Wissenschaft Begriffe nur dann eindeutig verstanden werden, wenn sie keine starken Interessenkonflikte provozieren). In der Art, wie ein Begriff allgemein verstanden wird, drückt sich also die Machtverteilung in einer Gesellschaft sehr deutlich aus. Es handelt sich hier nicht um eine bewußte Verfälschung, sondern um einen Kompromiß zwischen den Mächtigen und ihren für Öffentlichkeitsarbeit verantwortlichen Helfern und den Erwartungen der Meinungs-Konsumenten. Beide Seiten müssen berücksichtigt werden; beide passen sich aneinander an (die Bildzeitung konnte in den sechziger Jahren noch oft genug Panikmeldungen über schädliche Wirkungen der Pille verbreiten, hat es aber seit 1970 nicht mehr getan, weil immer deutlicher wurde, daß der Einfluß konservativer Meinungen in der Bevölkerung in diesem Punkt zurückging)[1].

Jedenfalls ist es höchst unrealistisch, unüberlegt zu erwarten, die mehr oder weniger öffentlich artikulierten Bedürfnisse nach Emanzipation entsprächen den tatsächlichen Interessen der betroffenen Frauen (und Männer). Im Gegenteil: man muß davon ausgehen, daß der Inhalt dieses (Schlag-)Wortes von den Interessen jener Gruppen bestimmt wird, die Macht ausüben und ihre Macht erhalten, ja steigern wollen. Ähnlich ist es ja Worten wie »sexuelle Aufklärung«, »antiautoritäre Erziehung«, »Hochschulreform« ergangen[2].

Da die Stärke der Interessengruppe, welche wirklich uneigennützig den Frauen zu mehr Selbstverwirklichung verhelfen will, nicht besonders groß ist, wird »die Verbreitung des Emanzipationsgedankens vorläufig von den Interessen bestimmt, die die Mittel schon haben, um sich durchzusetzen.«[3]

Wie sehen solche Formen einer verfälschten Emanzipation aus – Zwitter, in denen die Elemente, aus denen sie sich zusammensetzen, oft genug kaum mehr isoliert werden können, Trostpflästerchen, die man auf Wunden klebt, die allenfalls durch die Offenheit der »Emanzen« entstanden?

Eine Frauenzeitschrift schildert ihren Leserinnen detailliert Schicksal und Ansichten von Frauen, die mehr verdienen als ihre Männer.

1 Wobei man die Tatsache nicht unerwähnt lassen sollte, daß ebenso wirksame, sichere, ästhetische Verhütungsmittel bei den Ärzten und in der Öffentlichkeit kaum bekannt gemacht wurden, weil man an ihnen nicht soviel verdienen kann wie an der täglich konsumierten Pille. Es handelt sich um die heute erheblich verbesserten Intra-Uterin-Pessare, die immer noch nur von wenigen Frauen verlangt (und von wenigen Gynäkologen korrekt eingesetzt) werden.

2 Vgl. (auch zum Folgenden) den Artikel von Hazel E. Hazel: »Wer emanzipiert wen wohin?« In: A. Albus et al.: Maskulin–Feminin. München 1972.

3 H. E. Hazel, a. a. O., S. 146.

Die Frau eines Unternehmers arbeitet in einem als gemeinnützig anerkannten Verein; die »Spenden« dafür sind in der Firma ihres Mannes voll von der Steuer abschreibbar.

Ein Konzern wirbt mit allerlei Einfällen um billige weibliche Arbeitskräfte: Die Frauen könnten sich von ihrem Lohn kaufen, was der Mann ihnen nicht schenkt – sie dürfen privat telefonieren – ein gefühl- und verständnisvolles Betriebsklima wird durch die Werbematerialien in der XY-Klimatüte vorgestellt.

Ein Fernseh-Feature über die »grünen Witwen« schildert die Unzufriedenheit der in Vorstadtwohnungen isolierten Nur-Hausfrauen. Der wohlmeinende Autor sucht den Zuschauern ganz klar zu machen, wie elend und unausgefüllt ihnen doch zumute sein muß.

In einer anderen Sendung berichtet ein Psychologe mit vielen Einzelheiten und deprimierenden Bildern aus Säuglings- und Kinderheimen, wie schwere psychische Schäden entstehen, wenn eine Mutter ihre Kinder den staatlich kontrollierten und finanzierten Institutionen anvertraut.

»Dann lieber keine Kinder« fordert eine Journalistin, die öfters Artikel für Illustrierte schreibt und diesen Schluß zieht, nachdem sie eine Angestellte (50jährig, mit Anrecht auf eine hohe Rente) und eine Hausfrau (50jährig, zwei erwachsene Kinder, der Mann will sich scheiden lassen) miteinander verglichen hat.

Der Einfluß der Massenmedien

In den Massenmedien – vor allem den sogenannten »Frauenzeitschriften«, welche die gesellschaftliche Position der Frau (hart gesagt: als dumme Konsumentin) widerspiegeln – macht sich bemerkbar, daß sich der Mann meist primär als Mensch schlechthin und erst sekundär als männliches Wesen definiert hat, während er die Frau als »das andere Geschlecht« ansah und in ihr sozusagen seinen Schatten, sein Gegenbild konstruierte. Philosophen und sich selbst als Psychologen mißverstehende Ideologen (wie Weininger) sind in diesem Punkt wenigstens offen. Was aber in den Massenmedien geschieht, enthält versteckt noch ganz denselben Kern. Die Frau wird ein umsatzfördernder Werbeträger, ihr Busen muß helfen, teueren Cognac an den Mann zu bringen, ihre nackten Beine fördern den Absatz von Autoreifen, ihr verführerischer Schmollmund lächelt an Tankstellen.

Die sexualisierende Reklame ist sicherlich mehrfach determiniert. Ihre Beliebtheit hat viele Ursachen: Sie beutet die (teils angeborene, teils durch Sexualverdrängung übersteigerte) Ansprechbarkeit des Mannes auf sexuelle Signale aus (und die Girls sind gewissermaßen zu überoptimalen Attrappen im Sinn der Verhaltensforschung präpariert[1]). Sie spiegelt – ein Grundgesetz der Werbung – die Verkäuflichkeit wesentlicher Triebbefriedigung vor, während der Käufer tatsächlich mit Kinkerlitzchen abgespeist wird. Aber zwischen der heute vom aufgeklärten Homo consumens[2] als schauerliche Zumutung empfundenen Vorstellung im Orient, daß die Frauen keine Seele hätten, und der faktischen Verwendung von Brüste- und Schenkel-Trägerinnen in *Playboy*, *Praline* oder anderen Zeitschriften (deren Text meist von den aufwendigen Anzeigen kaum zu unterscheiden ist) besteht ein weit weniger tiefgreifender Unterschied, als man vermuten würde.

Die Folgen sind für beide Geschlechter gleich zerstörerisch (in dem Buch »Homo consumens« habe ich sie ausführlich geschildert), doch leidet die Frau fühlbarer darunter als der Mann, der die ihm von der Konsumgesellschaft gestellte Rechnung vor allem mit seiner körperlichen Gesundheit bezahlen muß. Seine Lebenserwartung sinkt in den Industriestaaten durchweg, während die der Frauen konstant bleibt.

Es wird dem Mädchen ungeheuer schwer gemacht, seine Identität als Subjekt dort zu finden, wo der Markt angefüllt ist mit dem Angebot von Pseudo-Identitäten als Konsumobjekt. Die »Seelenlosigkeit« der Frau in einer von Männern bestimmten Welt, in der Männer definieren, was Seele, was Mensch und was weiblich ist, kehrt in der quasi nach außen gewendeten, von außen bezogenen Identität

1 Unter »überoptimal« versteht man Attrappen, die von Tieren dem biologisch richtigen Signalgeber vorgezogen werden. Beispiel: Eine Möwe rollt ein überdimensionales Pappei in ihr Nest, und läßt das von ihr selbst gelegte Ei draußen verfaulen.

2 Der konsumierend lebende im Gegensatz zum einsichtig lebenden Menschen (Homo sapiens).

des attraktiven Sexualobjektes wieder, die gerade in den Massenmedien das typische Ideal der Frau ist (und von vielen heranwachsenden Mädchen als solches erlebt und gesucht wird). Die unzähligen Imitationen von Marilyn Monroe, Brigitte Bardot und anderen Stars zeigen diese Übernahme einer Pseudo-Identität sehr deutlich. In ihr fühlt sich das junge Mädchen möglicherweise sogar recht wohl, genießt die Anziehungskraft, die es ausübt, erwirbt eine trügerische Sicherheit und identifiziert sich mit dem konsumsteigernden Emanzipationsideal, das gerade marktgängig ist. Die Abhängigkeit des Stars von einer bewundernden Männerwelt, sein geborgtes Licht (die gerade im Selbstmord von Marilyn Monroe so deutlich werden: sie zerbrach an der Spannung zwischen ihrem Wunsch nach einer eigenen Identität und der Pseudoidentität, in der sie eine auf männliche Konsumbedürfnisse festgelegte Illusionen-Industrie festhielt) entsprechen dabei der freiwilligen und auf die Dauer zerstörerischen Sklaverei, in die sich das junge Mädchen begibt, sobald es die angebotenen Ideale der Konsumwelt übernimmt. Denn damit definiert es sich selbst als Konsumgut, das zum Kauf locken muß (»sich verkaufen«, dafür sorgen, daß »der eigene Typ gefragt ist«, bis zu den Dating-Konkurrenzen an amerikanischen high schools[3]).

Solange das junge Mädchen sich seinen (Kauf)Reiz erhält, kann diese Pseudo-Identität aufrechterhalten werden. Wenn es ihm gelingt, durch seine Annäherung an das in den Massenmedien gefeierte Konsum-Idealweibchen die ebenso auf dieses Ideal gedrillten Männer von seinen Gunstbezeugungen abhängig zu machen, wird ihm die eigene Abhängigkeit nicht deutlich. Daß sie auf ständigen Zustrom von außen angewiesen ist, um ihr so gewonnenes Selbstgefühl aufrechtzuerhalten, merkt die Frau erst, wenn dieser Zustrom versiegt. Die häufig in Frauenzeitschriften eingestreuten Artikel, daß die Frau mit 30, 40 oder 50 Jahren erst richtig »reif« sei und durch sexuelle Erfahrung ihren (gar nicht mehr erst erwähnten, als selbstverständlich vorausgesetzten) Mangel an jugendlicher Frische ausgleiche, ist in dieser Situation ein dürftiger Trost. Die Realität sieht anders aus: »In zehn Jahren bin ich 45, mein Mann auch. Da

3 M. Mead: Mann und Weib. Hamburg 1958.

finde ich keinen neuen Partner mehr, für einen Mann aber ist das ja kein Alter ...«. Obschon der Mann, medizinisch gesehen, im Durchschnitt nachweislich rascher altert (die Gefäßverkalkung und parallel zu ihr der Abbau von Gehirnsubstanz setzen früher ein, ebenso die Defekte an vielen anderen lebenswichtigen Organsystemen, vor allem an Herz, Kreislauf und Lunge), kann er die gesellschaftlichen Vorstellungen darüber, was eine alte Frau, was ein alter Mann sei, zu seinen Gunsten prägen. Eine 50jährige, die einen 25jährigen heiratet, gilt als bespötteltes Kuriosum; die 25jährige Braut des 50jährigen, arrivierten Mannes wird hingegen nachgerade zum Statussymbol. Gerade in solchen Zusammenhängen, in diesem Widerspruch zwischen Natur und Kultur, zwischen dem langsameren biologischen Alterungsprozeß der Frau und dem viel rascheren Verfall ihrer sozialen Hochschätzung, spiegelt sich wider, wie der Mensch in der Konsumgesellschaft selbst zum Konsumgut wird – wie der männliche Erwerber des Markenartikels »Sexualobjekt« überzeugt scheint, sich mit seinem Neuerwerb und der Abstoßung des altgewordenen Partners magisch selbst zu verjüngen.

Diese Tendenz ist freilich durch die soziale Dressur des Homo consumens nur verstärkt worden, bestanden hat sie in den patriarchalischen Gesellschaften seit eh und je. Schon der alternde König David suchte seinen erkaltenden Leib durch die Berührung jungfräulicher Mädchen zu beleben. Ihr Extrem findet diese Haltung gegenüber der Frau in einer männlich beherrschten Gesellschaft, wenn der Begräbnisritus bestimmt, daß die Konkubinen des Fürsten mit ihm begraben werden müssen, wie bei den Skythen (Herodot IV, 71) oder den Warägern.

Heute ist die Frau dem Buchstaben des Gesetzes nach gleichberechtigt, frei. Doch ist diese Freiheit oft trügerisch. Der Sklave konnte immerhin entlaufen; den verinnerlichten Prägungen der Konsumgesellschaft zu entrinnen kann viel schwieriger sein. Natürlich ist es angreifbar, beides so nebeneinanderzustellen. Aber die Bereitwilligkeit, mit der heute beide Geschlechter sich als billige Ware vermarkten lassen (während sie sich doch als kritische Konsumenten erleben), kann kaum hart genug angegriffen werden. Während es früher Mächtige und Sklaven, Herren und Diener, Patriarchen und rechtlose Frauen gab, wird die gegenwärtige

Freiheit nur allzuoft zur Pseudofreiheit, zum ohnmächtigen Ausgeliefertsein an einen allmächtigen, unkontrollierten Apparat der Bewußtseinsindustrie, deren Einfluß sich niemand ganz entziehen kann. Die versklavende Wirkung, die dieser Apparat ausübt, erscheint um so unheimlicher, weil es sich um eine innere Sklaverei handelt. Begeistert, süchtig an seinen Sklaventreiber gebunden, glaubt das Opfer, frei zu handeln. Das gilt für Männer und Frauen. Längst sind die auf Befreiung der Frau allein ausgerichteten emanzipatorischen Bewegungen zum Anachronismus geworden. Der tatsächliche und mörderische Widerspruch in unserer Gesellschaft liegt vielmehr zwischen den menschlichen Bedürfnissen und ihrer Manipulation durch die Apparate. Es ist der Konflikt zwischen Menschen und Institutionen, zwischen individueller Identität und anonymer, allmächtiger, unentrinnbarer Organisation, zwischen persönlichem Gefühl und für ein Millionenpublikum gemünzten Klischees, zwischen wirklichem Leben und vorfabriziertem Surrogat, zwischen Menschen und einem unmenschlich gewordenen, sich selbst perpetuierenden Symbolsystem.

Ich glaube, daß heute in den westlichen Industriegesellschaften anonyme Leistungs- und Konsumzwänge die wichtigste Folge dieser Entwicklung sind, deren einzelne Schritte ich noch ausführlicher beschreiben werde. Diese Zwänge betreffen im Prinzip Männer und Frauen, besitzende und besitzlose Schichten, wenn auch in unterschiedlicher Härte und verschiedenen Formen. Sie dienen der Macht der Mächtigen und werden deshalb von ihnen besonders verteidigt, während die Ohnmächtigen in ihrer Gegenreaktion sich nur mit Mühe von diesen Zwängen freimachen können und manchmal nur danach trachten, die Macht selbst zu erobern oder doch einen möglichst großen Anteil an ihr zu gewinnen. Das gilt für die sozialistischen Revolutionen im Prinzip ebenso wie für weite Bereiche der Frauen-Emanzipationsbewegung, in der menschliche Freiheit mit der Freiheit verwechselt wurde, nun die Sklaverei des Mannes zu teilen und zu werden wie er – wie die männliche Definition des Menschen.

Narziß und der Identitäts-Markt

Es ist der Überlegung wert, wie die Entwicklung der modernen Massenkommunikationsmittel – vor allem der Fotografie und der Television – das Bild des Menschen von sich selbst verändert hat. Ich will diese Betrachtung hier vor allem auf die Problematik der Frauenrolle zuschneiden, die man allerdings nicht unabhängig von der Rolle des Mannes und dem gesellschaftlichen Rollensystem untersuchen kann. Es ist uns heute schon ganz selbstverständlich geworden, daß wir Tag für Tag mit einigen hundert (häufig noch viel mehr) Bildern von Menschen konfrontiert werden, die wir nicht persönlich kennen. Damit erhält unser Erleben einen neuen, teilweise extrem veräußerlichten Maßstab; die realen, vollständigen Vorbilder, die früher vom Kind im Lauf seiner frühen seelischen Entwicklung verinnerlicht wurden, werden mehr und mehr durch irreale, unvollständige, äußerliche Vorbilder ersetzt. Es ist für den seelischen »Haushalt« eines Mädchens ganz gewiß nicht gleichgültig, ob es sich mit ihrer Mutter, Tante oder älteren Schwester identifiziert, oder ob es einen Filmstar, ein Fotomodell, eine Fernsehansagerin als Vorbild wählt. Die erste Identifikation ist realitätsgerecht und bei aller Idealisierung doch vorwiegend an konkrete Lebenssituationen gebunden. Die zweite hingegen beruht darauf, daß ein imaginäres Wesen nachgeahmt wird, dessen Verhalten in realistischen, dem Leben des Mädchens entsprechenden Situationen unbekannt ist. Auf diese Weise kann ein Idealziel der eigenen seelischen Entwicklung (»Ich-Ideal«) aufgebaut werden, das ebenso unerreichbar wie letzten Endes selbstzerstörerisch ist. Denn an unerreichbaren und unerfüllbaren Idealvorstellungen kann die Realität nicht mehr gemessen werden; die tatsächlich erreichbaren Partner werden nie die Qualitäten ihrer imaginären Konkurrenz auch nur annähernd aufweisen. Daher versagt auch die kritische Bewertung an ihnen – das Mädchen (und ebenso der junge Mann) treffen ihre Wahl des Sexualpartners und später des Ehegatten lässig, fast gleichgültig, an funktionellen, nicht an menschlichen Qualitäten orientiert (»wird er für mich sorgen können? meine Freunde werden vor Neid platzen! sie sieht im Bikini so schick aus!«).

Da die imaginären Ideale, die frei Haus gelieferten Vorbilder der

Massenmedien nur winzigen Ausschnitten der Lebensrealität ihrer Konsumenten gerecht werden, stehen diesen zwei Möglichkeiten offen (die sich beide vermischen können und beide auf Kosten einer wirklichkeitsgerechten Wahrnehmung der eigenen Lebenssituation gehen). Die Zuschauer können versuchen, das imaginäre Vorbild auf konkrete Situationen anzuwenden, in denen es lächerlich unangemessen ist (die Elfjährige, die sich selbst als Busenstar erlebt, während sie zur Schule geht; der Vierzehnjährige, der als imaginärer Tarzan, Cowboy oder Supermann durch die Straßen streift), oder füllen die Lücken, die es läßt, mit den konventionelleren Identifikationen aus, die reale Menschen in ihrer Umwelt bieten – Vater, Mutter, Verwandte, die Lehrerin. Immer entsteht aber eine Spannung zwischen dem am meisten bewunderten Idealbild und den Menschen, die das Kind tatsächlich kennenlernt, und endlich der Lebenswirklichkeit, mit der es sich auseinandersetzen muß. Die imaginären, allzu glatten und allzu erfolgreichen, allzu schönen und allzu bewunderten Ideale entwerten die Realität und ziehen Energien von ihr ab, die dringend benötigt würden, um reale Befriedigungsmöglichkeiten wirklich auszuschöpfen.

Die Filmkamera, die auf einer Menschenmenge verweilt (eindrucksvoll in Marcel Carnets »Die Kinder des Olymp«), greift die künftigen Stars heraus und verfolgt sie, ein selektiver Akt, eine erhebende Auswahl, wie sie in der Lebensrealität unmöglich sind. Und doch handelt es sich um das erträumte Ziel des Zuschauers, dem es mehr oder weniger gut gelingt, sein Angstgefühl zu verdrängen, in einer anonymen Masse zu leben. Die Identifizierung mit den Schauspielern kann diese Angst für den Augenblick beschwichtigen, verstärkt sie aber auf die Dauer, da die imaginäre Vollkommenheit der Akteure – verbunden mit der einzigartigen Fähigkeit der Filmkamera, Realität vorzuspiegeln und damit narzißtische Phantasien von Größe und Allmacht scheinbar zu verwirklichen – die Realität, wie sie sich faktisch anbietet, zu entwerten droht.

In der Befriedigung jener narzißtischen Phantasien von Größe und Allmacht, vom Herausgehobensein aus der Masse, liegt auch die abhängig, ja süchtig machende Kraft der Massenmedien, vor allem der optischen, die am unmittelbarsten wirken und mehrere Sinnesorgane zugleich ansprechen. Es scheint notwendig, kurz zu sagen, was ich hier unter Narzißmus verstehe. Sigmund Freud hat diesen Begriff nach dem Schicksal jenes Narziß der griechischen Mythologie geprägt, der die Liebe aller Frauen und Männer verschmähte. Dafür von Aphrodite mit einer unerfüllbaren Liebe – der in sein eigenes Spiegelbild in einer klaren Quelle – bestraft, verschmachtete er und wurde in die Frühlingsblume verwandelt. Die Psychoanalyse entnahm diesem Mythos in erster Linie die Selbstverliebtheit, die »Besetzung« des eigenen Selbst mit Libido, d. h. sexueller Triebenergie. Freud glaubte, daß jeder Säugling zunächst narzißtisch ist, also nur sich selbst liebt (primärer Narzißmus). Weil die Mutter seine Bedürfnisse nach Nahrung, Hautkontakt, Wärme befriedigt, zugleich aber nicht Teil des eigenen Körpers ist, sondern sich dem Kind auch entziehen kann, wird dieser anfängliche Narzißmus zugunsten einer ersten »Objektbeziehung« aufgegeben – der seelischen Beziehung zur Mutter oder ihrer Ersatzperson, die alle späteren mitmenschlichen Beziehungen als eine Art Urmodell vorgestaltet.

Wird ein Mensch in dieser ersten Objektbeziehung oder in späteren Beziehungen schwer enttäuscht, dann kann der sekundäre Narzißmus auftreten. Der Betroffene vermag sich nur schlecht an andere Menschen zu binden. Er reagiert primär mit Mißtrauen und Abwehr. Erst nach längerem positivem Kontakt baut er eine immer von seiner Rückzugstendenz bedrohte Bindung auf, während es beim Menschen mit reifen Objektbeziehungen eher umgekehrt ist. Er begegnet Fremden primär vertrauensvoll, und wendet sich erst von ihnen ab, wenn er schlechte Erfahrungen mit ihnen gemacht hat.

Im Einverständnis mit experimentell-psychologischen Studien (z. B. von Harry Harlow über die Natur der Mutter–Kind-Beziehungen bei Rhesusaffen[1]) und klinisch-psychoanalytischen Erfahrungen (z. B. von Michael Balint[2]) glaube ich, daß dieses Narzißmus-Konzept Freuds korrigiert werden muß. Der menschliche Säugling ist kein total selbstbezogenes Wesen, sondern primär und von Anfang an, seiner biologischen Natur nach, auf seine Mitmenschen ausgerichtet. Balint spricht hier von einer »primären Liebe«.

1 Vgl. W. Schmidbauer: Verwundbare Kindheit. Planegg 1973.
2 M. Balint: Primary Love. London 1952.

Der Säugling ist bindungsbereit, unbedingt auf Kontakte angewiesen, nicht in sich selbst verliebt, sondern schon von Anfang an auf »Nächstenliebe«, d. h. die freundliche Zuwendung zu anderen Menschen programmiert.

Freud hat den primären Narzißmus aus konkreten Beobachtungen an seinen Patienten erschlossen, also aus dem sekundären Narzißmus. Wie oftmals bei seinen Konzeptionen bleibt auch hier die unmittelbare Beobachtung gültig. Es gibt diesen sekundären Narzißmus zweifellos, und er stellt eine ernstliche Bedrohung der seelischen Gesundheit, vor allem aber auch ein schwer (aber nicht unmöglich) zu überwindendes Hindernis für die Behandlung von Persönlichkeitsstörungen dar. Die wichtigste Ursache dieses Narzißmus ist das Scheitern der Beziehung zwischen der Primärgruppe und dem Kind. Weil Freud sich hier ausschließlich auf das Kind konzentrierte und die Bedeutung der Gruppe nicht genügend würdigte, kam er zu der Konstruktion eines ursprünglichen, dem Säugling »von Natur aus« eigenen Narzißmus, den es in dieser Form nicht gibt und der auch aus biologischer Sicht undenkbar ist. Es wäre schlecht um die Überlebenschancen eines gruppenlebenden Säugetiers bestellt, wenn die soziale Bezogenheit als Verhaltensdisposition nicht schon von Geburt an vorhanden wäre, sondern erst gelernt werden müßte.

Der Narzißmus ist also immer sekundär – gewiß ein Hindernis für erfolgreiche soziale Beziehungen, sicher aber auch eine Folge gescheiterter Kontakte, vor allem in der frühen Kindheit. An dieser Stelle wird der Zusammenhang zwischen dem süchtigen Konsum des »Unterhaltungsangebots« der Massenmedien und der menschlichen Verwahrlosung der Kinder in jenen Familien deutlicher, für die das Fernsehen als bequeme elektronische Amme dient. Während das gesunde, nicht narzißtisch geschädigte Kind mit dem Warenhaus an Identifikationsfiguren auf die eine oder andere Art fertig wird (weil es seine tieferen emotionalen Beziehungen doch nach einem realen Modell – der Beziehung zu den Eltern oder ihren Ersatzpersonen – gestalten kann), entfalten die imaginären Vorbilder in jenen Kindern prägende Kraft, die nicht das Glück hatten, in diesen frühen emotionalen Kontakten Urvertrauen und Geborgenheit zu erleben.

Diese Zusammenhänge wären es wert, weiter bis in ihre vielfältigen Verzweigungen (etwa das Problem der durch die Massenmedien induzierten Kriminalität) verfolgt zu werden; ich will aber hier diesen Exkurs über den Narzißmus beenden und zu der Frage zurückkehren, von der zu Beginn die Rede war. Wie wirkt dieser Jahrmarkt naturgetreuer und doch imaginärer, ja oft verlogener Identifikations- und Konkurrenzobjekte auf das Gefühlsleben und die innere Sicherheit des Individuums zurück? Hier wird deutlich, daß die Massenmedien teils absichtlich (in der Reklame), teils unreflektiert einen Wettbewerb mit imaginären Konkurrenten stimulieren, dessen wichtigste Leistung eine Steigerung des Konsums ist.

Man vergegenwärtigt sich nur selten, wie wenige Menschen in früheren Jahrhunderten für das Individuum präsent waren. Diese Menschen wurden dann aber über längere Zeit und sehr intim beobachtet – man sah sie schwitzen, spucken, beobachtete sie während einer Erkältung, kam ihnen so nahe, daß man ihre Pickel und Falten zählen konnte. Damit war es für beide Geschlechter erheblich leichter, ihre eigene körperliche Identität zu finden und zu akzeptieren. Im Zeitalter der Massenmedien hat sich das sehr geändert. Die Schönheitsideale sind ferner gerückt und nicht mehr lebensnah zu beobachten, sondern in einem künstlichen Milieu präsent, das »überoptimal« ist, schöner als die Wirklichkeit – wirklicher als die Wirklichkeit. Das Mannequin, der Filmstar, die Busenschönheit im Playboy, sie alle müssen nur für wenige, auserwählte Augenblicke so »vollkommen« sein, wie es die Situation idealtypisch verlangt, und diese Vollkommenheit ist dann für immer fixiert.

Dieser erstmals im fotografischen Bild und später in Tonkonserve, Film und Fernsehen nachweisbare Vorgang enthält eine rational bereits recht schwer, emotional, dem unmittelbar-gefühlshaften Eindruck nach aber kaum zu durchschauende Lüge. Was tatsächlich ein Sekundenideal ist, wird zur künstlichen und – da es sich um die getreue Kopie eines realen Menschen handelt – trügerischen Dauer. Und an diesem Idealbild wird nun die Wirklichkeit gemessen, nicht umgekehrt. Die Konkurrenz zu den in einem stundenlangen Aufbau von Schminke, Puder, Augenmalerei, Frisierkünsten zurechtgemachten Schönheiten wird zum Maßstab der eigenen Schönheit, die Betonung, welche ein Kameraobjektiv dem Individuum geben kann, zum Ideal individueller Geltung. Diese imaginäre Konkurrenz ist es, an der Männer in der Konsumgesellschaft ihre Frauen messen, und nach der sich die Frauen selbst beurteilen. Dabei sind diese Konkurrentinnen ebenso massenhaft verbreitet wie unerreichbar; künstlich alterslos, immer jugendlich, frisch, heiter faszinieren und vergiften sie zugleich.

Das alles mag übertrieben scheinen – kann man sich denn um Himmels Willen nicht an den hübschen Bildern freuen ohne doch gleich den aussichtslosen Wettlauf in einem imaginären Konkurrenzkampf anzutreten? Das mag immerhin möglich sein, aber es ist vom Individuum kaum zu leisten – vor allem nicht, wenn es gegen die herrschende Meinung in den Gruppen ankämpfen muß, die es umgeben. Selbst wenn etwa ein Ehepaar mehr oder weniger erfolgreich versucht, sich dieser Konsumideologie zu entziehen, kann es die eigenen Kinder nur teilweise von ihr schützen. Dieser Schutz hört auf, wenn die Kinder in Kindergarten und Schule in Gruppen leben müssen, zusammen mit Altersgenossen, welche die Konsumideale verinnerlicht haben.

Immerhin mag es auf diese Weise noch möglich sein, einen Kompromiß zu finden und einer suchtartigen Bindung an das Konsumverhalten vorzubeugen. Die Selbstbefreiung aus der imaginären Konkurrenz und dem Angebot von Identitäts-Surrogaten im Markt der Massenmedien kann jedenfalls dem selbstbezogenen, dem narzißtischen Individuum nicht gelingen. Sie gelingt nur in einer Gruppe (begonnen mit der Zweier-Beziehung in Freundschaft und/oder sexueller Liebe). Nur in der längere Zeit »durchgehaltenen« Beziehung zu einem Partner wird die ganze Variationsbreite, das volle Spektrum zwischenmenschlicher Beziehungen erfahrbar. Erst diese Realität und Kontinuität sind mächtig genug, die überoptimalen Menschen-Attrappen zu entwerten bzw. kritisch sehen zu lassen, mit denen wir täglich, ja stündlich konfrontiert werden.

Emanzipation vom Konsumverhalten

Für den Betrachter des Konsumverhaltens in unseren westlichen Industriegesellschaften ergibt sich das auf den ersten Blick verblüffende Bild, daß die Männer zwar die meisten Güter produzieren, für sie werben und sie zumindest was den Großhandel angeht (am Ladentisch mag dann als unterstes Glied der Kette eine Verkäuferin stehen) verkaufen. Aber die Frauen sind »Hauptopfer der Werbung und Hauptverschwender«[1], wie Germaine Greer sagt. Beide Geschlechter arbeiten sich quasi in die Hände – und deshalb kommt es auch gar nicht selten vor, daß imaginäre männliche Ansprüche oder weibliche Bedürfnisse als Entschuldigung vorgeschützt werden, wenn sich trotz aller Abstumpfung das schlechte Gewissen des Verschwenders in einer Welt hungernder Menschen bemerkbar macht.

In einer von der Konsum-Ideologie beherrschten Gesellschaft wird früher oder später auch der berechtigte Anspruch auf Emanzipation in einen konsumsteigernden Prozeß umfunktioniert. Ein Beispiel dafür haben wir schon zitiert. Für weibliche Berufstätigkeit wird geworben, um es der Frau zu ermöglichen, den Lebens- (d. h. den Konsum-) Standard höher zu schrauben[2]. Dieser Emanzipation zum (gesteigerten) Konsumverhalten muß die Forderung nach einer Emanzipation vom Konsumverhalten entgegengesetzt werden. Sie gilt, wie jede glaubwürdige und (potentiell) effektive Emanzipationsforderung, für beide Geschlechter, ist aber für die Frau womöglich noch wichtiger als für den Mann, da der Mißbrauch weiblicher Attribute in der Konsumideologie eine ganz zentrale Rolle spielt. Antifeministen und Feministen haben hier eine gemeinsame Basis.

Esther Vilar hat in ihrem Buch »Der dressierte Mann«, das in Details brillant, in der Gesamtkonzeption jedoch fragwürdig ist, auf den engen Zusammenhang zwischen weiblicher Dummheit und Konsumsucht hingewiesen (wobei die Frauen freilich nicht primär aus Absicht und Berechnung den Mann suchen, der den höchsten

1 G. Greer: Der weibliche Eunuch. Frankfurt 1971, S. 307.
2 Zum folgenden siehe auch W. Schmidbauer: Homo consumens. Stuttgart 1972, wo ich eine Gegen-Psychologie des Verbrauchers entwickelt habe.

Lebensstandard garantiert, sondern sekundär, in einer Anpassung an die von Männer fabrizierten Werte der Konsumgesellschaft). In ihrem negativen Urteil über die Konsumsucht der Frau sind sich Vilar und Greer durchaus einig; nur sieht die Antifeministin dort Aktivität und boshafte Schläue, wo Greer mit mehr Recht Passivität und Manipulation findet. Die Frauen werden regelrecht als konsumsteigernde Bevölkerungsschicht aufgebaut und angeworben. Man treibt sie in eine sinnlose Konsumkonkurrenz, um den Absatz überflüssiger Kosmetika zu steigern, hetzt sie dem trügerischen Ideal stets wechselnder Moden nach und benutzt sie schamlos als appetitsteigernde Zutat, um Kinkerlitzchen auf den Markt zu bringen. So ist die Frau zum »weiblichen Eunuchen« geworden. Sie »ist eine Puppe: ob sie weint oder lacht, läuft oder ruht, sie ist eine Puppe. Sie ist ein Idol, geformt aus der Verknüpfung von Linien und Maßen, ausgestattet mit den Zügen befriedigender Impotenz. Ihre wesentliche Eigenschaft ist Kastriertheit. Sie muß definitiv jung sein, ihr Körper haarlos, ihr Fleisch blühend, und sie darf kein Geschlechtsorgan haben«.[3]

Homo consumens hat die Frau zur Schaufensterpuppe gemacht und sie in eine Pseudo-Emanzipation geschickt, welche ihr einzelne Aspekte männlichen Rollenverhaltens zugesteht, aber im Grund ihre Ausbeutung steigert. Sie darf nun vieles in aller Öffentlichkeit tun, was früher verboten war – rauchen, Hosenanzüge tragen, studieren, untergeordnete Berufe wählen, vor allem aber Zweitwägen, Geschirrspüler und viele andere Dinge kaufen. Um das nötige Geld zu erwerben, muß sie arbeiten, und weil sie weniger Zeit hat, braucht sie eine Menge arbeitssparender Maschinen. So kommt es zu der paradoxen Situation, daß einige Millionen Frauen mehr oder weniger stumpfsinnige Arbeit an Fließbändern, Büroschreibmaschinen oder hinter Ladentischen verrichten, um die arbeitssparenden, konsumsteigernden Maschinen zu erwerben, die ihnen angeblich die Hausarbeit abnehmen sollen (und nebenbei, wie die Waschmaschinen und Geschirrspüler, eine Schlüsselrolle in der Umweltverschmutzung spielen).

Nur für eine winzige Minderheit der Frauen bedeutet die teilwei-

3 G. Greer: Der weibliche Eunuch. Frankfurt 1971, S. 60.

se Übernahme der Männer-Rolle oder die Wahl eines traditionellen »Frauenberufs« (Lehrerin, Hebamme, Kindergärtnerin, Krankenschwester) einen tatsächlichen Gewinn an Möglichkeiten zur Selbstverwirklichung. Für die große Mehrheit verdoppelt sich nur das Arbeitspensum (und parallel dazu das Konsumpensum); die Arbeit in der Fabrik, im Büro ist sicherlich nicht weniger stumpfsinnig als früher die Tätigkeit im Haushalt. Dabei wäre es unsinnig, nun solche Einwände an der früheren Situation der Arbeiterfrau zu messen, die sich ja tatsächlich verbessert hat. Aber wenn man den gegenwärtigen Kreislauf von entfremdeter Arbeit und Konsum betrachtet, die sinnleeren Anstrengungen, um Lebensstandard zu demonstrieren, den zu genießen man keine Zeit hat, weil er verdient werden muß – dann wird doch deutlich, daß dieser Weg in eine Pseudoemanzipation führen muß. Denn neben ihrer Arbeit soll die falsch emanzipierte Frau auch noch die Kinder versorgen (meist kann sie mit ihnen nur das tun, was ihr selbst geschieht: ihre emotionalen Bedürfnisse durch Konsumgüter befriedigen). Und sie soll auch die Produkte der Mode- und Kosmetikindustrie kaufen, und zur Schau tragen – gehetzt, aber doch gepflegt, überarbeitet, aber doch sexy, verschwitzt, aber desodoriert.

Erst die Weigerung, im Wettrennen um Lebensstandard, Konsumniveau und Leistungszwang zu starten, kann der Frau (und mit ihr dem Mann) erlauben, sich wirklich zu befreien und das herkömmliche Rollenverhältnis der patriarchalischen Gesellschaft zu überwinden (das sie heute ja nur befestigt, solange sie zum Pseudo-Mann wird). Dazu gehört etwa das (in Schweden von einer winzigen Minderheit praktizierte und vom Gesetz nicht mehr behinderte) Ehemodell, in dem Mann und Frau sich zu gleichen Teilen (gleichzeitig oder in periodischen Abständen) um Geldverdienen, Hausarbeit, Kindererziehung kümmern, eben weil nicht mehr so viel und so sklavisch verdient werden muß. Diese Freiheit bei erträglichem Wohlstand[4] ist durch den Reichtum der Industriegesell-

4 Den von vielen ökologisch informierten Wissenschaftlern ausgesprochenen Forderungen nach einem Konsumverzicht bzw. nach »Grenzen des Wachstums« (Meadows 1972) wird von kurzsichtigen Vertretern wirtschaftlicher Interessen oft entgegengehalten, man plädiere für eine Rückkehr in die Steinzeit (wenn man Konsumeinschränkungen fordert), wolle wie Diogenes in die Tonne zurückkehren

schaften möglich geworden. Freilich ist es nicht leicht einzusehen, daß Konsumieren kein Vergnügen, sondern ein unheilvoller, sich selbst steigernder Zwang ist, der die Selbstbefreiung der Frau nach den ermutigenden Erfolgen um die Jahrhundertwende blockiert und abgebogen hat. Auch diese Emanzipation vom Konsumverhalten (das weit größere Bereiche des gesellschaftlichen Lebens erfaßt als den Kauf überflüssiger Dinge) muß ein Gruppenprozeß sein, ist nur als solcher sinnvoll, ja denkbar.

Ein lehrreiches Beispiel für die Zusammenhänge zwischen Konsumverzicht und Emanzipation ist die Kosmetik. Greer hat sie ganz richtig erkannt; sie greift »die gesamte lächerliche Kosmetikindustrie« an, »wo die gleichen wertlosen Bestandteile alle Mittelchen bilden, von den billigen bis zu den gespenstisch teueren, und die weibliche Unsicherheit durch degradierende Werbung kultiviert wird, so daß diese beschissenen Mittelchen schneller denn je abgesetzt werden können.«[5]

In der Kosmetik durchdringen sich Konsumverhalten und die soziale Prägung auf ein »falsches Selbst«, ein persönliches Ideal, das den eigenen Bedürfnissen widerspricht und aus diesem Widerspruch heraus in kürzerer oder längerer Zeit zu seelischen und psychosomatischen Krankheiten führt. Der Frau wird vorgeschrieben, welchen »Typ« die Saison verlangt. Haut- und Haarfarbe, Wimperntusche, Lippenschminke, Teint, Lidstrich, Augenschatten, künstliche Wimpern, Intimspray und Desodorantien sollen für einen plakativen Effekt sorgen, für die Sekundenschönheit des Kosmetika- und Fotomodells, die nur in jenem Augenblick real ist, in dem der Fotograf belichtet. Doch während das überoptimale Bild weiblicher Schönheit eigentlich nur für jene Mannequins und Modelle erreichbar ist, die es sich zum Beruf gemacht haben, den Typ der Saison zu verkörpern, wird eben dieses Bild unerbittlich benützt, um Hausfrauen, Sekretärinnen, Schulmädchen und Verkäuferinnen wertloses Zeug in geschmacklosen Döschen anzudrehen. Es ist kaum über-

oder befürworte Massen-Arbeitslosigkeit. Diese Argumente sollte man als das erkennen, was sie sind: agitatorische Tricks, auf einer schablonenhaften Dialektik aufgebaut. Jeder Gegensatz zur selbstzerstörerischen Konsumgesellschaft wird als undenkbar und nicht wünschbar hingestellt.

5 G. Geer: Der weibliche Eunuch. Frankfurt 1972, S. 306.

trieben, daß man einige hunderttausend indische Kinder allein durch jene Summe vor dem Hungertod retten könnte, die in Deutschland für Nagellack und Nagellackentferner ausgegeben wird, wie Vilar einmal bemerkt. Sicher aber würden die Ausgaben für Kosmetika mithelfen können, dem weit überwiegenden Teil der Frauen auf der Erde die Chance zu geben, nicht nur ihre Kinder ausreichend zu ernähren, sondern (was noch wichtiger wäre) sich endlich von dem Zwang zu befreien, zu viele Kinder zu gebären. Denn dieser Zwang beruht nicht nur auf Unwissenheit, dem religiösen Verbot oder mangelnden materiellen Möglichkeiten, entsprechende Mittel zu benützen, sondern vor allem auch darauf, daß eine Frau, deren Kinder fast nur die Wahl zwischen Betteln und Verhungern haben, lieber zehn Kinder hat als zwei. Denn dann sind die Aussichten größer, daß wenigstens einige dieser Kinder überleben und die Eltern im Alter versorgen.

Die meisten Frauen, die auf das falsche Selbst hereinfallen, das ihnen die Kosmetikindustrie und die sorgfältig auf ein weibliches Publikum zugeschnittenen Illustrierten oder Werbespots mit sanftem Terror abverlangen, bleiben irgendwo auf dem Weg zu diesem Ideal stehen. Andrerseits zwingt sie der Wunsch, es doch zu erreichen, immer wieder zu deprimierenden Vergleichen. Für viele ist es schon aus äußeren Gründen unmöglich, so zu werden wie die Werbe-Ideale der Konsumindustrie: Sie sind zu alt, zu dick, zu arm, zu ungeschickt, um sich so herzurichten, daß die Aufmachung nicht läppisch und erniedrigend wirkt. Noch mehr Frauen haben nicht genügend Zeit. Es ist ja nicht ihr Beruf, schön zu sein, wie im Fall des Fotomodells, sondern sie müssen arbeiten, müssen womöglich noch abends und an den Wochenenden den Haushalt erledigen. Gleichzeitig aber fehlen ihnen Mut und Einsicht, den törichten Wettbewerb zu durchschauen. Weiterhin suchen sie, den Titelmädchen Einzelheiten abzuschauen – da einen Lidstrich, hier einen Lippenstift, dort eine Frisur, ein Haarteil. Sie werden zu Zwittern, die nicht mehr Natur und noch nicht Kunst sind, die auf halbem Wege stehenbleiben, ihre Haut mit Make-up ruiniert haben und weder die Zeit noch die Ruhe finden, sie durch geeignete Pflege wiederherzustellen. Die Kosmetik verdeckt nicht mehr natürliche Mängel (was ohnedies nur sehr selten möglich ist), sondern löscht natürliche

Schönheit aus, so daß am Ende nur Verluste zu buchen sind: an Geld[6], an Zeit, an Attraktivität.

Sexualität

Gerade im Rahmen der »sexuellen Revolution« wird überdeutlich, wie sich heute eine konsumsteigernde Manipulation als Starthilfe für Freizügigkeit und Selbstverwirklichung zu tarnen weiß. Die Zeitschrift »Unser Leben«[1] wußte die Resultate dieser (Pseudo)-Befreiung so zusammenzufassen: »Die Mädchen wählen sich ihre Partner selbst und probieren sie vorher auch aus ... Die ›Erfüllung ehelicher Pflichten‹ wurde für die Frauen zum ›Recht auf den Orgasmus‹ ... Erst die Antibabypille ermöglichte der Frau sexuelle Freizügigkeit ... Von Aufklärungsschriftstellern ließen sich die Frauen darüber belehren, daß sie geschlechtlich Genuß weniger vaginal als klitoral empfänden, also nicht durch die Stimulation der Scheide, sondern durch die des Kitzlers zum Orgasmus kämen.«

Symbole dieser Befreiung sind in dieser (und anderen) Illustrierten denn auch Miniröcke, Mädchen in Hosen, Mädchen auf Motorrädern, rasante Skifahrerinnen. Die Frauen werden aufgefordert, sexuell aktiver zu sein; es gibt detaillierte Rezepte, wie man einen müden Mann durch sinnliche Augenaufschläge, Geflüster, Küsse und Gestreichel aufmuntert. Die Frau muß lernen, für ihren eigenen Sex Reklame zu machen, ihn werbewirksam zu Markte zu tragen, um eindrucksvolle Verpackung bemüht. Sie muß die (von Männern verfaßten) Aufklärungsartikel lesen, und das Vagina-Mißverständnis der Freud-Schule gegen ein Klitoris-Mißverständnis eintauschen, das ebenso ungeeignet ist, die tatsächlichen Vorgänge verständlich zu machen.

Kate Millet hat in ihren rigorosen Analysen der literarischen Arbeiten von Henry Miller, D. H. Lawrence und Norman Mailer, die

6 Wenn man den Umfragen Glauben schenken darf, dann ist ein Kosmetiketat von fünf Prozent des Haushaltseinkommens noch mäßig; oft beträgt er zehn Prozent und mehr.

1 In: Bd. I, 1973, S. 258.

immer noch als Vorläufer (vielleicht sogar indirekt als Auslöser) der »Sexwelle« angesehen werden können (und deren freier Verkauf, gerichtlich erkämpft, als Sieg der Emanzipation bewertet wurde), sehr deutlich gezeigt, was die Folge ist. Die sexuell »emanzipierte« Frau wird gerade deshalb das Opfer männlicher Roheit und Brutalität. Die zwanghafte (als Reaktion auf eine unbewußte Sexualfeindlichkeit und ständige Kastrationsangst aufzufassende) Sexualsucht etwa Millers kann nur dann befriedigt werden, wenn das Objekt auf seine vaginalen Qualitäten reduziert und menschlich gar nicht mehr erkennbar ist. Die kommerzialisierte Sexual»aufklärung« dient vor allem dazu, als höchst anregender Zwischentext für Illustriertenreklame den Absatz der verschiedensten Güter zu steigern und eine sexuelle Dauererregbarkeit zu erzwingen, die letzten Endes unbefriedigt läßt. Der Mann wird auf ein Frauenbild dressiert, das dem Umsatz der Kosmetikbranche besonders nützlich ist. Hier eine instruktive Krankengeschichte:

Ein 26jähriger Lehrer erkrankt an einer schweren Depression, weil er seine gleichaltrige Frau nicht mehr sexuell begehren kann, obwohl er ihr treu bleiben möchte und Angst hat, sie zu verlieren. Er wagt sich nicht mehr auf die Straße, weil ihn die überall an den Kiosken ausgestellten Bilder erregen, während er gleichzeitig die Modell-Mädchen als unerreichbare Sex-Ideale erlebt. Um seine Impotenz zu überwinden, hat er seine Frau schon gebeten, sich mit Kinderkleidern zu maskieren[2].

Wie im voll automatisierten Haushalt die Zufriedenheit der Bewohner davon abhängt, daß sie mit ihren Geräten getreu der Gebrauchsanleitung umzugehen wissen, so wird sexuelles Glück als Sache perfekter Technik, Orgasmus als Pflichtleistung der Geschlechtsorgane angesehen. Wer diese Organe richtig bedient – jede erogene Zone ein Knöpfchen, das in der richtigen Reihenfolge gedrückt werden muß – der wird sein Ziel erreichen, – der muß es erreichen. Wenn er es nicht erreicht, dann hat er etwas falsch gemacht. Greer hat geschildert, »wie der Mann pflichtgemäß die erogenen Zonen reihum behandelt, angemessene Zeit bei beiden Nippeln verbringt,

2 Vgl. W. Schmidbauer: Kleine Psychotherapie. Planegg 1970, S. 57. Das Fallbeispiel verdanke ich Karl Bönner. In: Die Zeit, Nr. 44, 1969.

sich dann der Klitoris zuwendet (gewöhnlich zu direkt), durch die Phasen der digitalen und lingualen Stimulation führt und schließlich höflich in die Vagina schlüpft«.[3] Dieses schematische Vorspiel, das gerade der sich selbst als »guter Liebhaber« stilisierende Mann schematisch durchführt, kann die wirkliche Erregung der Frau vollkommen zerstören und das Gegenteil von dem erreichen, was beabsichtigt ist. Zuviel Interesse an Sexualtechnik, zuviele Gespräche über sie führen fast immer zu Schwierigkeiten in einer erotischen Beziehung (wie sie auch ein Sprachverbot über diese Probleme zeigt). Oft wirkt sich die auf einen Orgasmuszwang hinarbeitende Pseudo-Aufklärung verhängnisvoll aus.

Eine 32jährige Frau, Mutter eines Kindes, fürchtet sich vor den sexuellen Wünschen ihres Mannes. Sie war anfänglich mit dem intimen Zusammenleben durchaus zufrieden. Aber ihr Mann hatte sich im Zuge der »Sexwelle« informiert und ihr vorgeworfen, daß sie nicht zum Orgasmus komme. Erst wußte sie gar nicht, was er meinte. Dann orientierte auch sie sich darüber und begann, ihn dadurch zufriedenzustellen, daß sie ihm einen Orgasmus vorspielte. Allmählich wurde nun der Ekel vor dem Koitus immer stärker.

Man sieht hier, wie die Frau auch in ihrer angeblichen sexuellen Befreiung sich nach wie vor mit männlichen Wünschen und Vorurteilen identifiziert. Das heutige Orgasmus-Gebot ist ebenso zwanghaft, vereinfacht die sehr komplexe Sexualität der Frau (und des Mannes) ebenso wie es das Reinheitsgebot des vergangenen Jahrhunderts tat. Auf der anderen Seite reagieren sehr viele Männer mit massiver Angst auf die erhöhte sexuelle Selbständigkeit der Frau. Sie ziehen sich in die Sphäre beruflicher Leistung zurück, in der sie sich sicherer fühlen. So kommt es, daß in der Konsumgesellschaft gelegentlich der Penis nicht viel mehr ist als ein Sexualsymbol. Potenzstärkende Mittelchen finden reißenden Absatz, obschon bekanntlich die Ingredienzien solcher teuerer »Stärkungsmittel« laut Gesetz keinen spezifischen Heileffekt haben dürfen und Impotenz in rund 95 von 100 Fällen nicht körperlich, sondern seelisch bedingt ist. Die sexualisierende Reklame und die Pseudo-Aufklärung der Sexwelle führen zu ehelichen Kommunikationsschwierigkeiten eige-

3 G. Greer: Der weibliche Eunuch. Frankfurt 1971, S. 43.

ner Art. Eine Frau vermißt Geborgenheit und Respekt für ihre Gefühle und Wünsche. Sie kleidet ihre (berechtigten) Forderungen aber in das Klischee von der sexuell gleichberechtigten Partnerin, die mit der geringen Koitushäufigkeit unzufrieden ist, welche ihr Mann bietet. Sie formuliert ihren Geborgenheitswunsch, ihre Bitte um Verständnis für ihre komplizierten Bedürfnisse simpel und sexualisierend, – zum Teil auch aus Rache für bisherige Versagungen und die mangelnde Sensibilität ihres Mannes. Dieser wird in seinem Stolz getroffen und ist erst recht unfähig, ihren Ansprüchen nachzukommen; zugleich rächt er sich, indem er die emotionalen Wünsche seiner Frau nach wie vor mißachtet.

Was in der Pseudo-Aufklärung gewonnen wurde, ist sehr weit von einer natürlichen Einstellung zur Sexualität entfernt. Der Sexus wird durchaus technisch, anhand eines Maschinenmodells aufgefaßt (das in den »Aufklärungsbüchern« manchmal geradezu als Blockschaltbild mit Motoren – den endokrinen Drüsen –, Leitungen, Schaltzentren und ausführenden Apparaturen erscheint). Dieses Maschinenmodell ist ganz und gar nicht wissenschaftlich, sondern unter dem Aspekt einer maximalen Konsumsteigerung konzipiert: Puppen aus Fleisch, die Haare nur an der »richtigen« Stelle haben, deren natürliche Oberfläche zu einer keimfreien, parfümierten und haarlosen Glätte umgestaltet wurde.

Gerade die Entdeckung der Klitoris kann ein solches Maschinenmodell des Orgasmus begünstigen. Das Klitoris-Mißverständnis ist durch die angeblich so objektiven und schier überall zitierten Studien von William Masters und Virgina Johnson erheblich verstärkt worden. Im sexualphysiologischen Labor muß aber notwendig der masturbatorische Aspekt des Sexus – die wichtige, aber noch nicht befriedigende »Technik« als Technik an sich – eine Rolle spielen, die an sich unangemessen ist. Für den Techniker sind der durch Masturbation erzielte und der koitale Orgasmus identisch. Im Erleben ist das keineswegs so, auch wenn man die (heute ohnedies schwächer werdenden) ethischen Vorbehalte gegen die Masturbation ausklammert.

Ebenso wie die Masturbation beide Geschlechter sehr oft partiell unbefriedigt läßt (was sich unter anderem darin ausdrücken mag, daß sich ein durch Masturbation erzielter Orgasmus nach viel kürzerem Abstand wiederholen läßt als der koital erzielte), ist auch der Klitoris-Orgasmus nicht mit einem Orgasmus identisch, der die gesamte psychosexuelle Erregbarkeit umfängt und ausschöpft. Freilich wird der Gegensatz zwischen klitoralem und vaginalem Orgasmus, den Freud konstruierte, diesem Unterschied ganz und gar nicht gerecht. Freuds Konzeption spiegelt vielmehr einen ausgesprochen sozialen Prozeß wider. In seinem Wiener Patientenkreis vermochten offensichtlich nur jene Frauen zu einem befriedigenden Orgasmus zu kommen, die in ihrer aufgezwungenen vaginalen Passivität genügend klitorale Aktivität (auch vor ihrem Analytiker) verborgen halten konnten.

Da der ausschließlich vaginale Orgasmus biologisch unmöglich scheint[4], erkennt man eine bezeichnende Paradoxie in der Freudschen Theorie: Sie enthält ein unbewußtes Orgasmus-Verbot für die Frau. Freud hat das natürlich nicht »so gemeint«, kommt diesem Verbot aber in den Konsequenzen seiner Theorie nahe. Wenn die Frau tatsächlich, wie er es von ihrer sexuellen »Reife« verlangt, klitorale Empfindungen völlig aufgibt, dann wird sie nicht nur keinen vaginalen, sondern gar keinen Orgasmus mehr empfinden. Glücklicherweise lassen sich klitorale und vaginale Empfindungen nur in der Theorie trennen, nicht aber in der sexuellen Praxis.

Freuds paradoxe Konzeption des vaginalen Orgasmus fügt sich lückenlos in seine Annahme, daß die Frau ihre passive Rolle akzeptieren muß, wenn sie seelisch gesund bleiben will. Ein solches Extrem fordert ein anderes heraus – und tatsächlich hat die britische Feministin Mette Eiljersen im Anschluß an Masters und Johnson sich in eine Art Klitoris-Kult verstiegen, den sie anklagend gegen die bisherige, psychoanalytisch bestimmte Auffassung von der weiblichen Sexualität stellt[5].

Darin wird vom weiblichen Orgasmus wie von einer Pflichtreaktion auf klitorale Reizung gesprochen, während die Sexologen hart angegriffen werden, die eine Stimulation der Klitoris als Teil

4 Vgl. M. J. Sherfey: The Evolution and Nature of Female Sexuality in Relation to Psychoanalytic Theory. In: Journal of the American Psychoanalytic Association 14 (1966). – W. H. Masters, V. E. Johnson: Human Sexual Response. Boston 1966.

5 M. Eiljersen: I Accuse! London 1968.

des sexuellen Vorspiels empfehlen. Denn »was die Männer als ›die Sache selbst‹ betrachten ... ist für die Frauen in Wirklichkeit ohne jede Empfindung. Hier liegt der Kern des Problems! Jahrhundertelang verheimlicht von schüchternen, bescheidenen, unterwürfigen Frauen!«[6] Diese Lehre vom Knopfdruck auf die Klitoris hat einen eigentümlich technischen Charakter; es ist ein Konzept, das wohl nur als Antithese akzeptabel ist, die weibliche Sexualität aber in jedem Fall unzulässig vereinfacht. Eiljersen hat eine primär männliche Schablone auf die Frau übertragen, denn gerade die Differenziertheit weiblicher Sexualempfindungen ist es, die ein Mann nur schwer begreifen kann – etwa die Tatsache, daß Frauen lieber auf einen Orgasmus verzichten, als ihn sich durch manuelle Stimulation zu verschaffen, wenn der Partner schon zum Höhepunkt gekommen ist. Freilich läßt sich hier das Fortwirken eines Verbots für die Frau, aktiv sexuelle Befriedigung zu suchen, nicht ausschließen. Ich glaube aber dennoch, daß ein tiefgreifender Unterschied zwischen den Geschlechtern vorliegt, der durch soziale Vorschriften nur überformt, nicht aber geschaffen wurde. Dafür spricht auch die Tatsache, daß die masturbatorische Aktivität von Frauen erheblich geringer ist als die von Männern. Ungefähr 95 Prozent der männlichene Jugendlichen onanieren, aber nur 50 Prozent der weiblichen[7]. Die geringere Ansprechbarkeit der Frauen für optische Sexualreize (etwa pornographische Filme) scheint hingegen sozial bedingt. Sie ist in sexuell emanzipierten Gruppen heute deutlich geringer als etwa zur Zeit des Kinsey-Reports[8]. Jedenfalls scheint es problematisch, einer Frau, die nur durch Masturbation zum Orgasmus kommt, nicht aber beim Koitus, ohne genauere Kenntnis der Beschaffenheit ihrer Beziehungen zu männlichen Partnern anzuraten, doch mit Hilfe klitoraler Stimulation einen Orgasmus zu erzwingen.

Doch ist es ebensowenig richtig, dem männlichen Orgasmus einen linearen, unausweichlichen und zu konstanter Befriedigung führen-

6 Eiljersen, a. a. O., S. 48. Greer hat hier eingewendet: »Es ist Unsinn, zu behaupten, eine Frau fühle nichts, wenn der Mann seinen Penis in ihrer Vagina bewegt: Der Orgasmus hat eine andere Qualität, wenn sich die Vagina um den Penis anstatt um einen Leerraum bewegt.« (Greer, a. a. O., S. 43).

7 V. Sigusch: Ergebnisse zur Sexualmedizin. Köln 1972, S. 94 ff.

8 Sigusch, a. a. O., S. 75 ff.

den Charakter zuzusprechen, während man der Frau eine viel kompliziertere, von emotionalen Faktoren stärker mitbestimmte Reaktionsweise zuschreibt. Die männliche Potenz kann seelisch hochgradig gestört werden; der männliche Orgasmus hängt letzten Endes ebenso wie der einer Frau von der Qualität der mitmenschlichen Beziehung ab. Die Frau ist fast immer (von den seltenen Fällen des Vaginismus abgesehen, in denen schmerzhafte Kontrakturen der Muskeln am Scheideneingang die Einführung des Penis verhindern) »potent«, das heißt zum Vollzug des Verkehrs fähig. Auf diese Weise ist ihr ein Leistungsdruck abgenommen, der die Sexualität des Mannes in erheblichem Ausmaß bestimmt und ihr den viel mehr auf das Ziel des Orgasmus ausgerichteten Verlaufscharakter gibt. Auch hier greifen sicher biologische (die starke psychische Beeinflußbarkeit der Erektion, die etwa bei Hunden und anderen Säugetieren mit durch Knochen versteiftem Penis fehlt) und soziale Faktoren ineinander.

Auf der anderen Seite kann die Frau vergewaltigt werden, was bei einem Mann doch relativ schwierig ist[9]. Der (realistischen) Vergewaltigungsangst der Frau steht die (meist unrealistische und deshalb unbewußte) Kastrationsangst des Mannes gegenüber. Beide Ängste hängen eng zusammen. Sadistische Phantasien und Vergewaltigungswünsche werden von vielen Männern durch Kastrationsängste abgewehrt. Die Kastrationsangst ist es auch, die zum »Untergang des Ödipuskomplexes« in der männlichen Entwicklung führt. Wenn Männer diese unbewußten Phantasien in ein genügend wehrloses Objekt projizieren, dann werden sie auch gelegentlich verwirklicht. Die Kastration von Schwarzen, die eine weiße Frau (angeblich) belästigt oder vergewaltigt hatten, war ein typischer Bestandteil der Lynchjustiz in den amerikanischen Südstaaten. Die sozialen Vorurteile im Süden der USA zeigen ohnedies ganz deut-

9 R. Graves: The White Goddess. London 1965. Graves hat einige historische und ethnographische Berichte gesammelt, wonach auch Männer vergewaltigt werden können. Die entsprechenden Bräuche zeigen eine eigentümliche Nähe zu anderen, wonach »rasende« Frauen (die griechischen Mainaden etwa) einzelne Männer überfielen und kastrierten. Kastration ist überhaupt die Drohung, mit der Frauen Männern begegnen, die ihre Geheimnisse aufdecken wollen; noch im vorigen Jahrhundert mußten Knechte, die im Alpengebiet in die weiblich beherrschten Spinnstuben kamen, damit rechnen, daß man ihnen die Hosen auszog.

lich, wie eine unterdrückte Klasse die Phantasien der Herrschenden ausführen muß. Der sexuelle Anspruch der Farbigen auf weiße Frauen entsprach unbewußten weiblichen Vergewaltigungsphantasien, die Lynchjustiz mit der Kastration den Ängsten der Weißen vor der größeren Potenz der Schwarzen.

Vorläufig scheint es noch sehr schwierig, herauszufinden, was an den »physiologischen« Daten von Kinsey, Masters und Johnson über die Sexualität von Mann und Frau tatsächlich biologisch bedingt ist und was auf kulturellen oder sozialen Prägungen beruht. Die sexualtechnischen Vorschriften sind vielleicht als Übergangslösung schätzbar; sie werden gefährlich, wenn man vergißt, daß es einen perfekten Koitus nicht gibt und keine sexuelle Technik die emotionale Anteilnahme des ganzen Menschen garantieren kann. Es gehört zu den Erfahrungen jedes einigermaßen sensiblen Mannes, daß seine Partnerin einmal, wenn sie »Lust hat«, ohne alle ausgeklügelten Manöver von Vorspiel und »Sache selbst« zum Höhepunkt kommt, während ein anderes Mal die ausgefeilteste Sexualtechnik zwecklos bleibt, ja die sexuelle Interaktion mehr und mehr verkrampft. »Es gibt keinen Ersatz für Erregung: keine Massage der Welt kann Befriedigung garantieren, denn sie ist ein Vorgang psychosexueller Entspannung. Wirkliche Befriedigung stellt sich nicht durch ein winziges Nervenbündel ein, sondern durch die sexuelle Anteilnahme des ganzen Menschen.«[10]

Es ist in diesem Zusammenhang sehr interessant, daß bei den meisten Säugetieren – und ganz sicher bei den Menschenaffen – die Weibchen den Zeitpunkt bestimmen, zu dem sie koitieren wollen, und in der Regel auch den Partner selbst wählen, mit dem sie Verkehr haben möchten[11]. Dasselbe wird auch von Primitivkulturen berichtet[12]. Es liegt nahe, den Sinn dieses Verhaltens darin zu sehen, daß die Frau auf diese Weise eine sexuelle Befriedigung gewinnen kann, die sich nur schwer einstellt, wenn sie an sich eher etwas anderes tun möchte, aber den sexuellen Wünschen ihres Partners nach-

10 G. Greer, a. a. O., S. 43.

11 Vgl. G. Schaller: The Mountain Gorilla. Chicago 1963. – J. v. Lawick-Goodall: Wilde Schimpansen. Hamburg 1971. – I. DeVore (Ed.): Primate Behavior. New York 1965.

12 B. Malinowski: The Sexual Life of Savages. London 1953. – A. Lommel: Fortschritt ins Nichts. Zürich 1969.

gibt. Gerade hier wird aber wieder deutlich, wie eng die sexuelle Emanzipation der Frau an die des Mannes gebunden ist, wie sie nur in einem Prozeß stattfinden kann, der beide Geschlechter umgreift – im konkreten Einzelfall die Zweier-Gruppe eines Liebes- oder Ehepaars. Denn erst dann, wenn es der Frau ohne Rankune und heimliches Vorurteil zugestanden wird, gleichberechtigt ihre sexuellen Wünsche zu äußern, wird diese Emanzipation möglich. Sie muß sich dann aber nicht nur über eine Erziehung hinwegsetzen, die sie am Ideal einer passiven Hingabe orientiert hat, sondern sie gerät auch in Gefahr, ihren Partner zu verletzen und zu überfordern, der in seiner Kindheit die eigenen Passivitätswünsche verdrängen mußte und sie jetzt durch seine Anstrengungen abwehrt, stets der aktive Teil zu sein und die Oberhand zu behalten.

In zahllosen Mythen und Erzählungen spiegelt sich die quasi ein Negativ der patriarchalischen Haltung darstellende Urangst des Mannes wider, von der Frau sexuell erschöpft zu werden, ihren unersättlichen Ansprüchen machtlos und ausgeleert gegenüberzustehen. Die vor allem in der Boulevardpresse kolportierten Meldungen über Ehemänner, die auf durch neue Möglichkeiten der Empfängnisverhütung (vor allem die »Pille«) aktivierte sexuelle Ansprüche ihrer Frauen mit Potenzschwierigkeiten reagierten, weisen auf diesen Zusammenhang hin – nicht anders als die von vielen Theologen und Ärzten ausgesprochenen (und völlig unsachlichen) Verdächtigungen, die Pille würde wahllose Sexualbeziehungen fördern oder die Frauen hypersexuell machen. Die Angst vor der sexuellen Überforderung, die sich in einer Abwehr aller weiblichen Forderungen durch den Mann äußert, ist deshalb so heftig, weil sexuelles Nicht-Mehr-Können mit Impotenz und Impotenz mit Kastration identifiziert wird. Die sexuell emanzipierte Frau weckt also die unbewußte Kastrationsangst des Mannes. Eben diese Kastrationsangst wehrt er ja durch seine zwanghafte Aktivität ab, durch sein Streben, stets derjenige zu sein, von dem die sexuellen Interaktionen ausgehen[13].

13 G. Greer: Der weibliche Eunuch. Frankfurt 1971, S. 161. Greer schildert eine typische Konsequenz: »Ein Junge, der mit mir leben wollte, versicherte mir einmal, daß er, sollte ich fragen, ob er besitzergreifend sei oder nicht, mich derart bumsen würde, daß ich gar nicht imstande wäre, irgendeinen anderen zu wollen.«

Diese Abwehr von Kastrationsangst kann eine Ehe ernstlich gefährden. Sie führt manchmal dazu, daß der Mann sich geradezu bemüht, die sexuelle Erregung seiner Frau zu zerstören, sie dann nicht zum Orgasmus kommen zu lassen, wenn er merkt, daß die Initiative von ihr ausgeht. Eine Patientin mit Depressionen und Arbeitshemmung lebte in einer solchen Ehe mit einem zwanghaft sauberen, aktiven und leistungswilligen Mann (den sie wohl unbewußt wegen dieser Zuverlässigkeit und Arbeitsfähigkeit ausgesucht hatte – Eigenschaften, die ihr gerade fehlten). Es ist für die Bedeutung gruppendynamischer Faktoren in der Emanzipation bezeichnend, wie diese beiden zerstrittenen Partner doch heimlich paktierten, um ihre neurotischen Ängste abzuwehren. So verzichtete die Frau darauf, selbst Empfängnisverhütung zu betreiben und überließ das ihrem Partner, obschon sie den Verkehr mit Kondom als unbefriedigend empfand und schon jahrelang keinen Orgasmus mehr erlebt hatte.

Dieses Verhalten wurde mit Gesundheitsgründen motiviert (obwohl sie die Pille oder ein Intrauterinpessar nie erprobt hatte), diente aber tatsächlich dazu, die massiven Kastrationsängste des Mannes zu schonen, der die Verfügungsgewalt über Zeugung oder Empfängnisverhütung ebenso behalten mußte wie die über den Orgasmus seiner Frau. Sobald er merkte, daß sie dem Höhepunkt nahe war, schloß er den Verkehr schnell ab[14]. Nach einem Unfall, der zu einem Knochenbruch führte und offensichtlich archaische Beschädigungsängste wieder aufleben ließ, wurde der Mann sogar hypersexuell, obschon seine Frau deutlich zu spüren glaubte, daß er »eigentlich keine Lust hatte«.

Man könnte dieses Verhalten auf den Nenner bringen: »Eher die Frau kastrieren, als selbst kastriert werden«. Diese Maxime

14 D. H. Lawrence, der seine heftigen Kastrationsängste zu einem literarischen Phallus-Kult sublimierte, läßt in dem Roman »Die gefiederte Schlange« den Helden Don Cipriano bewußt und sadistisch die Frau frustrieren, die dem Orgasmus nahe ist: »Wenn in ihrer Liebe die glühende Ekstase sie wieder befiel, wich er ihr aus... Ein dunkler und starker Instinkt ließ ihn sich von ihr zurückziehen, sobald diese Lust in ihr erwachte. Sie merkte, daß ihm das widerlich war.« (Leipzig 1932, S. 457). Kate Millet: Sexus und Herrschaft, München 1971, S. 275 ff. hat die literarischen Arbeiten von Lawrence unter dem Gesichtspunkt der »Sexualpolitik« analysiert.

drückte sich in der beschriebenen Ehesituation in vielen Einzelheiten aus. Wenn die Frau sich Zeit nahm und ein Gespräch anknüpfen wollte, verstummte der Mann und gab keine Antworten mehr. Sobald sie enttäuscht anfing zu lesen, wurde er wieder gesprächig. Wenn ein Ausflug geplant war und die Frau sich offenkundig darüber freute, stieß er den Plan um und wollte lieber zu Hause bleiben. Die eheliche Interaktion verlief fast durchweg nach der Spielregel: »Deprimiert bist du mir lieber!« Das galt übrigens für beide Seiten. Die Ehefrau rächte sich, indem sie ihren Mann vor seinen Bekannten taktlos bloßstellte und ihn heftig, ja zerstörerisch kritisierte (wodurch seine Kastrationsängste und die mit ihnen verknüpften Abwehrmechanismen wiederum aktiviert wurden).

Kommunikation und Partnerschaft

Es ist heute schwierig geworden, über die Sexualität zu schweigen – und nicht leichter, über sie zu reden. Auf kaum einem anderen Gebiet scheitert menschliche Kommunikation so oft und mit so verhängnisvollen Folgen. Nur zwischen Eltern und Kindern mag die Sprachverwirrung manchmal noch größer sein. »Wir sind beeindruckt, welcher Mangel an sozialem Verhaltensrepertoire, welche Unfähigkeit, mit dem Partner ohne Zwangsausübung oder Unterwerfung zu kommunizieren, in fast jedem Fall als Bedingung der Störung oder Zerrüttung (von Ehen) deutlich wird«, sagen Anita und Karl Herbert Mandel[1]. Konventionelle, nie überprüfte Vorstellungen von »Liebe« können sich ebenso als Hindernis auswirken wie erziehungsbedingte Prägungen oder Abwehrmechanismen gegen unbewußte Wünsche. Zu den romantischen Rationalisierungen deutlicher Kommunikationsschwierigkeiten gehört die Vorstellung, sexuelle Zuneigung sei nicht Beweggrund, sondern Ersatz einer offenen Kommunikation, in der auch störende, peinliche und aggressive Inhalte ausgesprochen werden können. So wird die Illusion, wer

1 A. u. K. H. Mandel: Einübung in Partnerschaft. München. 1971, S. 25. Ich verdanke diesem Buch viele Anregungen für dieses Kapitel.

innig liebe, kenne die Wünsche des anderen genau, zu einem Hindernis, ihm eben diese Wünsche zu erfüllen, während gleichzeitig gerade in einer intimen Beziehung Ansprüche fühlbar werden, die sich die Partner sonst nicht eingestehen.

In den spezifischen Kommunikationsschwierigkeiten über sexuelle Fragen spielt die Tabuisierung dieses Themas immer noch eine wichtige Rolle. Es fällt schwer, unverkrampft darüber zu reden; die kühle Distanz der Sexualtechnologen mit ihren lateinischen Vokabeln wird dem Kommunikationsbedürfnis Liebender ebensowenig gerecht wie die Rückkehr zum Ordinären, mit der gerade manche Intellektuellen ihre Hemmungen übers Knie brechen wollen. Frei, natürlich und offen zu kommunizieren setzt einen langen, sich selbst bestätigenden Lernprozeß voraus. Kaum einer der heute Erwachsenen durfte in seiner Kindheit diesen Lernprozeß erleben; er muß ihn nachholen und sollte sich nicht über die Schwierigkeiten täuschen, die es macht, über sexuelle Bedürfnisse zu kommunizieren.

Der Erziehungsstil, dem die meisten Menschen in unserer Gesellschaft ausgesetzt waren, schafft keine genügende Voraussetzung für eine Partnerschaft, in der offen und auf gleicher Ebene kommuniziert wird. Von Kindheit an fehlen Modelle, wie man mit anderen Menschen als Gleichberechtigten Konflikte lösen und in gegenseitigem Respekt vertrauensvoll Probleme bewältigen kann. Demgegenüber ist die Gesellschaft in ihren Klein- und Großgruppen voll von Lösungsmodellen, in denen es Sieger und Besiegte, Gewinner und Verlierer, Herrscher und Beherrschte gibt, – während doch heute nur noch die sexuelle Partnerschaft eine Chance hat, in der beide Partner gleichberechtigt sind und gleiche Ansprüche auf Befriedigung haben. Wo der Mann Nachgiebigkeit als Kastration empfindet, ist partnerschaftliches Zusammenleben unmöglich geworden. Dabei werden die Abwehrformen dieser männlichen Ängste von frühester Kindheit an sozial eingeübt: Ein Junge, der Schwächen zugibt, sich fürchtet, sich passiv verhält, wird bestraft oder getadelt, ausgelacht und durch Beispiele aggressiver Männlichkeit »angestachelt«.

Das kleine Mädchen stößt in sehr vielen Fällen auf eine entgegengesetzte Dressur: Es darf nicht aktiv, nicht wild sein – »sonst kriegst du nie einen Mann«. Wer als Kind nie Befriedigung fordern durfte, sondern stets warten mußte, bis sie ihm gnädig gestattet wurde, dem wird es auch im Erwachsenenleben schwerfallen, Wünsche offen auszudrücken. Er unterdrückt sie, bis es eben nicht mehr gehen will, und bildet hinter dieser stummen Fassade unmäßige Ansprüche aus. Wenn diese dann einmal an die Oberfläche treten – etwa in einem Streit – dann erschrecken sie durch ihre Maßlosigkeit den Partner und werden von ihm mit dem Hinweis auf ihre Unerfüllbarkeit nach wie vor abgewehrt. Auf diese Weise entsteht ein sozialer Teufelskreis, aus dem es bald kein Entrinnen mehr gibt.

Viele Menschen, die später Ehekonflikte erleben, wurden als Kinder so erzogen, daß sie das Gefühl gewannen, ihre Ängste und Schwächen seien unerwünscht und würden die Achtung und Liebe ihrer Eltern gefährden. Auf diese Weise haben sie es verlernt, Empfindungen auszusprechen, die von einem selbstgestellten Idealbild (»falsches Selbst« nach Ronald Laing[2]) abweichen. Sie langweilen sich *nie*, sind *nie* von Depressionen und Selbstmordgedanken geplagt, haben noch *nie* in ihrem Leben einem anderen Menschen Böses gewünscht usw. Diese starre Abwehr aller Gefühle, die dem eigenen Ich-Ideal widersprechen, ist nur scheinbar ein Zeichen von Stärke. Die so gewonnene Überlegenheit im Verleugnen von Ängsten, Hemmungen und Schuldgefühlen ist trügerisch, weil die Selbstachtung mehr und mehr an die Verteidigung des Ich-Ideals gebunden ist und auf diese Weise große Bereiche des eigenen Gefühlslebens dauernd abgewehrt werden müssen. So geht viel Energie für die Lebensbewältigung und -erfüllung verloren; auf der anderen Seite werden die mitmenschlichen Beziehungen unbefriedigend und spannungsvoll. Wer hingegen seine Ängste und Fehler eingestehen kann, gewinnt die Kraft, sie zu überwinden. Er sieht, daß seine Mitmenschen ihn auch mit diesen Fehlern akzeptieren.

Eine andere Reaktion auf Eltern, die vitale Bedürfnisse eines Kindes nicht erleben und akzeptieren können, ist die verschleierte oder getarnte Kommunikation. Ein anerkannter Wert muß quasi als Deckmantel benutzt werden, um die tatsächliche Befriedigung durchzusetzen. Dieser Kompromiß kann sehr viele verschiedene

2 R. Laing: The Divided Self. London 1965.

Formen annehmen. Psychosomatische Symptome sind etwa ein Mittel, um seelische Bedürfnisse nach Umsorgt- und Gepflegt-Werden auszudrücken, die nicht unmittelbar und offen geäußert werden können (das ist naturgemäß nur *ein* Aspekt des psychosomatischen Krankheitsgeschehens). Wie Günter Ammon gezeigt hat[3], akzeptiert die psychosomatisch krankmachende Familiengruppe Wünsche nach Geborgenheit und Bestätigung erst dann, wenn sie in der »Sprache« körperlicher Symptome formuliert werden (während gleichzeitig eine frühe Schädigung des Körper-Ich solche psychosomatischen Reaktionen begünstigt). Wenn die Eltern aufgrund eigener Verdrängungen unfähig sind, triebnahe Verhaltensweisen ihres Kindes zu akzeptieren, ist dieses gezwungen, seinerseits eine »verbogene« Kommunikationstaktik auszubilden. Emotionale Bedürfnisse werden dann vielfach rationalisiert. Das fängt damit an, daß sich ein Kind nicht mehr Zuwendung und Interesse von seinen Eltern wünscht, sondern mehr Spielzeug und Taschengeld, und hört damit auf, daß *alle* Verhaltensweisen vernünftig begründbar sein müssen. Geldverdienen und -ausgeben, Gesundheit, Arbeitsaufwand sind solche Deck-Motive, hinter denen sich häufig ganz andere Bedürfnisse und Wünsche verbergen. Der Streit um Geld kann in einer Ehe der sagbare Teil einer Auseinandersetzung sein, in der es um gegenseitige Liebe, Abhängigkeitsangst und Abhängigkeitsabwehr geht.

Gesundheit ist ebenfalls ein sehr beliebtes Deck-Motiv. Eine junge Frau gestattet sich erst dann ihre Abneigung und Eifersucht gegen ihre Schwiegermutter zu erleben, als diese dem leicht magenkranken Sohn nicht die angeblich notwendige Diätkost kocht. Sie macht selbst sofort einen Diät-Kochkurs und entwickelt eine hypochondrische Furcht vor der »falschen Ernährung«, welche die Mutter dem Sohn zuteilwerden läßt. Bezeichnend ist, daß die eigene Mutter dieser Patientin ebenfalls mit Hilfe ihrer Kochkünste kommuniziert. Sie kann weder Aggressionen noch Liebe offen ausdrücken, sondern zieht sich zunächst türenschlagend zurück und signalisiert ihre Versöhnung dadurch, daß sie einen Kuchen oder einen Topf mit einem leckeren Fleischgericht in die Küche der Tochter stellt.

3 G. Ammon: Vortrag auf dem Kongreß der Deutschen Akademie für Psychoanalyse. Pästum, Mai 1972. Derselbe: Dynamische Psychiatrie, Darmstadt 1973.

Dann wird von beiden nicht mehr über den Anlaß zum Streit gesprochen.

Es ist für die Eltern sehr leicht, durch Pseudobegründungen (religiöse Vorschrift, Diktatur des »man tut das nicht«, »notwendige« Gesundheitsmaßnahme) die Ansprüche des Kindes abzuwehren und auf diese Weise dessen Selbstwahrnehmung zu verfälschen. Das kindliche Ich entwickelt sich ja gesetzmäßig nach den Linien, welche die elterliche Familiendynamik vorzeichnet. Es lernt ebenfalls, mehrdeutige Kommunikationen zu verwenden, die es nicht festlegen, altruistische Motive zu heucheln, um die eigenen Interessen durchzusetzen. Endlich kann es sich selbst gar nicht mehr unbefangen erleben. Die Wahrnehmung der eigenen Bedürfnisse wird durch den ständigen Zwang, sie in eine von der Familiengruppe akzeptierte, »falsche Sprache« zu übersetzen, derart verändert, daß Gefühle verleugnet, Wünsche von Anfang an als Ausdruck »annehmbarer« Pseudo-Bedürfnisse *erlebt* werden. Erst im Lauf einer psychologischen Behandlung wird dieser Prozeß erkannt und damit auch umkehrbar, wobei die Konfliktspannung manchmal anfänglich sogar sehr ansteigt, weil ja durch die Entwertung der Pseudo-Bedürfnisse in der Therapie ein großer Teil unwiederholbar gelebten Lebens subjektiv zunächst entwertet wird.

Zu den Reaktionsweisen auf eine Familiengruppe, welche die Äußerung der kindlichen Bedürfnisse nicht gestattet, sondern das Kind zum Mitspieler in einer neurotischen Interaktion heranziehen will, gehört die Rückkehr in Sprachlosigkeit. Der Erwachsene kann über seine emotionalen Bedürfnisse nicht mehr kommunizieren, sondern nur noch über materielle Nöte. Geld, Essen, eine saubere Wohnung sind die Forderungen, die er an seine Frau stellt, hinter denen sich aber ganz andere Wünsche verbergen. Die Sexualität gehört zu den Bedürfnissen, bei denen eine solche Sprachlosigkeit besonders häufig auftritt. In einer Eheberatung, wo vor allem die aggressiven Auseinandersetzungen der Partner diskutiert wurden, sagt der Mann am Schluß der Stunde: Sexuelle Probleme haben wir gar nicht besprochen, es ist aber auch nicht nötig, denn das funktioniert bei uns ganz prächtig. Die Frau bestätigt das. Später gesteht sie in einem Einzelgespräch, daß sie in ihrer Ehe noch nie einen Orgasmus erlebt hat und darüber sehr unglücklich ist. Sie könne aber mit ihrem

Partner nicht darüber sprechen, weil sie ihn sonst zu sehr verletze (womit sie wiederum ihre eigenen Kommunikationsprobleme ihm anlastet).

Zu diesen in der familiären Erziehung verwurzelten Hindernissen einer offenen Kommunikation treten gesellschaftliche Zerstörungen der Sprache, die sich gerade da bemerkbar machen, wo wichtige menschliche Bedürfnisse jahrhundertelang unterdrückt, reglementiert und buchstäblich totgeschwiegen wurden. Die meisten Paare müssen heute eine angstfreie und eindeutige Kommunikation über ihre sexuellen Wünsche regelrecht lernen, wie man eine neue Sprache lernt. Das deutet sich manchmal darin an, daß Partner, die mehrere Sprachen beherrschen, intime Wünsche in einer Fremdsprache austauschen oder eine eigene Sprache dafür erfinden. Sie ist, da später gelernt, weniger mit den hemmenden und zerstörerischen Assoziationen verknüpft, welche die »Muttersprache« zu diesem Zweck untauglich machen.

Die Sprache wird heute durch die Massenmedien viel schneller entwertet und abgenutzt als früher. Primär dankt die menschliche Sprachfähigkeit ihr Entstehen dem Überlebensvorteil, den genaue und differenzierte Kommunikationen in einer Gruppe aufeinander angewiesener Vor-Menschen geboten haben mögen. Deshalb ist es die erste, spontane Reaktion eines Menschen auf eine sprachliche Mitteilung, ihr zu glauben. Wenn der altsteinzeitliche Jäger und Sammler erst überlegt hätte, ob der Warnruf seines Gefährten ehrlich gemeint oder ein schlechter Scherz sei – der Säbelzahntiger hätte ihn schon zwischen den Kiefern gehabt. Hätte er daran gezweifelt, daß die Wurzeln und Beeren tatsächlich eßbar waren, die ihm seine Mutter empfahl, dann wären seine Überlebenschancen sehr viel schlechter gewesen, wenn er sich einmal in der Savanne verirrt hätte. So ist Homo sapiens biologisch auf Leichtgläubigkeit »konstruiert«, und nicht zuletzt deshalb ist es so einfach, ihn zu manipulieren. Unsere erste Reaktion ist es, auch den unsinnigsten Versprechungen zu trauen, mit denen wir Tag für Tag etwa von der Reklame überschwemmt werden. Der Mensch ist nicht dafür geschaffen, dauernd widersprüchlichen und – genaugenommen – verlogenen Botschaften standzuhalten, die ihm Wesentliches (Glück, Liebe, Jugend) versprechen, um ihm das Geld für Schund und Genußgifte aus der Tasche zu holen. Ständig in seinem spontanen Vertrauen frustriert, gerät er in die Gefahr, am Ende gar nichts mehr wirklich zu glauben, wirklich ernst zu nehmen.

Wo so viel als bedeutungsvoll und wertvoll hingestellt wird, wo sich so viel scheinbare Unentbehrlichkeit spreizt, ist am Ende gar nichts mehr wichtig und wertvoll. Homo consumens, der jede Mordgeschichte, jeden Flugzeugabsturz, jeden Gesellschaftsskandal, jede Bettgeschichte eines Filmstars mit hungrigen Augen verfolgt, der sich tagaus, tagein anhören und ansehen muß, wie ein Waschmittel fasertiefer wäscht als das andere, eine Zigarettenmarke mehr Jugend, Abenteuer und Sex verspricht als die nächste – er muß endlich so gleichgültig und gelangweilt werden, daß ihn auch Botschaften nicht mehr betreffen, die ihn wirklich angehen: Die Zerstörung seiner Umwelt, die Bedrohung seiner Familie, das Leiden der Menschen neben ihm, die Bedürfnisse seiner Kinder. So müssen nur einige Kontrollmechanismen wegfallen, um Typisches bis zur tödlichen Konsequenz zu steigern, die sich etwa in Meldungen ausdrückt wie dieser: »Vater erschlägt Kleinkind, weil es ihn beim Fernsehen stört ... Weil das zweijährige Mädchen Fieber hatte und dauernd schrie, schlug ihm der 23jährige Metallarbeiter mehrmals mit der Faust wuchtig über den Kopf, um sich in Ruhe den Bericht über das Fußballspiel ansehen zu können ...«[4]

Die von der Gesellschaft selbst – vor allem in den Massenmedien – angebotenen Sprach-Modelle erweisen sich vielfach als ganz ungeeignet, mit ihrer Hilfe Konflikte so zu lösen, daß beide Parteien zufriedengestellt sind. Auf diese Fähigkeit kommt es aber gerade in der Emanzipation an; sie allein kann einen Gruppenprozeß in Gang setzen, der die Selbstverwirklichung aller Beteiligten erleichtert, und ihnen das Erleben einer Identität gestattet. Demgegenüber sind die meist in Filmen (vor allem im Kinderprogramm) vorgeführten Lösungsschablonen völlig ungeeignet, reale zwischenmenschliche Probleme vorbildhaft bewältigen zu helfen: Polizisten werden Verbrechern, starke Männer schwachen Frauen gegenübergestellt, muti-

4 Das ist durchaus kein Einzelfall; jährlich werden in Deutschland mindestens 100 Fälle von Kindsmißhandlung mit Todesfolge bekannt; die Dunkelziffer schätzt die Polizei selbst auf etwa 1000 Fälle. Vgl. dazu die Dokumentation von G. Biermann: Kindeszüchtigung und Kindesmißhandlung. München 1969.

ge Cowboys gezeigt, die durch ihre überlegenen Prügel- und Schießkünste den Sieg davontragen. Immer ist der eine im Recht, der andere im Unrecht – und am Ende muß das Recht siegen, jeder identifiziert sich mit ihm. Fast nie wird gezeigt, was in zwischenmenschlichen Auseinandersetzungen nahezu immer der Fall ist: daß nämlich Recht und Unrecht nicht durch jeweils einen Menschen verkörpert werden, sondern sich in jedem der Gegner schwer durchschaubar mischen, daß beide Partner Recht, beide aber auch Unrecht haben. Die Schablonen, die von den Massenmedien zur Konfliktlösung angeboten werden, unterstützen die verhängnisvolle Tendenz, an den eigenen Wünschen nur das Positive zu sehen und alles Negative auf den Partner zu projizieren. Abgemildert wird dieser Prozeß nicht selten dadurch, daß die negativ erlebten Seiten des Partners nicht an diesem selbst, sondern an dessen Angehörigen – z. B. an seiner Mutter – bekämpft werden; daher auch die sprichwörtliche »böse Schwiegermutter«. Diese Dynamik führt zu paradoxen Folgen nach dem Tod eines solchen Sündenbocks. Die Ehe einer Patientin ging leidlich gut, solange sie sich gemeinsam mit ihrem Mann gegen dessen »böse« Mutter zur Wehr setzen konnte. Als aber diese Mutter starb, zerbrach die Ehe, obschon gerade das weggefallen war, was die Patientin bisher als stärksten Feind ihrer Bindung gesehen hatte. Sie mußte aber nun nach und nach die meisten »üblen« Eigenschaften der Schwiegermutter an ihrem eigenen Mann entdecken, den sie bisher stets als unschuldiges Opfer gesehen hatte.

Neben den unzähligen Modellen einer Konfliktlösung nach dem Schema von Siegern und Besiegten, Guten und Bösen beeinträchtigen die Massenmedien – vor allem die Lebens-Modelle der Reklame selbst – noch durch einen zweiten Mythos (ein bildhaftes, unrealistisches Lebensmodell) die Kommunikation zwischen Frau und Mann. Sie schildern Liebe und Liebesgefühle als eine Macht, die Glück garantiert, ohne daß man sich anstrengen muß, als die Ursache eines unerschöpflichen Vorrats von Harmonie. Diese romantische Lüge vergiftet viele Beziehungen: Beide Partner gehen davon aus, wenn man sich nur richtig liebe, müsse alles von selbst gehen; Streit, Unzufriedenheit, die Forderung nach Verhaltensänderungen seien hingegen sichere Zeichen mangelnder Liebe und mangelnden Zusammenpassens. Die Liebesehe enthüllt hier ihren in vieler Hinsicht durchaus problematischen Charakter: sie wird durch die Lebenswirklichkeit oft überfordert und überfordert sich auch selbst, sobald sie als Dauerharmonie aufgefaßt wird.

Endlich ist noch ein sicheres Selbstwertgefühl als die wichtigste Basis zu nennen, um erfolgreich und auf gleicher Ebene über intime Fragen zu kommunizieren. Wer Selbstvertrauen hat, ist auch eher fähig, dem Partner zu vertrauen und sich eine »Blöße« zu geben, indem er eigene Schwächen offen eingesteht und Ansprüchen des Partners nachgeben kann. Die Basis dieses »Urvertrauens« (Erikson) ist eine Familiengruppe, die dem Kind das Gefühl vermittelt, daß es als Mensch bejaht wird, daß die Eltern seine ganz persönlichen Eigenschaften gemeinsam voll akzeptieren und es nicht nach ihren eigenen, selbstbezogenen Idealen modeln wollen. Unter dem Druck der Normen in einer leistungsbezogenen Gesellschaft neigen viele Eltern dazu, nur dann über oder zu ihrem Kind zu sprechen oder durch Mienen, Gesten u. ä. mit ihm zu kommunizieren, wenn sie mit ihm unzufrieden sind. »Richtiges« Verhalten wird als selbstverständlich angesehen, »falsches« Verhalten hingegen wird kritisiert. Gelobt werden allenfalls überdurchschnittliche Leistungen (etwa in der Schule). Deshalb können später beim Kind bzw. dem Erwachsenen durchschnittliche Leistungen bereits Angst auslösen.

Ein durch diese Haltung der Eltern, in der Kommunikation und Kritik weitgehend zusammenfallen, geprägtes Kind wird später mit seinen Partnern nur sehr schwer offen über Konflikte sprechen können. Es erlebt sie als beschämend, als Versagen, als Einbrüche in einer glatten, intakten Fassade, die unbedingt aufrechterhalten werden muß. Zugleich aber führt die Unsicherheit hinter dieser Fassade dazu, daß der Betroffene geradezu zwanghaft auf Liebesbeweise angewiesen ist, die er braucht, um sich über die aus der Beziehung zur Familiengruppe stammende Ungewißheit zu trösten, überhaupt liebenswert zu sein. Mißtrauisch und eifersüchtig, erwartungsvoll, aber verschlossen, fällt es ihm schwer, gewissermaßen »auf Vorschuß« zu vertrauen und sich spontan hinzugeben. Diese Haltung verstärkt aber nun gerade nicht die Zuwendung des Partners, sondern macht auch ihn reservierter, ängstlicher, zurückhaltender. So werden die Unsicherheit und das Mißtrauen des Partners verstärkt – ein Teufelskreis kann sich schließen, in dem endlich beide Partner sich immer mehr voneinander distanzieren. Die schon beschriebene, projektive Abwehr unerwünschter Gefühle und Gedanken führt dabei dazu, daß jeder Partner den Anstoß zu dem gemeinsamen Konflikt bei dem anderen sieht. Auf diese Weise wird ein Kreisprozeß, der tatsächlich weder Anfang noch Ende hat, in ein imaginäres Unrecht umgestaltet, das immer der andere Partner dem eigenen Ich zufügt.

Sexus und Leistung

Sobald eine Frau ihre Emanzipation als Leistung ansieht, die sie zu erbringen hat (ein schier unausrottbares Vorurteil in der von Männern bestimmten Gesellschaft), ist sie wohl auch schon auf dem Weg zu einer falschen Emanzipation. Diese Zusammenhänge lassen sich am Beispiel der Sexualität besonders gut verdeutlichen, weil hier biologischer Impuls und gesellschaftlicher Zwang, naturhaftes Fühlen und kulturbestimmtes Denken aufeinanderprallen. Dabei sollte man freilich festhalten, daß der Einfluß natürlicher Anlagen kaum gegen den kultureller Prägungen abgegrenzt werden kann. Die Sprache zieht solche Grenzen, weil sie selbst sich nur dank ihrer inneren Dialektik verständlich machen kann. Der Betroffene erlebt den inneren Widerspruch zwischen dem, was er tatsächlich fühlt, und dem, was er aufgrund diskursiver Informationen (aus Illustrierten, Büchern, Forderungen des Partners) fühlen zu müssen glaubt, als innere Spannung. Diese Spannung ihrerseits kann Impotenz und Frigidität bewirken oder doch die »orgastische Potenz« auflösen, von der Wilhelm Reich als der freien Hingabe der affektiven Persönlichkeit an das »Strömen der biologischen Energie«[1] spricht. (Wobei die Frage offen bleibt, in wie weit Reich selbst in seinen Anschauungen über diese magische »orgastische Potenz« von einer unreflektierten Leistungsethik geprägt war).

1 W. Reich: Psychischer Kontakt und vegetative Strömung. Ein Beitrag zur Affektlehre und charakteranalytischen Technik. Abhandlungen zur personellen Sexualökonomie Nr. 3., Kopenhagen, Prag und Zürich 1935.

So ergibt sich die grundsätzliche Frage, ob es überhaupt möglich ist, über ein so gefühlszentriertes, vitales Thema wie die Sexualität zu reden, ohne störend in den orgastischen Ablauf einzugreifen. Die Sprache ist ja besonders eng mit Leistungsforderungen verknüpft; dieser Charakter ist es, den das Kind oft zu allererst kennenlernt. Liebe wird ihm ohne Worte mitgeteilt; Forderungen hingegen sprechen die Eltern aus: Sei still, komm her, räum auf, mach dich nicht dreckig, geh weiter, streng dich ein bißchen an, iß deinen Teller leer, mach deine Hausaufgaben, – kurz sei ein braves, d. h. leistungsbereites Kind. In den Büchern über die menschliche Entwicklungsgeschichte kann man denn auch lesen, die Sprache sei die größte evolutionäre *Leistung* des Menschen.

Es ist notwendig, tiefer nachzuforschen, wenn wirklich das Verhältnis von Sexus und Leistung behandelt werden soll. Die Klagen über Leistungszwänge, Leistungsethik und eine »Leistungsgesellschaft« sind heute fast durchweg zu Schablonen geworden. Dabei wird oft übersehen, daß die primäre Leistung des Menschen als einer biologischen Art das eigene Überleben ist. Diese Leistung wird in der Regel durch das Lustprinzip garantiert, d. h. der Mensch, der Lust sucht und Unlust vermeidet, sichert dadurch sein Überleben. Die Lustregulation ist ein homöostatischer Regler, den die Evolution in unseren Organismus »eingebaut« hat. Bekanntlich sind positive Verstärker (Lust) wirksamere Motoren des Lernens als negative Verstärker (Schmerz). Kritik an diesem Leistungsprinzip, das jedem lebendigen Organismus innewohnt, wäre absurd. Die Kritik an der Leistung kann erst einsetzen, wenn sie erzwungen wird und das innere Gleichgewicht gefährdet. Solche Zwänge machen sich überall dort bemerkbar, wo das Konkurrenzprinzip auf Individuen wirkt, verinnerlicht wird und nicht mehr (wie in der Evolution) erst über die natürliche Auslese der Nachkommen seine Wirkungen entfaltet.

Diese ontogenetische (im Gegensatz zur biologischen, phylogenetischen) Konkurrenz ist ein Produkt der kulturellen Evolution, d. h. des Wettbewerbs kultureller Strukturen und Verhaltenssysteme[2]. Diese Konkurrenz hat ein gutes Stück der spezifisch menschlichen

2 Vgl. W. Schmidbauer: Biologie und Ideologie. Hamburg 1973.

Eigenarten geprägt, aber es scheint zu ihren Konstruktionsrisiken zu gehören, daß sie auch zu lebensfeindlichen Folgen führen kann. In der kulturellen Konkurrenz wird nämlich eine Gesellschaft auch dann »überleben« (d. h. ihre Struktur erhalten), ja sogar besonders erfolgreich sein, wenn sie von ihren Mitgliedern Leistungen verlangt, die nicht mehr mit der Ökonomie des Lust-Unlust-Regulationssystems übereinstimmen. Dieses ist die Wurzel unserer Gefühle, während die soziale Struktur vor allem die verbalen Prozesse und das Denken prägt. Wenn nun im verbalisierten Erziehungsprozeß in einer solchen »Leistungsgesellschaft« biologische Bedürfnisse (etwa Sexualität, heute möglicherweise mehr Neugieraktivität, Spieltrieb u. ä. m.) abgewertet werden, dann entstehen Spannungen zwischen dem weitgehend angeborenen »Fühlprogramm« und dem sozial bestimmten »Denkprogramm«.

Diese Spannungen machen sich als Angst- und Schuldgefühle bemerkbar; die Psychoanalyse schildert sie bildhaft als Auseinandersetzung, ja »Kampf« zwischen Es (der triebhaften, emotionalen Sphäre) und Über-Ich (den verinnerlichten sozialen Vorschriften in Form der Eltern-Bilder). Zwanghaftes Leistungsstreben ist nun eine heute sehr wichtige Form der Abwehr von starken Ängsten, die in dieser Spannung wurzeln. Das Realitätsprinzip, von dem Freud noch sprach und das er dem Lustprinzip gegenüberstellte, ist heute vorwiegend ein Leistungs- und Konsumprinzip. Seine Konsequenzen sind vielfach zerstörerisch: Die industrielle Leistungsgesellschaft hat nicht nur Kapitalismus, Imperialismus und Militarismus entwickelt, sondern auch eine Konsum-Ideologie und einen Wachstumszwang, die beide heute die natürliche Umwelt des Menschen zerstören und sein Überleben ernstlich gefährden.

Ich habe schon versucht, zu schildern, wie auch die Sexualität als konsumsteigernder Faktor eingesetzt wird: gerade dieser Effekt hängt eng mit dem Einbruch des Leistungsdenkens in dieses Gebiet zusammen. Parallel dazu wird rationalisiert, normiert, auf eine mechanische Weise programmiert. Die vorgebliche Befreiung der Sexualität – man spricht offen über sie – ist eine neue Form der Sexualunterdrückung, denn die Sprachformen, mit denen dieses Sprechen über den Sexus arbeiten muß, sind Formen der Leistungsgesellschaft und als solche dem Leistungszwang, der diese Gesellschaft beherrscht, unterworfen. Dieser Zwang resultiert aus dem Konflikt zwischen den natürlichen Bedürfnissen und Erfahrungen des Kindes und den Eltern, die – als Diener sozialen Überlebens in der leistungsorientierten Industriegesellschaft – zu den Agenten des Leistungszwangs werden (Kinder, die in irgendeiner Form den elterlichen Leistungsansprüchen nicht genügen können, stellen den größten Teil der Klienten in deutschen Erziehungsberatungsstellen).

Während dem Kind fast regelhaft abverlangt wird, seine spontanen Gefühle zu unterdrücken, um die geforderten Anpassungsleistungen zu erbringen, verlangt die »repressive Entsublimierung«[3] im Zug der »Sexwelle«, anhand einer mechanischen Anweisung Lust auszutauschen wie eine Ware. Freiheit wird gefordert im Medium und mit dem Kommunikationsstil der Unterdrücker, welche die Sprache beherrschen, in der über Befreiung geredet werden darf: Es ist nicht die Sprache des unbefangenen Gefühls, die schon in der Kindheit den Leistungszwängen geopfert wurde, sondern die Sprache dieser Zwänge selbst, die besonders heimtückisch wird, sobald sie sich als Befreierin aufspielt.

So droht die Gefahr, daß die mächtige emanzipatorische Kraft der Sexualität durch eine Pseudo-Befreiung umfunktioniert wird in einen weiteren Verstärker des Zwangs-Systems. Ein Gebiet, in dem Verbote eine »Intimsphäre« sicherten, wird rigoros an die Öffentlichkeit gezerrt und vermarktet. Während früher, bedingt durch das Sexualtabu, die Sexualität ihre befreiende Macht nicht entfalten konnte, droht heute die Gefahr, daß sie in die Leistungsnormen eingegliedert wird. Ein unerforschtes Gebiet wird nun vermessen, verwaltet, reglementiert. Damit wäre die Hoffnung auf eine Sexualrevolution, von der sich noch Wilhelm Reich so viel versprach, endgültig zu begraben[4].

Sicherlich gibt es keine Patentrezepte gegen diese Entwicklung. Es ist wenig sinnvoll, sich eine paradiesische Sexualrevoltuion vor-

3 Vgl. R. Reiche: Sexualität und Klassenkampf. Frankfurt 1968. Der Begriff stammt von H. Marcuse: Triebstruktur und Gesellschaft, Frankfurt 1970.

4 Tatsächlich sind die sexualrevolutionären Bestrebungen Reichs an der Leistungs-Konkurrenz gescheitert, in die alle sozialistischen Länder durch den Druck ihrer kapitalistischen Gegner gezwungen wurden: In der post-revolutionären Phase gewannen in der Sowjetunion durchaus kleinbürgerliche Moralvorstellungen mehr und mehr die Oberhand, desgleichen innerhalb der kommunistischen Parteien.

zustellen, in der zunächst einmal die Leistungszwänge abgebaut und erst in einem zweiten Schritt sexuelle Wünsche voll in die mitmenschliche Kommunikation einbezogen werden. Die Harmonie zwischen Lustprinzip und Realitätsprinzip, biologischer und kultureller Evolution, »Trieb« und »Geist«, Fühl- und Denkprogrammen wiederzugewinnen, ist ohnedies ein utopisches Ziel. Jahrtausendelang haben Denker von Platon bis Descartes und Freud in der Spannung zwischen diesen beiden Polen menschlichen Erlebens gerade das »Wesen« oder den eigentlichen Sinn menschlicher Existenz gesucht. Wer ihnen folgt, wird also dieses Ziel für gar nicht menschengemäß halten. Auf Zwänge zu verzichten, die das Überleben des Menschen als biologischer Art gefährden, ist auch eine schier unerfüllbare politische Forderung. Rüstungskonkurrenz und Streben nach Wirtschaftswachstum lassen sich aus unseren Staaten anscheinend noch kaum eliminieren. Was die Politiker »Entspannung« nennen, ist jedenfalls noch kaum der erste Schritt auf einem sehr langen Weg (der hoffentlich kürzer ist als die Strecke, welche Biologen noch bis zur ökologischen Katastrophe abstecken).

Immerhin kann man mit Sicherheit sagen, daß eine Befreiung der Sexualität in der Kindererziehung beginnen muß. Es dürfte kaum möglich sein, hier die Spannung zwischen Lust- und Leistungsprinzip völlig zu verhindern. Aber abmildern kann sie eine verständnisvolle Erziehung, die das Kind als selbständiges Wesen akzeptiert und seine Gefühle mitfühlend erlebt, gewiß.

Typisch für die Familienumwelt, die Leistungszwänge im Kind verinnerlicht, ist eine Erlebnisunfähigkeit für die emotionalen Bedürfnisse des Kindes, die von den Eltern gar nicht wahrgenommen (geschweige denn erfüllt) werden, verbunden mit einer Forderung, Liebe, Schutz, Zuwendung, ja physische Integrität dadurch zu erkaufen, daß man die von der Familiengruppe erwünschten Anpassungsleistungen erbringt. Dadurch wird der ursprüngliche Zugang zu den Gefühlen verbaut, ein feindseliges Über-Ich aufgebaut, das dauernd durch Leistung befriedigt werden muß. Spätere Sexual»aufklärung« muß wirkungslos bleiben, kann nur zu einem perfektionierten Liebesspiel führen, aber nicht zu einem befreiten Erleben der Liebe selbst.

Bisher habe ich weitgehend Extremtypen geschildert, die das

Verständnis für die Zusammenhänge erleichtern mögen. Für die praktische Verwirklichung der Selbstbefreiung von Leistungszwängen auf sexuellem Gebiet muß man aber berücksichtigen, daß kaum je die gefühlshafte Interaktion völlig von Leistungszwängen frei ist und umgekehrt auch der Leistungszwang meist noch von Gefühlsresten durchdrungen[5]. Es kommt nun keineswegs darauf an, einen Extremtypus anzustreben – vollständige Harmonie zwischen Leistungs- und Lustprinzip scheint mir gegenwärtig unerreichbar. Schon viel ist gewonnen, wenn die abgerissene Kommunikation zwischen beiden Erlebnisbereichen wieder hergestellt wird, indem man nicht sexuelle Gefühle durch angestrengte Leistungen zu erzwingen sucht, sondern nur zwanglos leistet, was man eben gerade fühlt. Dabei entspricht der auf diese Weise Schritt für Schritt erarbeiteten inneren Kommunikation eine Kommunikation mit dem Partner, in der auch Versagensängste, Unlustgefühle, Sorgen Platz haben, andrerseits aber auch positive Gefühle ausgedrückt werden, ohne Furcht, sich nun etwas zu vergeben (z. B. als Mann unmännlich zu sein, als Frau zu aktiv-fordernd).

Die so oft beschriebene Provokation männlicher Impotenz durch weibliche Forderungen nach sexueller Befriedigung ist eine Folge solcher Kommunikationsstörungen. Die Ansprüche der Frau appellieren an den männlichen Leistungszwang, wecken aber parallel dazu massive Ängste vor dem Versagen, die dieses endlich tatsächlich provozieren können. Hier wird der Mann zum Opfer einer Unfähigkeit, offen über seine Gefühle zu sprechen: Weil seine Partnerin ihn dort nicht erreichen kann und in ihren emotionalen Ansprüchen enttäuscht wird, appelliert sie an seinen Leistungsehrgeiz, wo sie ihn verwundbar weiß. Auch bei Frauen ist Frigidität oft genug durch den verinnerlichten Zwang bedingt, nun um jeden Preis einen Orgasmus zu erreichen. Es gibt auch eine durch die Pille provozierte Frigidität; die Frau ist gewissermaßen in Zugzwang geraten und erlebt die aufsteigenden sexuellen Phantasien mit Angst und Spannung.

5 Kleinkinder mögen als Beispiel für den Extremtypus der rein gefühlsbestimmten, sozialen Interaktion dienen, schwer zwangsneurotisch oder schizoid strukturierte Kranke als Beispiel für den Extremtypus der allein auf Leistungszwänge eingeengten Lebensformen.

Die Emanzipation von sexuellen Leistungszwängen ist ein Gruppenprozeß:

1. Sie kann nur von beiden Partnern oder sogar einer Gruppe freundschaftlich verbundener Paare geleistet werden.

2. Sie beruht auf der offenen Kommunikation von Ängsten, Aggressionen und Ansprüchen. Die Partnerbeziehung muß konfliktfähig bleiben; sie darf nicht mit irrealen Forderungen (»wenn wir uns lieben, darf es keinen Streit geben« ... »wenn er sagt, daß er mich manchmal nicht ertragen kann, kann er mich nicht lieben, wir müssen uns trennen« ... »wenn man immer sagen muß, was man gerne möchte, ist das doch keine Ehe!«) alles abwerten, was einem imaginären Ideal gegenseitiger Zuneigung widerspricht. Auf der anderen Seite müssen die Konflikte auch bündnisfähig bleiben, sie dürfen nicht die Grundlage der Partnerbeziehung zerstören. Das geschieht vor allem durch undifferenzierte Totalaussagen: »Du hast mich nie geliebt!« »Ich wollte Dich ja nie heiraten!« »Wenn Du so scheinheilig bist, mußt Du nie wieder sagen, daß Du mich liebst!«

3. Sie respektiert auch den Wunsch nach Sprachlosigkeit. Offene Kommunikation heißt nicht, daß alle Probleme zu Tode geredet, alle Gefühle durchanalysiert werden müssen. Oft gewährt die sprachlose Interaktion einen viel tiefer gehenden Austausch.

4. Sie integriert kindlich-regressive Neigungen. Die oft (gerade von psychoanalytischen Autoren) geäußerte Hochschätzung der »genitalen Reife« und die Abwertung der Regression, d. h. der Rückkehr in eine kindlich-spielerische (unter Umständen gar »polymorph-perverse«) Sexualbefriedigung enthält ja ebenfalls ein Stück Leistungszwang. Dieser Integrationsprozeß setzt allerdings offene Kommunikation über Wünsche und Abneigungen voraus: Die Intimbeziehung muß konfliktfähig sein; man darf einander auch etwas abschlagen, wozu man keine Lust hat, und muß nicht zwanghaft auf spiegelbildlichen Austausch bedacht sein (der eine Partner findet z. B. Freude an oral-genitalen Kontakten, der andere scheut sich davor).

Forderungen sind freilich immer leichter zu stellen als zu erfüllen. Eine große Hilfe im Erarbeiten der offenen Kommunikation von Wünschen und Ängsten, die dem hier skizzierten Emanzipationsprozeß zugrunde liegt, ist die Gruppentherapie bzw. auch das

Sensitivitätstraining[6]. Die Gruppe kann korrigierende Erfahrungen vermitteln, die in der eigenen Familie verboten waren, und die Befriedigung durch offene Kommunikation modellhaft zeigen. So wird sie zu einem »befreiten Gebiet«, in dem Leistungszwänge wenn nicht ungültig gemacht, so doch durchschaubar werden, Ängste gemeinsam ertragen und bearbeitet werden können.

Biologische Unterschiede

»Die Männer scheinen ihre Vernunft eher zur Rechtfertigung als zur Ausrottung der Vorurteile zu gebrauchen, die sie sich, Gott weiß wie, angeeignet haben« (dt. vom Verf.)[1], schrieb Mary Wollstonecraft im Jahr 1792. Ein gutes Beispiel dafür, wie sehr dieser Ausspruch berechtigt ist, sind die schier unausrottbaren Versuche, soziale Unterschiede auf biologische, angeborene Eigenschaften zurückzuführen. Sie haben eine lange Vergangenheit, sind gerade heute wieder durch »wissenschaftliche« Argumente unterstrichen worden und bestimmen sicherlich auch noch die zukünftige Entwicklung. Sie provozieren auch eine Ablehnung, die unrealistisch ausufert und darauf abzielt, die Bedeutung biologischer Grenzen für die menschliche Emanzipation einfach deshalb zu leugnen, weil mit Behauptungen über solche Grenzen so häufig Mißbrauch getrieben wurde. Ein lehrreiches Beispiel dafür ist Sulamith Firestones Utopie von der erst durch künstliche Zeugung und Aufzucht der Kinder verwirklichten Emanzipation der Frau[2]. Hier wird die Chance, realisierbare Schritte zur Emanzipation zu tun, dadurch aufgegeben, daß man Unmögliches verlangt: Die Utopie verfestigt die Gegenwart, statt den Weg in die Zukunft zu zeigen. Ganz ähnlichen Haltungen begegnet man in der Psychotherapie oft bei Menschen mit einer stark ideologischen Abwehr, die z. B. nicht bereit sind, ihre Familiengeschichte noch einmal durchzuarbeiten, weil sie das Heil

6 Vgl. W. Schmidbauer: Sensitivitätstraining und analytische Gruppendynamik. München 1973.

1 M. Wollstonecraft: A Vindication of the Rights of Women. London 1972.

2 S. Firestone: The Dialectic of Sex. London 1972.

nur in einer Veränderung der ganzen Gesellschaft sehen. Eine solche Haltung kann zu selbstzerstörerischen Folgen führen – Reformen werden verweigert, um eine Revolution zu erzwingen; alles soll möglichst noch schlechter werden, um endlich den ersehnten Umsturz herbeizuführen. Heute geht es darum, beides im Auge zu behalten: die kleinen Schritte und das große Ziel – beispielsweise den stufenweisen Abbau des Konkurrenzsystems der kapitalistischen Industriegesellschaft und zugleich dessen Überwindung.

Zweifellos ist der Mann physisch stärker als die Frau; er kann schwerere Lasten tragen, schneller laufen, härter zuschlagen. Die Leistung der Sinnesorgane hingegen ist bei beiden Geschlechtern gleich; was die Farbtüchtigkeit angeht, ist die Frau sogar erheblich überlegen, denn viel mehr Männer als Frauen sind in ihrem Farbensehen beeinträchtigt (da sich die entsprechenden Erbanlagen im X-Chromosom befinden, gleicht bei der Frau fast immer das gesunde X-Chromosom den Defekt aus, während das Y-Chromosom des Mannes dazu nicht in der Lage ist). Die Frau scheint auch biologisch zäher; Ashley Montagu hat eine lange Reihe von Krankheiten aufgezählt, die vorwiegend Männer befallen und zum Teil biologisch bedingt sind[3]: Hämophilie, Albinismus, Muskelschwund, Netzhautablösung, schlechter Zahnschmelz, Schuppenhaut u. v. a. Das Durchschnittsalter, das eine Frau erreicht, ist in fast allen zivilisierten Ländern um mindestens fünf Jahre höher als das des Mannes. Und während seit 1972 in den Vereinigten Staaten und anderen Industriegesellschaften die Lebenserwartung der Männer wieder zu sinken begonnen hat, steigt die der Frauen weiter an.

Es ist sehr schwierig, die Bedeutung der körperlichen Geschlechtsunterschiede für die soziale Situation und die psychologischen Vorgänge der Frau annähernd objektiv zu beschreiben. Vom biologischen Ansatz her müßte die Feldforschung an Menschenaffen zuerst befragt werden. Aber gerade was das Verhältnis der Geschlechter angeht, fehlen so viele spezifisch menschliche Züge, daß die erhaltene Auskunft sehr dürftig ist. Die weiblichen Affen signalisieren ihre Konzeptionsbereitschaft durch typische Schwellungen und/oder Gerüche; sie suchen ihre Sexualpartner selbst aus, es be-

3 A. Montagu: Die natürliche Überlegenheit der Frau. Wien 1955, S. 80.

steht Promiskuität (vielleicht mit Ausnahme des Geschwister-Inzests). Der Mensch ist mit ihnen verglichen hypersexuell; die Bindung des Verkehrs an eine bestimmte Phase des weiblichen Zyklus ist aufgelöst. Das von natürlichen Regelungen befreite Gebiet wird von sozialen Normen besetzt.

Die menschliche Sexualität hat eine soziale Funktion gewonnen, die weit über die Befruchtung hinausgeht[4]. Sie muß Bindungen knüpfen und Gruppen zusammenhalten, die sonst möglicherweise zerfallen würden. Studien über die urtümlichsten Formen menschlicher Kultur[5] haben gezeigt, daß primitive Jäger und Sammler ein fast hundertmal größeres Gebiet durchstreifen als etwa Paviane und Schimpansen. Schon sehr früh müssen die menschlichen Jäger eine rudimentäre Arbeitsteilung entwickelt haben, die sicherlich zu ihrem großen biologischen Erfolg beitrug. Denn die Frauen mit den kleinen Kindern blieben in der Nähe des gemeinsamen Lagerplatzes, während die Männer herumstreiften und ihren Beutetieren nachjagten. Wenn die durch diese Arbeitsteilung oft für längere Zeit getrennten Familien nicht durch individuelle, stabile Gefühlsbindungen zusammengehalten worden wären, hätte diese Arbeitsteilung zum Zerfall der Gruppen und zur Vernachlässigung der Kinder geführt; entsprechende Bindungen mußten also einen Selektionsvorteil verschaffen. Daher die »Hypersexualität« des Menschen, welche die Gruppe schweifender Jäger wie ein magisches Band immer wieder rechtzeitig zu ihren Frauen zurückführte.

Man kann aus dieser Arbeitsteilung, die praktisch allen bekannten Primitivkulturen gemeinsam ist, eine Reihe von Schlüssen über die »angeborenen« seelischen Unterschiede von Mann und Frau ziehen. Es ist notwendig, sich hier zu vergegenwärtigen, daß mindestens 99 Prozent der menschlichen Entwicklungsgeschichte von der Lebensform schweifender Jäger und Sammler beherrscht waren. Es handelte sich um eine Periode intensiver biologischer Auslese, da die kulturellen Gruppen sehr klein waren, Inzucht häufig vorkam und die Lebensbedingungen viel härter waren als nach der neolithischen Revolution, in der Ackerbau und Städtegründung ein viel stärkeres

4 Vgl. W. Wickler: Sind wir Sünder? München 1970.
5 Vgl. W. Schmidbauer: Jäger und Sammler. Als sich die Evolution zum Menschen entschied. Planegg 1972.

Wachstum der Bevölkerungsdichte anzeigen. Was an »angeborenen« Trieben und emotionalen Unterschieden zwischen Männern und Frauen vorhanden ist, muß in der Anpassung an die Kulturstufe der Jäger und Sammler entstanden sein.

Wie wichtig solche Überlegungen sein können, zeigt eine Prüfung der Instinkt-Theorie menschlicher Aggression, die unter anderem von Freud, Mitscherlich und Lorenz vertreten wird. Alle diese Autoren schließen aus einer von kriegerischen Auseinandersetzungen bestimmten Geschichte auf einen angeborenen Aggressionstrieb, ohne die Tatsache zu bedenken, daß Jäger und Sammler keinen Krieg kennen, die Ursachen für solche Aggressionen also in der Geschichte selbst liegen müssen, nicht in der biologischen Natur[6]. Das Gleiche gilt für den spezifischen Bindungs-Trieb der Männer, welchen Lionel Tiger[7] ebenfalls für »angeboren« hält und dem er die männliche Vorherrschaft in allen bekannten Kulturen zuschreibt. Es ist besonders lehrreich, zu verfolgen, wie Tiger und andere biologisierende Soziologen (etwa Robert Ardrey) gerade jene Affenarten ihrer Argumentation zugrunde legen, die phylogenetisch dem Menschen relativ fernstehen, vor allem die Paviane. In Paviangruppen besteht nämlich eine deutliche männliche Dominanzhierarchie, die offensichtlich Forscher fasziniert, welche der hierarchischen Ordnung ihrer eigenen Gesellschaft den Charakter des Naturnotwendigen geben wollen. Schimpansengruppen kennen keine solche strenge Dominanzhierarchie; sie werden deshalb nur sehr selten erwähnt, wenn Tiger oder Ardrey Tier- und Menschen-Gesellschaften vergleichen.

Wie sieht es nun mit der Dominanzordnung in den Jäger- und Sammler-Völkern aus? Es ist nicht ganz leicht, hier eine kurze, verallgemeinernde Aussage zu machen, aber ganz sicher gibt es bei ihnen nicht regelmäßig eine solche Dominanzordnung mit einem »Pascha« oder »Tyrannen«, der alle anderen Mitglieder der Gruppe unterdrückt. Die Gruppenordnung ist fast überall egalitär; es gibt auch keine »Häuptlinge«, die ähnlich respektiert werden, wie die Führer in den Stadtkulturen. Das kann man schon daraus ablesen,

6 Ich habe diesen Gesichtspunkt in dem Buch »Die sogenannte Aggression – Die kulturelle Evolution und das Böse« (Hamburg 1972) ausführlich dargestellt.

7 L. Tiger: Warum die Männer wirklich herrschen. München 1972.

daß die Kolonisatoren und Missionare sich überall viel Mühe gaben, Häuptlinge einzusetzen (mit denen dann z. B. die »Verträge« geschlossen wurden, welche die Eingeborenen ihres Landes beraubten, über das die Häuptlinge gar nicht verfügen konnten)[8]. Bis heute erhaltene Jäger- und Sammler-Völker kennen in der Regel keine hierarchische Ordnung, ob es sich nun um Buschleute, Pygmäen, Hadza, Australier oder Eskimo handelt. Gute Jäger werden respektiert, solange es um die Jagd geht, aber es ist für die anderen Männer undenkbar, ihnen auch Einfluß in sonstigen Belangen einzuräumen. Da es keine Maximierung von Eigentum gibt – alles, was ein Jäger und Sammler besitzt, ist für ihn buchstäblich eine Last – fällt auch das zentrale Motiv für Dominanzhierarchien unter seßhaften Kulturen fort.

Autoren (wie Tiger), die sich auf die biologische Natur patriarchalischer Gesellschaftsformen versteifen, zeigen dieselbe Neigung, wichtige Phasen der Evolution zu überspringen, wie jene Psychoanalytiker und Verhaltensforscher, die an einem angeborenen Aggressionsinstinkt festhalten. Ihre Argumentation führt von gruppenlebenden Halbaffen gleich zu den Hochkulturen; innerhalb der kulturellen Evolution wird ebensowenig differenziert wie in der Naturgeschichte. Die in vielen Fällen durchaus egalitäre Gesellschaftsform der Jäger und Sammler, in der es keine ausgesprochene Vorherrschaft der Männer gibt, gerät dabei naturgemäß aus dem Blickfeld. Diese archaische Gleichberechtigung spricht sich bei den Buschleuten etwa darin aus, daß es spezifische Rechte von Frauen am Sammelertrag bestimmter Gebiete gibt (während die Männer überall jagen dürfen)[9]. Die Frauen sind auch wirtschaftlich unabhängig. Man hat in den bisherigen Zusammenfassungen über die Jäger- und Sammler-Kulturen fast durchweg nicht beachtet, daß die Frauen das Überleben der Gruppe garantieren.

Mindestens zwei Drittel, meist drei Viertel und mehr der Nahrung werden von ihnen beschafft. Jagen ist unsicher und mühsam, Sammeln führt zu beständigen, sicheren Resultaten. Freilich wird das Fleisch höher geschätzt; wenn man die Eingeborenen nur aus-

8 Vgl. G. Paczensky: Die Weißen kommen. Hamburg 1970.
9 L. Marshall: Kung Bushmen Bands. In: Africa 30 (1960) S. 325.

fragt und sie nicht genau beobachtet, muß man zu dem Eindruck kommen, sie äßen nur oder doch fast nur Fleisch. Die Abhängigkeit der Frauen von den Männern gibt es unter den altsteinzeitlichen Kulturen nur da, wo klimatische Gründe das Sammeln pflanzlicher Nahrung unmöglich machen, vor allem bei den Eskimo. Diese sind allerdings erst in evolutionstheoretisch gesehen sehr junger Zeit in die Polarzonen vorgedrungen (vor rund 4000 Jahren) und können keineswegs als Beispiel einer typischen Jäger- und Sammler-Kultur angesehen werden.

Wer sich mit diesen archaischen Kulturen gründlich beschäftigt, und nicht seine eigenen theoretischen Vorurteile in sie projiziert, der muß zu dem Schluß kommen, daß es keine biologischen Hindernisse für eine gleichberechtigte Selbstverwirklichung von Frauen und Männern gibt. Es ist in diesem Zusammenhang faszinierend, daß viele Autoren gerade in den Konsumzwängen eine wesentliche Ursache der weiblichen Unterdrückung sehen, denn die altsteinzeitlichen Gesellschaften sind das Musterbeispiel für materielle Bedürfnislosigkeit im Gegensatz zum manipulierten Konsum überflüssiger Dinge, wie er die gegenwärtigen Industriegesellschaften beherrscht.

Die wirtschaftliche Unabhängigkeit der Frau wird nicht nur durch die Arbeitsteilung, sondern durch die kulturelle Festlegung des Teilens an sich garantiert. Bei den Hadza kann eine Schwangere von jedem Jäger Fleisch fordern – auch wenn die Beute klein und er sehr hungrig ist, wird er ihr sofort ein gutes Stück abgeben. Soziales Teilen ist ein so allgemeiner und wichtiger Zug in allen altsteinzeitlichen Kulturen, daß man ihm viel eher eine »instinktive« Wurzel zusprechen könnte als der heute so viel besprochenen Aggression (zumal auch Schimpansen ihre Jagdbeute teilen). Aber weil diese Form der Nächstenliebe in den gegenwärtigen Konkurrenzgesellschaften weitgehend verschwunden ist, sieht man sie auch bei den Primitiven kaum, sondern findet auch bei ihnen die eigenen Probleme und »Laster« wieder. Dabei scheint die Verpflichtung zur »Nächstenliebe« und zum Teilen um so ausgeprägter, je höher die soziale Position ist. Die »Häuptlinge« der Nambikwara werden, wenn sie Geschenke von einem weißen Anthropologen erhalten, am Ende selbst mit leeren Händen dastehen – so stark verspüren sie die

Verpflichtung, allen Stammesangehörigen etwas abzugeben. Wenn man in einer Kindergruppe eines solchen Jäger- und Sammler-Volkes, die z. B. zehn Köpfe zählt, einem Mitglied neun Bonbons gibt – dann kann man mit einiger Sicherheit erwarten, daß der Beschenkte am Ende leer ausgeht, weil er allen anderen ein Bonbon geben will.

Es ist ein typischer Fehler einer bis heute oft einseitig an der Fortschrittsidee orientierten Anthropologie, nun anzunehmen, die Existenz auf altsteinzeitlicher Stufe sei ein karges Leben am Rande des Hungers. Hier hat sich der tätige Ackerbauer ein Negativbild konstruiert, um sich selbst bei der Stange zu halten; »Wer nicht arbeitet, der soll auch nicht essen«, sagt die neolithische Grille zur paläolithischen Ameise (während die Industriegesellschaften ihrerseits ja nur durch Arbeitsteilung und Leistungszwang der agrarischen Stadtkultur ermöglicht wurden). Tatsächlich ist das Leben steinzeitlicher Jäger in ihrer natürlichen Umwelt relativ sicher, stabil und weniger von ökologischen Krisen bedroht als der Ackerbau. Die durchschnittliche Arbeitszeit beträgt in den Tropen und Subtropen weniger als drei Stunden am Tag (die Eskimos müssen härter arbeiten, weil sie sich nur auf die Jagd verlassen). Die schon zitierten Studien haben auch gezeigt, daß Jäger und Sammler selten unterernährt sind (solange sie nicht durch weiße Siedler ihres besten Geländes beraubt werden).

Die kulturelle Evolution

Die Annahme biologischer Ursachen für Verhaltensweisen, die man in vielen Kulturen beobachten kann (daß etwa die Männer herrschen) beruht auf einer ungenügenden Einsicht in die Dynamik der menschlichen Evolution. Diese wird von Tiger, Ardrey, Lorenz, Eibl-Eibesfeldt und anderen Forschern, die immer wieder die Bedeutung angeborener Verhaltensweisen unterstreichen, als lineare Fortsetzung der biologischen Evolution verstanden – als Auslese von Individuen, die durch Mutation bestimmte Merkmale erwarben.

Tatsächlich aber hat die menschliche Evolution schon sehr früh nicht mehr allein auf dieser Auslese beruht, sondern vor allem auf der Selektion gesellschaftlicher Strukturen und kultureller Normen. Es zeigte sich, daß überlebensgünstige Verhaltensweisen durch eine solche auf Gruppen wirkende, sozial-kulturelle Auslese rascher und wirksamer gewonnen und aufrechterhalten werden konnten als durch die langsame, schrittweise nach dem Ja-Nein-Prinzip arbeitende biologische Auslese. Innerhalb der zahlreichen, kleinen Gruppen schweifender Jäger und Sammler überlebten jene mit einer sozialen Struktur, die sie (auch nur um einen winzigen Vorsprung) erfolgreicher und lebenstüchtiger machte als andere Gesellschaften.

Dieser Gewinn an Schnelligkeit und Flexibilität kultureller Anpassung mußte durch eine weiterlaufende, biologische Selektion ergänzt werden, um sich voll auszuwirken. Es handelte sich dabei vor allem um die spezifisch menschliche Fähigkeit, durch sprachliche Einsicht in systemgebundene Zusammenhänge Normen zu verinnerlichen und die Folgen des eigenen Handelns wertend vorwegzunehmen. Diese Einsicht ist in der Lage, dem Menschen genau das zu geben, was vielen Tieren der Instinkt gibt: richtiges, d. h. angepaßtes Handeln, wo die Strafe für einen Fehler der Tod wäre. Das Männchen der Springspinne, das nur durch die komplizierten, arttypischen Balzbewegungen verhindert, daß es das Weibchen sofort frißt, kann diese Bewegungen gar nicht schrittweise durch Versuch und Irrtum erlernt haben, weil die Quittung für den ersten Fehler der Tod gewesen wäre.

Parallel zur Entwicklung des intelligenten Verhaltens wurden die Instinkte entmachtet und zu Trieben aufgelöst, die zwar noch einer angeborenen Lust-Unlust-Ökonomie folgen, aber keine Verhaltenssequenzen mehr festlegen. Nur dort, wo der soziale Stellenwert »angeborenen« Verhaltens gering ist, kann es erhalten bleiben (das gilt für praktisch alle von Lorenz und Eibl-Eibesfeldt vermuteten Erbkoordinationen). Dieser unspezifischen Anpassungsfähigkeit an eine bestimmte kulturelle Norm ist es auch zuzuschreiben, daß Homo sapiens ein biologisch so außerordentlich erfolgreiches Wesen ist, das sich schon während der Altsteinzeit über ein größeres Areal und eine höhere Zahl grundverschiedener ökologischer Situationen ausbreitete als jede andere Tierart.

Den Beginn der kulturellen Evolution (Vorläufer zu ihr gibt es bereits in Primaten-Gruppen, die Traditionen kennen und offensichtlich auch durch »historische« Ereignisse in ihrem Verhalten mitbestimmt werden) kennzeichnet der Zeitpunkt, an dem nicht mehr primär das schlechter angepaßte Individuum, sondern die in bestimmten Einzelheiten weniger funktionsfähige Gruppe oder Kultur ausstarb (weil sie ihre Traditionen nicht mehr aufrechterhalten konnte), während eine besser funktionierende Gruppenstruktur sich langsam ausbreitete. Diese Übernahme strukturierender Traditionen muß keineswegs ein Kampf ums Überleben gewesen sein, sondern konnte auch auf durchaus friedlichem Weg vor sich gehen, (etwa, indem sich die Mitglieder einer nicht funktionierenden Gruppe an eine funktionsfähige anschlossen).

In diesem Prozeß ist das Kulturtier Mensch entstanden: Ein Lebewesen, das zu seinem Überleben die Verinnerlichung kultureller Normen und Traditionen in einer langen Kindheitsperiode braucht. Vehikel dieser Entwicklung wurde die Sprache, die ja allen menschlichen Rassen gemeinsam ist, während sich die einzelnen Sprachformen teilweise radikal unterscheiden. Elementare soziale Regeln setzten sich allgemein durch (etwa Aggressionskontrolle gegenüber dem Gruppenangehörigen, Inzestverbot, Gebot des Teilens mit Kindern und Schwangeren), weil Kulturen ohne eine solche Norm nicht überlebensfähig waren. Nur in einer Gesellschaft, die den Inzest verbietet, kann das kulturelle Wissen angemessen tradiert und der freundschaftliche Austausch zwischen den Familien gefördert werden[1].

Der Mensch mußte, sobald die kulturelle Evolution sein Leben beherrschte, vor allem fähig sein, sich rasch anzupassen: die kulturellen Strukturveränderungen erfolgten ja viel schneller und umfassender als die genetischen durch Mutationen. Auf lange Sicht entstand so ein Menschentypus, der fähig ist, den verschiedensten kulturellen Forderungen gerecht zu werden, ohne sich doch – wie im Fall einer genetischen Auslese – auf sie festnageln zu lassen. Ein Buschmann oder Eskimo, der als altsteinzeitlicher Jäger lebte, kann sich in wenigen Jahren an die Existenz in einer moderenen Groß-

1 Vgl. C. Lévi-Strauss: Les structures elementaires de la parenté. Paris 1949.

stadt adaptieren[2]; das zeigt deutlich, wie sehr die kulturelle Selektion auf eine unspezifische Anpassungsfähigkeit an kulturelle Normen hingearbeitet hat und nicht auf die genetische Anpassung an bestimmte Sozialstrukturen. Weiterhin erweist diese Fähigkeit der raschen Anpassung an ganz neue kulturelle Normen sehr deutlich, daß die genetischen Grundlagen sich seit der Altsteinzeit nicht mehr nennenswert verändert haben.

Das hat hinsichtlich der biologischen Unterschiede zwischen Mann und Frau sehr bemerkenswerte Konsequenzen. Es ist offensichtlich nicht richtig, die Tatsache, daß Frauen in allen bekannten Staaten keine ebenbürtige politische Rolle spielen, nun als Beweis dafür anzusehen, daß hier angeborene Ursachen vorliegen. Die ausgeprägten historischen und kulturellen Unterschiede innerhalb der Rollenverteilung von Männern und Frauen sprechen eher dafür, daß es sich auch bei der sozialen Vorherrschaft der Männer um ein Produkt der kulturellen Evolution handelt. Was wir von Jägern und Sammlern wissen, bestätigt das weitgehend. Vielfach haben hier Männer und Frauen gleiche Rechte; sie sind auch wirtschaftlich unabhängig voneinander. Es ist falsch, wenn etwa Simone de Beauvoir das Leben der Frau in der Altsteinzeit als abhängige, ständig von Hunger bedrohte und an die Nahrungsversorgung durch die Männer gebundene Existenzform hinstellt[3]. Tatsächlich tragen die Frauen oft mehr zum Überleben bei; Claude Lévi-Strauss schildert die Not der Nambikwara-Indianer während der Trockenzeit:

»Ich habe oft an diesen infernalischen Puppenmahlzeiten teilgenommen. Wenn der Mann schweigsam und müde ins Lager zurückkehrt und seinen unbenutzten Bogen und die Pfeile auf die Erde wirft, kramt die Frau aus ihrem Korb ihre rührenden Schätze hervor – ein paar gelbliche Früchte der Buriti-Palme, zwei dicke giftige Spinnen, ein paar Eidechsen samt ihren winzigen Eiern, eine Fledermaus, Nüsse der Bacaiuva oder der Uaguassu-Palme, eine Handvoll Heuschrecken . . . Diese Mahlzeit, die nicht einmal den Hunger

2 Wobei doppelt bemerkenswert ist, daß diese Anpassung selbst dem Erwachsenen noch gelingen kann; weitgehend konfliktlos verläuft sie allerdings nur beim Kind. Vgl. etwa Th. Kroeber: Der Mann, der aus der Steinzeit kam. München 1967.

3 S. de Beauvoir: Das andere Geschlecht. Hamburg 1968, S. 70 f.

eines einzigen Weißen stillen würde, muß hier genügen, um eine Familie zu ernähren.«[4]

Bei den Buschleuten verwenden Männer und Frauen zwar ungefähr gleichviel Zeit auf die Nahrungsbeschaffung, doch ist die Effektivität der Frauen, quantitativ gesehen, viel größer als die der Männer. Richard Lee hat genau nachgewogen, wieviel Gewichtsanteil der Buschmann-Nahrung pflanzlicher (und damit weiblicher) Herkunft ist, und wieviel andrerseits männlicher Aktivität entstammt. Er kam auf mindestens 60 und maximal 80 Prozent »weiblicher« Nahrungsmittel, deren Nährwert freilich nicht immer dem der tierischen Produkte gleichkommt, ihn manchmal (im Fall von fettreichen Nüssen etwa) aber sogar übertrifft. Fleisch ist eine willkommene Abwechslung, aber man verläßt sich nicht auf die Jäger und niemand hungert, wenn sie kein Wild heimbringen[5].

In dem einfachen Haushalt der Buschmänner genügt eine Stunde für Feuerholzholen und Kochen. Den Rest der Zeit kann die Frau der Nahrungsbeschaffung und den Kindern bzw. Freunden und Bekannten widmen, wobei für die Nahrungssuche nicht mehr als drei Stunden pro Tag aufgewendet werden müssen und die Kinder gemeinsam großgezogen werden – sie laufen von Feuerstelle zu Feuerstelle, die Kleineren krabbeln herum, werden von vielen Frauen hochgenommen und erhalten auch kurz die Brust, wenn es sich um eine stillende Mutter handelt (die Kinder werden mehrere Jahre gestillt). Die Chancen, daß ein Jäger nach einem Ausflug mit Beute zurückkommt, betragen bei den Buschmännern 0,23, bei der Frau 1,00 Prozent, d. h. sie kommt nie mit leeren Händen heim.

James Woodburns Studien über die Hadza und Colin Turnbulls Feldforschung unter den Pygmäen haben diese Annahmen über die altsteinzeitliche Lebensform der Jäger und Sammler weitgehend bestätigt[6]. Immer sind von Frauen gesammelte Pflanzen die Basis der primitiven Wirtschaft, Frauen und Kinder sind in ihrer Ernährung weitgehend autark. Die Männer bringen das – allerdings hochgeschätzte – Fleisch, aber sie bestimmen den Tageslauf der Frauen

4 Zit. n. W. Schmidbauer: Jäger und Sammler. Planegg 1972, S. 16.

5 Schmidbauer, a. a. O., S. 19.

6 J. Woodburn: The Social Organization of the Hadza of North Tanganyika. Cambridge 1964. – C. Turnbull: The forest people. New York 1961.

ganz und gar nicht, da diese weitgehend unabhängig von ihnen sind. Konflikte werden im typischen Fall durch Trennung gelöst. Wenn in einem Buschmann- oder Pygmäenlager zwei Familien in Streit geraten, wandert einer der Gegner zur nächsten, befreundeten Gruppe.

Dieser Freiheit der Frauen von wirtschaftlicher Abhängigkeit entspricht ihre Freiheit in vielen anderen Belangen. Bei den Hadza etwa hat eine Frau jederzeit das Recht, ihren Mädchenschmuck wieder anzulegen, wenn ihr Mann längere Zeit fortbleibt. Der heimkehrende Jäger kann dagegen nichts unternehmen. Selbst wenn bei den Buschmännern die Eltern schon in der Kindheit ihrer Tochter nach dem Tausch-Prinzip eine Heirat organisiert haben, kann die Frau sie später ausschlagen und den Ehemann zwingen, sie wieder freizugeben[7]. Nach den mir bekannten ethnographischen Zeugnissen über Jäger- und Sammler-Kulturen fehlt bei ihnen durchweg die für so viele Hochkulturen typische Doppelmoral, deren Funktion (Schutz vor unerwünschten Erben) sie ja sehr eng an die Institution des Eigentums an Produktionsmitteln (vor allem an Grund und Boden) bindet. Die Zuordnung männlich-aktiv, weiblich-passiv, ist offensichtlich eine soziale und keine biologische Kategorie; sexuelle Passivität der Frauen wird durch Lernen erworben. Es gibt Kulturen, welche sexuelle Aktivität der Frau durchaus akzeptieren; Margaret Mead hat geschildert, wie Jatmul-Frauen zögernde Männer fragen: »Hast du keine Knochen? Bist du ein Mann oder eine Frau?«[8] Meads Darstellung einer anderen Gesellschaft auf Neuguinea, die der Tschambuli, ist geradezu klassisch geworden. Die dem Europäer vertrauten, typischen Unterschiede sind dort geradezu ins Gegenteil verkehrt. Frauen gelten als aktiv, lebhaft, schmucklos, betriebsam, fleißig und geschäftstüchtig, Männer als klatschsüchtig, empfindlich, nach schönem Aussehen, Schmuck und Tanzen versessen.

Dieser in manchen Primitivkulturen verwirklichten Umkehrung der im heutigen Europa noch weitgehend zu den sozial selbstverständlichen Verhaltensweisen gerechneten »typisch weiblichen«

7 E. Marshall-Thomas: Meine Freunde, die Buschmänner. Berlin 1962, S. 152 f.
8 M. Mead: Geschlecht u. Temperament in primitiven Gesellschaften. Reinbek 1960, S. 170.

oder »typisch männlichen« Züge steht nun die zweifellos erklärungsbedürftige Tatsache gegenüber, daß alle bekannten Hochkulturen patriarchalisch organisiert waren. Es fällt schwer, für dieses Patriarchat die biologische Evolution verantwortlich zu machen. Wenn ein weißer Anthropologe in ein Jäger- und Sammler-Volk kommt und fragt, wer denn »herrsche« und »Autorität ausübe«, dann wird er bei aller praktizierten Gleichberechtigung doch hören, daß die Männer »wirklich herrschen«, wie es der deutsche Titel von Tigers Buch auch sagt. Das Matriarchat, als Gegenbild des Patriarchats, ist eine Fiktion Bachofens und seiner Epigonen. In den der Ethnographie bekannten Kulturen, die Grundbesitz matrilinear vererben und auch ihre Abstammung nach der Mutter bestimmen, werden typische Führungsaufgaben dennoch vorwiegend von Männern erledigt. Die Kategorie der Herrschaft, der Unterordnung, der politischen Macht hingegen ist ein kulturspezifisches Produkt, ein Produkt unserer patriarchalischen Gesellschaften.

Für die altsteinzeitliche Kulturstufe jedenfalls ist durch die wirtschaftliche Unabhängigkeit und die äußerst flexible Struktur der schweifenden Gruppen die Gleichberechtigung sehr real, weit realer jedenfalls, als sie es jemals in voll entwickelten patriarchalischen Gesellschaften sein konnte. Das spricht dafür, daß es keine biologischen Unterschiede zwischen Mann und Frau gibt, welche das Patriarchat erzwingen. Frauen sind nicht »von Natur« unfähig, politische Aufgaben zu übernehmen, wie etwa Tiger behauptet[9], sondern diese Unfähigkeit ist der Ausdruck sozialer Traditionen, deren Entstehung uns noch beschäftigen muß. Wenn wir das einfachste Modell der biologischen Evolution zum Menschen zugrundelegen, dann müssen wir davon ausgehen, daß die Evolution der Geschlechter soviel Ähnlichkeit wie möglich und soviel Verschiedenheit wie nötig gestaltet hat. Es ist angesichts der großen Bedeutung zwischenmenschlicher Bindungen für das Überleben der Gruppen

9 »Zum Beispiel haben Frauen sowohl im US Federal Civil Service als auch beim Marri-Baluch-Stamm in Westpakistan keinen Zugang zu öffentlicher Wirksamkeit bzw. zu hohen Ämtern«, sagt Tiger und schließt daraus, »daß alle betroffenen Individuen in irgendeiner fundamentalen Hinsicht die gleichen sind«, während er doch erst einmal prüfen sollte, ob nicht die betreffenden kulturellen Traditionen sich fundamental gleichen! Zit. n. Tiger: Warum die Männer wirklich herrschen. München 1972. S. 74.

schweifender Jäger und Sammler absolut unwahrscheinlich, daß die Männer einen »Bindungsinstinkt« ausbildeten, die Frauen aber nicht. Beide Geschlechter haben Anteil an diesem Bindungsverhalten, das allerdings nicht auf einen Instinkt im strengen Sinn (d. h. auf einen Antrieb, der starre Verhaltensweisen auslöst) zurückzuführen ist, sondern auf eine »primäre Liebe«, eine ursprüngliche Zugewandtheit zu anderen Menschen, deren Negativ Trauer und Verlassenheitsangst sind[10]. Es gibt keinen Hinweis dafür, daß Frauen angeborenermaßen weniger zu solchen Bindungen fähig sind als Männer oder im Gegensatz zu ihnen keine »Ordnungsreaktion« und kein »Gefolgschaftsverhalten« auslösen können. Doch läßt sich eine Reihe von Gegenbeweisen anführen: Frauen wie Golda Meir und Indira Gandhi stehen an der Spitze von durch Krisen erschütterten Ländern und besitzen mindestens ebensoviel Autorität wie männliche Politiker. Und das, obschon jeder orthodoxe jüdische Mann Gott täglich dafür dankte, daß er ihn nicht als Frau zur Welt kommen ließ, und obschon die Selbstverbrennung einer Witwe in Indien lange Zeit als religiöses Ideal hingestellt wurde.

Wenn man von den kulturellen Normen absieht und anhand absoluter Zahlen darauf hinweist, wie wenige Frauen leitende politische Funktionen ausüben oder in Kunst und Wissenschaft schöpferische Spitzenleistungen vollbringen, dann liegt der Fehlschluß auf einen biologischen Unterschied in der geistig-seelischen Leistungsfähigkeit besonders nahe. Übersehen wird dabei, daß auch die wenigsten Männer schöpferisch und zu Spitzenleistungen befähigt sind, während auf der anderen Seite jahrtausendelang mächtige Hindernisse gegen Leistungen von Frauen auf diesen Gebieten wirkten. Das gilt vor allem für die Unterwerfung der Frauen unter die Aufgabe, Kinder zu gebären und zu erziehen. Angesichts dieser Hindernisse ist die Zahl produktiver weiblicher Künstler und politisch bedeutender Frauen eher bemerkenswert hoch[11].

Das Sparsamkeitsprinzip, nach dem die Evolution arbeitet[12],

10 Das Konzept der primären Liebe wurde von M. Balint (Die Urformen der Liebe und die Technik der Psychoanalyse. Bern/Stuttgart 1966) ausführlich dargestellt.

11 Vgl. A. Montagu: Die natürliche Überlegenheit der Frau, Wien 1955. Montagu zitiert viele Beispiele.

12 Vgl. W. Wickler: Verhalten und Umwelt. Hamburg 1972.

wirkte für beide Geschlechter in *einer* Richtung. Die allgemeine seelisch-geistige Anpassungsfähigkeit des Menschen an wechselnde kulturelle Forderungen wurde maximal ausgebildet. Diese Folge des Übergangs von der biologischen zur kulturellen Evolution war für Männer und Frauen gleich; die Spanne verschiedenartigster Geschlechterrollen, welche die Kulturanthropologie kennt, ist ein Beweis dafür. Für die mit blinden Mutationen arbeitende Evolution ist es ja konstruktiv viel einfacher, nur *einen* Typus jenes hochkomplizierten, auf Einsicht und kreative Aktivität abgestellten Steuerungssystems zu entwickeln, als den man das menschliche Gehirn beschreiben kann. Zwei Typen zu entwickeln – einen für den Mann und einen »physiologisch schwachsinnigen« für die Frau, wäre unökonomisch, und solche Verschwendung ist in der biologischen Evolution absolut unwahrscheinlich. Tatsächlich haben alle Intelligenztests und andere objektiven, wenig von sozialen Prägungen abhängigen psychologischen Meßinstrumente bisher ausnahmslos bestätigt, daß es keine nachweisbaren Begabungsunterschiede zwischen Männern und Frauen gibt. Kulturell hochgeschätzte Leistungen – etwa die Zahl der Nobelpreisträger – sind hier kein gutes Kriterium mehr. Sie sagen ja bereits nichts mehr über biologische Unterschiede aus, sondern nur noch etwas über kulturelle Wertsysteme und die Anpassung an sie – in einer von Männern beherrschten Gesellschaft werden große Leistungen überwiegend von Männern vollbracht.

Die biologische Evolution ist, wie nicht anders zu erwarten, in der Ausbildung des menschlichen Gehirns einen einzigen Weg gegangen. Intelligenz ist nicht nur für den Jäger ein lebenswichtiges Merkmal, sondern auch für die Sammlerin. In mindestens 95 Prozent der menschlichen Evolution gab es jene gesteigerte Form kultureller Kreativität nicht, die sich in der Produktion aufwendiger Geräte ausdrückt (sie findet sich erst zu Beginn der Jungsteinzeit). Die Selektionsprämien auf einsichtiges Verhalten, genaue Beobachtung der Umwelt, Wissen, sprachliche Kommunikation waren offensichtlich erheblich höher als jene auf eine Verbesserung der materiellen Kultur. Die Männer lernten die Gewohnheiten der Jagdtiere bis in die feinsten Details kennen, die Frauen erweiterten ihr Wissen um eßbare Pflanzen, Insekten, Honig und andere Formen des Sammelns, während die Werkzeuge ganz rudimentär blieben – eine

Keule, zugespitzte Hölzer als Speere und Grabstöcke, erst sehr spät Pfeil und Bogen. Diese stehen in Schußweite und Zielsicherheit den modernen Sportbögen bei weitem nach. Die Motive für diese Betonung der Intelligenz vor den Werkzeugen liegen darin, daß Wissen ein viel sicherer Besitz ist als technische Hilfsmittel.

Der weiße Jäger muß verhungern, wenn er seine Patronen verschossen hat und keine neuen bekommt. Der Pygmäe oder Buschmann, dem sein Bogen zerbricht, kann leicht Ersatz schaffen und notfalls auch unschwer allein durch sein Wissen um eßbare Pflanzen überleben. Dabei handelt es sich um wichtige *kulturelle* Traditionen, die schon nach wenigen Generationen abreißen können. Die Söhne von Australiern, die auf Farmen arbeiten, sind bereits von den Mehlrationen der Weißen abhängig und können nicht mehr im Busch überleben, der ihren Vätern viele Jahrtausende lang genügend eßbare Pflanzen, Kleintiere und Jagdwild bot.

Diese Auslese auf intelligentes Verhalten hin ist wohl auch dafür verantwortlich, daß der Mensch eine – verglichen mit den anderen Primaten – sehr lange Lebensspanne hat. Wo eine sprachliche Tradition von kulturellem Wissen über Tiere, Pflanzen, Wasserstellen usw. möglich ist, ergibt sich auch eine Selektionsprämie für alte Leute als »lebendige Bibliothek«. Sie wissen einen Ausweg für bedrohliche Situationen (etwa katastrophale Dürre), die nur alle zwanzig oder dreißig Jahre auftreten.

Obschon die Evolution also bei Jägern und Sammlerinnen gleichsinnig die Intelligenzentwicklung förderte, sind in allen bekannten Kulturen die Geschlechterrollen auch durch psychologische Typisierung gekennzeichnet. Sie ist vorwiegend ein Produkt der kulturellen Evolution und beruht auf zwei grundlegenden Tendenzen: Der sozialen Deutung körperlicher Tatbestände (in erster Linie der weiblichen Geschlechtsfunktionen) und dem Druck der kulturellen Selektion.

Das Ideal der aggressiven Männlichkeit

Die Betrachtung der urtümlichen Kulturen von Jägern und Sammlern hat gezeigt, daß man durch das biologische Ausgangsmaterial der Evolution die Herrschaft der Männer in den Hochkulturen nicht erklären kann. Die Ursache muß also in der Kulturentwicklung selbst liegen. Eine solche Hypothese hat als erster Friedrich Engels in seiner Schrift »Der Ursprung der Familie« aufgestellt. Er geht von der technischen Entwicklung aus. In der Altsteinzeit stellten die Geschlechter zwei Klassen dar, zwischen denen Gleichheit herrschte – während der Mann jagt oder Fische fängt, bleibt die Frau im unmittelbaren Umkreis des Lagers. Aufgrund seines rudimentären anthropologischen Wissens hat Engels dabei Alt- und Jungsteinzeit nicht genügend unterschieden. Er sieht die Arbeitsteilung von Jäger und Sammlerin bis in die Pflanzerkultur fortgeführt, in der die Frau wegen ihrer Weberei und Töpferei große wirtschaftliche Bedeutung gewinnt, und findet den Umbruch zum Patriarchat erst in der Metallzeit, sobald große Felder durch den Pflug urbar gemacht und Tiere zur landwirtschaftlichen Arbeit abgerichtet werden. Als Eigentümer von Land und Gerät unterwirft sich der Mann nun auch andere Männer, die er zu Leibeigenen macht. So wird er endlich auch zum Eigentümer der Frau – die »weltgeschichtliche Niederlage des weiblichen Geschlechts«[1].

Engels kann nicht erklären, warum nun der Mann sich zum Herrn über das Privateigentum aufschwingt, Leibeigene versklavt und endlich auch die Frau zu seinen Besitztümern rechnet. Er nimmt diese Vorgänge einfach als Tatsachen hin, statt sie aufzuhellen; der Mann verwandelt sich auf magische Weise in jenen homo oeconomicus, von dem der historische Materialismus ausgeht.

Das liegt zum Teil daran, daß Engels von einer an Bachofen orientierten Auffassung der Kulturgeschichte ausgeht, in der auf die matriarchalische (gemeinwirtschaftliche) die patriarchalische (privatwirtschaftliche) Gesellschaftsform folgt. Nun ist aber das Matriarchat selbst eine Fiktion; die urtümlichsten Gesellschaften sind

1 F. Engels: Der Ursprung der Familie, des Privateigentums und des Staates. Berlin 1946, S. 35.

keineswegs von Frauen beherrscht und oft nicht einmal matrilinear. Bachofens Theorie scheint eine typische Folge männlicher Phantasien, in denen die Herrschaft der Frau als dunkelste Periode promisküöser Sexualität an den Anfang der Geschichte gestellt und der Eintritt ins Patriarchat mit dem Beginn apollinischer Ordnung identifiziert wird.

Simone de Beauvoir hat der Engelschen These eine existentialistische Interpretation entgegengesetzt. Während die Frau durch Wiederholung – Empfängnis, Schwangerschaft, Geburt – zum Überleben der Art beiträgt, tut es der Mann durch Handlungen, die über sein tierisches Dasein hinausgehen und die Welt selbst verändern. Er entwirft Werkzeuge, erobert die Gewässer, er setzt sich Ziele, überschreitet die Gegenwart, plant die Zukunft, nimmt Gefahren auf sich. »Dadurch beweist er auf pathetische Art, daß nicht das Leben für den Mann das Höchste ist, sondern daß es für Zwekke da ist, die höher stehen als er selbst. Der schlimmste Fluch, der auf der Frau lastet, ist, daß sie von den kriegerischen Unternehmungen ausgeschlossen ist; nicht, indem er sein Leben hergibt, sondern indem er es wagt, erhebt der Mensch sich über das Tier; deshalb genießt innerhalb der Menschheit das höchste Ansehen nicht das Geschlecht, das gebiert, sondern das tötende Geschlecht.«[2]

Hier enthüllt sich eine durchaus kulturspezifische Anthropologie, die nicht Existenz schlechthin, sondern bereits die patriarchalisch geprägte Existenz schildert. (Denn Kriege sind dem Menschen der Altsteinzeit ebenso unbekannt wie der legendären goldenen Rasse Hesiods: Für organisierte Feldzüge und territoriale Expansion fehlt den Jägern und Sammlern schlicht die wirtschaftliche Basis; eine größere Gruppe von einigen hundert Mann zerfällt schon nach höchstens einer Woche, weil die Nahrungsquellen im Umkreis erschöpft sind). »Durch die Erfindung des Werkzeugs, die Sorge für den Lebensunterhalt ist der Mann Tätigkeit und Entwurf geworden, während die Frau durch die Mutterschaft an ihren Körper gebunden blieb wie das Tier«, sagt Simone de Beauvoir. »Weil die Menschheit sich in ihrem Sein in Frage stellt, das heißt dem Leben die Berechtigung zum Leben vorzieht, hat der Mann sich der Frau

2 S. de Beauvoir: Das andere Geschlecht. Hamburg 1968, S. 72.

gegenüber als Herr setzen können; der Entwurf des Mannes ist nicht, sich in der Zeit zu wiederholen, sondern über den Augenblick zu herrschen und die Zukunft zu schmieden.«[3] Wie die Natur, so hat der Mann also auch die Frau durch seine expansive Gestaltungskraft unterjocht. Aber mit dieser existentialistischen Antwort auf die offenen Fragen des historischen Materialismus hat de Beauvoir nur eine neue Frage auf einer anderen Ebene geschaffen: Denn *warum* mußte der Mann Werte schaffen, seine Existenz als Wert setzen, die Natur, die Frau und seinesgleichen unterwerfen?

An dieser Stelle sind verschiedene Theorien bemerkenswert, welche die Aktivität und Kreativität des Mannes einem tiefempfundenen Mangel oder unauslöschlicher Angst zuschreiben. Weston La-Barre sagt (ebenso wie Margaret Mead[4]): »Eine Frau kann auf sehr einfache und unanfechtbare Weise ihre Weiblichkeit beweisen – indem sie ein Kind zur Welt bringt. Den Mann hingegen muß immer etwas Äußeres bestätigen, er muß sein Mannestum innerhalb einer Gruppe oder Gemeinschaft immer wieder neu zur Geltung bringen können. Warum wohl sollte eine Frau danach streben, große Dichtung, Malerei oder Musik zu schaffen, wenn sie doch etwas viel besseres kann: wirkliche menschliche Wesen machen!«[5]

Ashley Montagu spricht ebenfalls von dem Neid der Männer auf die weiblichen Fähigkeiten, Kinder zu gebären und zu menstruieren – sehr im Gegensatz zu allem, was Simone de Beauvoir behauptet, nach deren Ansicht die Frauen paradoxerweise die männlichen Werte über die eigenen setzen, ja unfähig waren, eigene Werte zu finden. Montagu stützt sich dabei vor allem auf Studien an Eingeborenen Australiens, die als Initiationsritus die Subinzision durchführen. An der Unterseite des Penis wird die Harnröhre aufgeschlitzt, so daß die erwachsenen, heiratsfähigen Männer ähnlich wie die Frauen urinieren müssen. Die vernarbte Wunde wird dabei periodisch wieder zum Bluten gebracht, um die weibliche Periode nachzuahmen. Der Ausdruck für den aufgeschlitzten Penis ist in der Sprache dieser australischen Stämme dem für Vagina eng verwandt; die künstlichen Blutungen sollen der magischen Reinigung

3 S. de Beauvoir, a. a. O., S. 73.
4 M. Mead: Mann und Weib. Hamburg 1958.
5 Weston LaBarre: The human animal. Chicago 1954.

des ganzen Körpers dienen, wie sich auch Frauen auf diese Weise reinigen.

Dem Penisneid der Frau werden so der Vagina-Neid und der Menstruations- bzw. Gebärwunsch des Mannes gegenübergestellt – letzterer drückt sich in der Fülle von Riten aus, die mehr oder weniger deutlich ein Männerkindbett symbolisieren. Doch ist nicht zu verkennen, daß Montagu nur eine Seite der primitiven Sexualriten schildert. Die andere ist wahrscheinlich weit mehr verbreitet. Frauen gelten als gefährlich und giftig, vor allem während der Menstruation und nach der Geburt. Die Surinam-Negerinnen mußten während ihrer Periode außerhalb des Dorfes wohnen und Herankommende mit dem Ruf zurückweisen »Ich bin unrein« – wie Aussätzige zur biblischen Zeit. Nach hebräischer Tradition durfte die Frau während ihrer Regel nicht in der Küche arbeiten, nicht aus einem Glas trinken, das auch vom Mann benutzt wird; auf Geschlechtsverkehr während dieser Zeit stand sogar die Todesstrafe. Dieses Koitusverbot ist sehr verbreitet (und hygienisch keineswegs begründet). Verkehr während der Periode soll den Mann impotent machen (Malakka) oder dazu führen, daß er im Kampf getötet wird (Bantus). Bei den Dogon (Ostafrika) darf man eine Menstruierende nicht einmal sehen; die australianischen Wogeo nehmen sogar an, daß jede ihrer Berührungen einem Mann schleichende, unheilbare Krankheiten bringt.

Aus diesen und zahllosen ähnlichen Tabus hat Hoffman R. Hays geschlossen, daß die magische rituelle und soziale Abwehr männlicher Kastrationsangst das Leitmotiv in der Unterjochung der Frau sei[6]. Menstruation, Schwangerschaft und Geburt haben das Denken des Menschen beschäftigt, seit er Sprache entwickelte. Indem er mit Symbolen umgehen lernte und aus der ungeschichtlichen, kurzfristig an Lust und Unlust des Augenblicks gebundenen Existenz des Tieres in die Geschichte, in Furcht und Hoffnung heraustrat, erweiterte er seinen Gesichtskreis ebenso wie den Bereich seiner Ängste. Diese Ängste knüpften sich auch an innere Bedrohungen, die äußere nurmehr symbolisierten. Solchen inneren Angstauslösern konnte der Mensch nun nicht mehr durch Flucht und Meidungsver-

6 H. R. Hays: Mythos Frau – Das gefährliche Geschlecht. Düsseldorf 1969.

halten entgehen, wie Raubtieren oder einem Abgrund. Das mit symbolischen Mitteln arbeitende Bewußtsein schuf wohl fast ebenso viele Probleme, wie es lösen half. Krankheit und Tod, Geburt und Schwangerschaft, Jagderfolg und Hungerperioden wurden nicht mehr hingenommen wie vom sprachlosen Tier, sondern mit Ängsten besetzt. Die wichtigste Aufgabe der Magie in den archaischen Kulturen ist es nun, solche Ängste zu beschwichtigen – häufig mit Hilfe von Ritualen, die ganz zu Recht jenen zwangsneurotisch Kranker zur Seite gestellt werden können[7]. Mit den Vorzügen seiner hohen Intelligenz und der Fähigkeit, sich Vergangenheit und Zukunft reflektierend zu vergegenwärtigen, löst sich der Mensch auch von der Ruhe und Sicherheit des Tieres, das keine Neurose kennt und keine Magie (solange es nicht in das Laboratorium eines menschlichen Psychologen gerät). Die Magie war es, welche als archaische Form der Religion den vom aufflackernden Licht des Bewußtseins geworfenen Schatten durchdrang und ordnete. Sie mag auf diese Weise viel zu jener geistigen Unabhängigkeit beigetragen haben, auf die wir heute so stolz sind. Vielleicht wären die ersten Menschen, die das reflektierende Bewußtsein kennenlernten, von den Schattenseiten dieser revolutionären Mutation gelähmt worden, hätten sie nicht die Magie entdeckt. Ihr danken wir es womöglich, daß das Bewußtsein, kaum geboren, nicht wieder erlosch[8].

Doch auch die Projektion von Ängsten auf die Frau und die magische Abwehr dieser Ängste durch Tabuisierung ihrer Genitalfunktionen, ja sexueller Vorgänge schlechthin können nur das Wie, nicht aber das Warum der patriarchalischen Unterdrückung erklären. Vom evolutionstheoretischen Standpunkt aus muß man hier wohl vor allem die Bedeutung der sogenannten neolithischen Revolution unterstreichen, in der die primäre Gleichberechtigung von Mann und Frau ebenso verlorenging wie die wirtschaftliche Unabhängigkeit der Frauen. Dieses Urteil ist sicherlich typisierend; manche altsteinzeitlichen Kulturen – vor allem die vorwiegend von der Jagd abhängigen – mögen bereits früher viele ursprüngliche Freiheiten der Frauen eingeschränkt haben. Aber für die meisten bekannten Jäger-

7 S. Freud: Totem und Tabu, Ges. Werke Bd. IX.

8 Vgl. W. Schmidbauer: Psychotherapie – Ihr Weg von der Magie zur Wissenschaft. München 1972.

und Sammler-Völker scheint zuzutreffen, daß es in ihnen keine hierarchisch-patriarchalische Ordnung gibt.

In diesem Punkt ist also der marxistische Ansatz durchaus richtig, denn auch Engels schreibt dieser Übergangsphase den Beginn der weiblichen Unterdrückung zu. Aber seine Konzeption muß um die kulturell-evolutionäre Betrachtungsweise ergänzt werden. Nur sie kann erklären, warum die Männer herrschen mußten, ja warum die Menschheit überhaupt den Schritt in die Seßhaftigkeit tat. Es ist gut, sich vor einer Betrachtung dieser neolithischen Revolution daran zu erinnern, wie langsam die menschliche Evolution vor diesem Zeitpunkt ablief. Die ältesten Geröllwerkzeuge des Homo habilis (1 500 000 bis 900 000 Jahre vor unserer Zeit) unterscheiden sich nicht nennenswert von denen des Sinanthropus, der wohl schon ein Großwildjäger war und nahezu das doppelte Gehirnvolumen aufwies (Evolution der Intelligenz *vor* Evolution technischer Hilfsmittel!). Auch die nächsten dreihunderttausend Jahre zeigen kaum erhebliche Fortschritte von den Faustkeilen des Steinheim-Menschen bis zu den (gewiß formschöneren) des Menschen von Cro Magnon. Erst um 30 000 vor Christus werden die Steinwerkzeuge vielfältiger, für spezielle Aufgaben (Schneiden, Stoßen, Harpunieren) hergestellt und auch künstlerisch verziert. Prächtige Tierbilder schmücken die Wände unzugänglicher Höhlen. Jetzt dauerte es immerhin noch 20 000 Jahre, bis aus dieser jungpaläolithischen Wende das Neolithikum wurde – bereits eine beschleunigte Evolution, gemessen an der Altsteinzeit, aber unendlich langsam, wenn man das Entwicklungstempo der historischen Gesellschaften zugrunde legt. Die neolithische Revolution spielte sich in rund viertausend Jahren ab, in denen die kleinen Gruppen schweifender Jäger und Sammlerinnen zu den ersten Dorf- und Stadtkulturen zusammenfanden. Auch diese Zeitspanne erscheint noch sehr lange, wenn man bedenkt, mit welcher Geschwindigkeit sich die kulturelle Evolution von 2000 vor Christus bis heute vollzog und wie die industrielle Revolution in wenigen Jahrhunderten unser Leben von Grund auf veränderte. Aber diese positive Beschleunigung scheint selbst ein Produkt der wichtigsten Errungenschaft des Neolithikums: der Schrift. Sie wirkte als sekundärer Verstärker des spezifischen Mediums der kulturellen Evolution – der Tradition – und gab ihr jene Verläßlichkeit, die bisher allein die genetische Information der Erbanlagen besaß. Der schweifende Jäger und Sammler wurde seßhaft. Während früher nie größere Menschenansammlungen an einem Ort bleiben konnten, da sie alsbald der Zwang zur Nahrungssuche wieder auseinandertrieb, ermöglichten die in Ackerbau und Viehzucht erwirtschafteten Überschüsse eine ständische, arbeitsteilige Gesellschaft. Die Seßhaftigkeit erlaubte es dem Menschen, Besitz anzuhäufen, aber auch seinesgleichen zu unterwerfen und zu versklaven.

Damit änderte sich auch die Stellung der Frau von Grund auf. Offensichtlich erhielten nun, mit dem Schritt zur Seßhaftigkeit und zu einer auf Privatbesitz von Land abgestellten Wirtschaftsordnung, jene patriarchalisch-hierarchisch organisierten Kulturen eine Selektionsprämie, die nach außen besonders aggressiv war. Diese Kulturen brauchten ein Ideal aggressiver Männlichkeit, das auf Kosten der weiblichen Gleichberechtigung gewonnen wurde. Auch in der kulturellen Evolution steckt ja ein blinder Zwang: Wenn eine Kultur bestimmte Merkmale entwickelt hat, die sie – verglichen mit ihren Nachbarkulturen – aggressiver und durchsetzungsfähiger machen, dann bleibt diesen keine Wahl: Sie müssen ihrerseits diese Merkmale übernehmen und selbst entwickeln, oder sie müssen untergehen.

Wahrscheinlich werden erst in diesem Stadium der kulturellen Evolution, in dem durch die Seßhaftigkeit territoriale Aggressionen im Sinne des Strebens nach Vergrößerung des eigenen Gebietes möglich wurden[9], jene spezifischen Männerbünde aktuell, auf die Tiger seine Theorie abstellt. Die ethnographischen Berichte ordnen sie jedenfalls alle dem Stadium der Pflanzer-Kulturen, Ackerbauern und Nomaden zu. Heinrich Schurtz betont in einer grundlegenden Studie über die Männergesellschaften die magische Geschlechterfeindschaft, die mit dieser Institution zusammenhängt[10]. Aber diese Feindschaft ist nicht funktionslos; sie entstand in der kulturellen Evolution, um künstlich ein gesteigertes Maß an Aggressivität zu produzieren, das offensichtlich für das Überleben einer Kultur notwendig wurde. Eine Gruppe von sexuell frustrierten oder auf Homosexualität beschränkten Männern muß nach außen aggressiver

9 Vgl. W. Schmidbauer: Jäger und Sammler. München 1972.
10 H. Schurtz: Altersklassen und Männerbünde. Berlin 1909.

werden als eine gemischt-geschlechtliche Gruppe. Alle ausgesprochen friedlichen Kulturen (darunter die meisten altsteinzeitlichen, d. h. von Jägern und Sammlerinnen) kennen keine scharfe hierarchische Trennung der Geschlechterrollen und auch kein Ideal einer potent-aggressiven Männlichkeit. Dieses Ideal, das manche Anthropologen mit der menschlichen Natur verwechselt haben, ist ein Produkt der kulturellen Evolution, erzwungen durch die seit dem Neolithikum steigende Bevölkerungsdichte und parallel dazu die Gefahr territorialer Expansion. Dabei wird in einer Kultur zunächst die Gruppe der Frauen als »Feind« aufgebaut, um die (auch durch sexuelle Frustration) gesteigerte Angriffslust dann umzulenken auf die Angehörigen der Fremdgruppe. Gerade daß die kulturelle Evolution durch eine Vielzahl solcher aggressionssteigernden Riten gekennzeichnet ist, spricht deutlich gegen die Existenz eines spontanen, »angeborenen« Aggressionstriebes[11].

Die Bantus östlich des Tanganjikasees kommen mit acht Jahren in das Iwanza (Männerhaus); von da an bleibt es der Mittelpunkt ihres zeremoniellen Lebens: ein länglicher Raum mit rauchgeschwärztem Dach und Schlafbänken an den Wänden[12]. Die Tschambuli in Neu-Guinea bauen ihre Männerhäuser auf Pfählen, für jede Sippe eines. Dort werden die Knaben in den Männerbund aufgenommen; früher mußte jeder von ihnen vor der Initiation eigenhändig einen (oft gekauften) Kriegsgefangenen mit einem Speer töten, wobei ihm der Vater die Hand führte. Auch die Jatmul (ebenfalls Neu-Guinea) sind in ihrem zeremoniellen Leben von einem Männerbund bestimmt, der in dem bis zu 40 Meter langen Männerhaus mit seinen hochragenden Giebeln residiert. Frauen dürfen nicht eintreten, denn die Masken und zeremoniellen Geräte der Männer sind für sie tabu. Die Jatmul sind Kopfjäger; auch bei ihnen gehörte früher zur Initiation die Tötung eines Gefangenen, dem Knaben wurden schmerzhafte Schnitte in den Rücken beigebracht[13].

Absonderung der Männer von den Frauen, grausame Initiations-

11 Vgl. W. Schmidbauer: Die sogenannte Aggression – Die kulturelle Evolution und das Böse. Hamburg 1972.

12 H. Webster: Primitive Secret Societies. New York 1908.

13 G. Bateson: Naven. Cambridge 1936.

riten mit Verletzung der Knaben und ein sadistisches Kampfverhalten in Form der Kopfjagd gehören offensichtlich funktionell zusammen. Sexuelle Enthaltsamkeit in den Tagen, ja Wochen und Monaten vor einer kriegerischen Expedition ist ebenfalls ein sehr verbreitetes Merkmal primitiver Völker – und bis heute dürfen die Ehefrauen von Kampfsportlern oft nicht die Trainingslager betreten.

Das kulturelle Ideal aggressiver Männlichkeit, wie wir es in Europa kennen, ist sehr weit verbreitet; es findet sich bei amerikanischen Indianern (zusammen mit sehr schmerzhaften Initiationsriten und der Möglichkeit für »unmännliche Männer«, Frauenkleider zu tragen und wie Squaws zu arbeiten) ebenso wie in Ozeanien, bei den Papua und in Afrika. Bei den Galla und anderen äthiopischen Stämmen durfte ein Mann nicht heiraten, ehe er nicht die abgeschnittenen Genitalien eines Feindes heimgebracht hatte; das gleiche gilt bei Kopfjägern für ihre Trophäe. Von den Teutonen und Kelten ist ebenfalls bekannt, daß sie Kopftrophäen sammelten; die Hebräer schnitten die Genitalien ihrer Feinde ab.

Psychoanalytisch gesehen, handelt es sich um die Festlegung des männlichen Gefühlslebens in einem phallischen Stadium. Um Kastrationsängste abzuwehren, wird das männliche Glied hoch verehrt. Die als kastriert erlebten Frauen werden verachtet oder zumindest ohne Zärtlichkeit nach dem Don-Juan-Modell geliebt, wenn nicht die ebenfalls in der Abneigung gegen die kastrierte Frau wurzelnden homosexuellen Tendenzen sich durchsetzen. Achilles und Patroklos sind vielleicht das bekannteste Beispiel für ein solches homosexuelles Kämpfer-Bündnis. In Griechenland war es auch in historischer Zeit noch recht häufig; Plutarch beschreibt, wie Kleomachus von Pharsalus, angefeuert durch seinen Geliebten, die Soldaten von Eritrea besiegte. Thomas Williams, einer der ersten Missionare auf den Fidschi-Inseln, berichtet von Männern, die sich ganz dem Kampf widmen und zu diesem Zweck ein homosexuelles Bündnis schließen, wonach sie Mann und Weib genannt werden[14].

Die Entwicklung des Patriarchats und damit die Geschichte männlicher Vorherrschaft und weiblicher Unterdrückung hängen

14 Th. Williams: Fiji and the Fijians. London 1868.

eng mit dem Beginn einer Maximierung von Privateigentum zusammen, in dem Engels mit Recht die »welthistorische Niederlage des weiblichen Geschlechts« erkannt hat, wenngleich er von einem imaginären Matriarchat ausging und deshalb die Bedeutung der altsteinzeitlichen Lebensform nicht richtig erkennen konnte. Während der Jäger immer wieder seinen Wohnsitz wechseln, die Sammlerin stets neue Gebiete aufsuchen muß, wurden die Gruppen von Menschen nun seßhaft, oder sie gewannen als Hirtennomaden ein ganz anderes Verhältnis zu ihresgleichen und zu ihren Weidegründen als die Jäger und Sammlerinnen. In der Altsteinzeit waren der Größe von Menschengruppen enge Grenzen gesetzt: Wenn eine so sehr anwuchs, daß die einen bequemen Tagesmarsch entfernten Jagd- und Sammelgelegenheiten erschöpft waren, dann mußte sie sich spalten. Sobald die ersten echten Haustiere – Schafe und Rinder – domestiziert waren (der Hund war ja wenig mehr als ein Gehilfe des Jägers), änderte sich das grundlegend.

Die Gruppe der Hirtennomaden wurde nun so groß und mächtig wie ihre Herden; solange die Herden genügend Weide fanden, konnte sie auch zusammenbleiben, da ja das umgebende Areal nicht mehr leergejagt wurde, sondern viel intensiver genutzt werden konnte. Damit erzwang die kulturelle Evolution eine aggressivere und an der Maximierung von Besitz orientierte Kulturform, denn wer mächtiger war, konnte andere unterwerfen, und wer nicht die Macht hatte, sich zu wehren, mußte Gefahr laufen, unterworfen zu werden. So wurden kriegerische Tugenden eine Notwendigkeit. Sie gaben den Männern eine Vorrangstellung, die in ihrer besseren Befähigung wurzelte, Besitz zu erwerben und zu verteidigen. Da mit dem Beginn der vitalen kulturellen Bedeutung von Besitz auch die geregelte Erbfolge sehr wichtig wurde, entwickelte sich die Doppelmoral. Die weibliche Jungfräulichkeit gewann an Wert, während die sexuellen Bedürfnisse der Männer an Prostitutierten befriedigt wurden.

Die Vorgeschichte des Ackerbaus kennt einige friedliche Kapitel, die gerade für die kulturelle Evolution der Geschlechterrollen bedeutsam scheinen. In der neolithischen Stadt bei Çatal Hüyük in Anatolien, die James Mellaart[15] und seine Mitarbeiter in den letz-

15 J. Mellaart: Çatal Hüyük. London 1967.

ten Jahren ausgruben, haben offensichtlich die Frauen geherrscht. Ihre Schlafplätze, unter denen man die Gebeine der Bewohner auch zu bestatten pflegte, waren reicher ausgestattet und günstiger gelegen; es gab offensichtlich nur Göttinnen in den freskengeschmückten Heiligtümern – rund achttausend Jahre vor unserer Zeit. Was Bachofen[16] fälschlich für das älteste Stadium der Kultur schlechthin hielt, das Matriarchat, muß nach diesen archäologischen Befunden ein Zwischenstadium in der frühen Geschichte des Ackerbaus gewesen sein. Und während Schliemanns Troja nicht weniger als siebenmal, vielleicht sogar neunmal erstürmt und zerstört wurde, ließen sich in der mehrtausendjährigen Geschichte von Çatal Hüyük nach den Rekonstruktionen der Ausgräber keine Zeichen einer gewaltsamen Zerstörung nachweisen, kein an kriegerischen Auseinandersetzungen gestorbener Einwohner unter den über hundert Skeletten, die man fand. Zusammen mit den von Bachofen und anderen zusammengetragenen Hinweisen auf ein frühes »matriarchales« (heute: matrilineares und matrilokales, d. h. die Abstammung oder den Wohnort nach der mütterlichen Verwandtschaft festlegendes) Gesellschaftssystem im Mittelmeerraum, den Hinweisen auf eine feminin bestimmte Kultur auf Kreta im minoischen Zeitalter wird die Annahme einer frühen, weitgehend friedlichen und von Frauen bestimmten Kultur im Mittelmeerraum glaubhaft, die von einer »weißen Göttin« (R. Graves) in ihren verschiedenen Inkarnationen als Kybele, Astarte, Isis, Rhea beherrscht wurde.

Offensichtlich war diese wenig aggressionsbestimmte Kultur aber den aggressiven patriarchalischen Eindringlingen unterlegen, die während der großen griechischen Wanderung die pelasgische Urbevölkerung unterjochten. Zeus vergewaltigte eine lokale weibliche Gottheit nach der anderen. Dieser Kampf wurde, lange vor geordneter Geschichtsschreibung, in mündlich überlieferten Mythen festgehalten, die etwa zeigen, wie Perseus die in ein Schreckgespenst verwandelte, weibliche Göttin Medusa tötet, wie Herakles die Amazonen besiegt, Theseus Kreta unterjocht und Ödipus den Volkskönig Laios tötet, dessen Frau heiratet und sich als Sohn der Lokalgöttin ausgibt, um von seinen noch matrilinear denkenden

16 J. Bachofen: Das Mutterrecht, Basel 1867. – R. Briffault: The Mothers. New York 1927.

Untertanen akzeptiert zu werden (die Königin galt als Inkarnation dieser Lokalgöttin[17]). Dieses Übergangsstadium ist in der Orestie des Äschylos ganz deutlich, wo die zu schauervollen Gespenstern herabgewürdigten Rachegeister den Muttermörder verfolgen und vom athenischen Gericht endlich bescheinigt erhalten, daß die Vaterrache den Muttermord entschuldigt. Apollon verkündet in den »Eumeniden« die patriarchalische Doktrin:

»Die Mutter gibt dem Kinde nicht das Leben,
wie man wohl sagt. Sie nährt den jungen Keim,
das Leben zeugt der Vater. Sie bewahrt es
als Pfand, wie einen Gastfreund, wenn ein Gott
es nicht versehrt . . .«

Zweifellos ist dieser Sieg des Patriarchats durch die Selektionsprämie für Kulturen mit einem Kampf-Ideal aggressiver Männlichkeit begünstigt worden, die parallel zu der raschen Steigerung der Bevölkerungsdichte während der neolithischen Revolution und der Entdeckung des Privateigentums wirksam wurde. Dazu wirkte auch in dem Akzent, den die neolithische Revolution auf verbesserte Werkzeuge, Stein- und Metallbearbeitung, Handwerk und Kriegskunst legte, eine spezifisch auf männliche Überlegenheit hinwirkende Kraft. Der Jäger und Sammler, der Hirt und der Ackerbauer sind alle den Mächten der Natur ausgeliefert: Nichts kann das Wetter beeinflussen oder die Zeit verkürzen, in der das Getreide reift. Doch der Handwerker sieht, wie es von den Schlägen seines Hammers abhängt, ob nun die Schwertklinge rascher flach und spitz wird oder langsamer. Seine Materialien – Ton, Stein und Erz – antworten immer in gleicher Weise auf das, was er mit ihnen tut, während die blühenden Bäume Frucht tragen können oder auch nicht, und die trächtige Kuh ein gesundes Kalb werfen kann oder eines, das in der Eihaut erstickte.

17 Ausführlich in W. Schmidbauer: Mythos und Psychologie. München 1970.

Patriarchalische Dialektik

> Es gibt ein gutes Prinzip, das die Ordnung, das Licht und den Mann, und ein schlechtes Prinzip, das das Chaos, die Finsternis und die Frau geschaffen hat.
>
> Pythagoras zugeschrieben

Zu den größten Gefahren der kulturellen Evolution scheint es zu gehören, daß eine Kultur gerade dann Höchstleistungen vollbringen und sich nach außen besonders gut durchsetzen kann, wenn sie ihren Trägern ein gutes Stück individuellen Glücks versagt, ja den Bogen so weit spannt, daß er in nicht wenigen Fällen sogar zerbricht, d. h. das überforderte Individuum neurotisch oder psychotisch erkrankt.

Freud hat hier ein zentrales Risiko der Auseinandersetzung zwischen kulturellem Zwang und menschlicher Triebnatur schlechthin gesehen und das »Unbehagen in der Kultur« darauf zurückgeführt, daß beide Kräfte schlechterdings unvereinbar seien. Man muß zugestehen, daß er damit die inneren Widersprüche seiner Kultur – des viktorianisch geprägten Hochkapitalismus – scharfsinnig erfaßt hat, jedoch die Bedeutung der kulturellen Evolution übersah. Die von ihm beobachteten Widersprüche zwischen natürlichem Trieb und kulturellem Zwang sind nicht Zeichen einer kulturwidrigen Natur des (in einer kulturellen Evolution entstandenen) Menschen, sondern das Produkt einer amoklaufenden kulturellen Selektion, in der Leistung und Expansion zu zentralen Werten geworden sind.

Mit diesem Leistungsbewußtsein scheint eine scharfe Trennung zwischen den Geschlechtern, eine Abspaltung der Frau als des »Anderen«, Finsteren, Dunklen, Natürlich-Gefährlichen überaus eng verbunden. Die zahllosen sexuellen Einschränkungen, denen gerade die Krieger unterliegen, das Verbot einer echten, auf gegenseitiger Zärtlichkeit beruhenden erotischen Erfüllung und das Gebot einer phallisch-aggressiven oder haßvoll-asketischen Einstellung zur Frau sind Zeichen einer Entfremdung zwischen den Geschlechtern. Ob der Kampf gegen das Matriarchat tatsächlich in dem von Bachofen, Briffault und Graves vermuteten Ausmaß stattfand – die männliche Phantasie jedenfalls ist von ihm geprägt, bis zu den in jüngster Zeit unternommenen Versuchen des Jung-Schülers Erich

Neumann, in einer »Entwicklungsgeschichte des Bewußtseins« getreu dem pythagoräischen Schema (siehe das Motto) das Unbewußte dem Matriarchat und das Bewußtsein dem Patriarchat zuzuordnen[1]. Die unbarmherzige Logik der kulturellen Selektion mußte eine männliche Dialektik fördern, in der verweilende sexuelle Befriedigung behindert, Aggression nach außen gefördert wurden.

Diese Dialektik spiegelt sich in den Mythen vom weiblichen Ungeheuer Tiamat wider, das der Sonnenheld Marduk in einem gigantischen Kampf besiegt, und in der biblischen Anschuldigung gegen Eva, ihre Gefügigkeit gegenüber der Schlange habe die Menschen das Paradies gekostet. Im griechischen Mythos ist es Pandora, die Erstgeborene aller Frauen, welche alle Übel dieser Welt freisetzt. Seit es geschriebene Gesetze gibt, wird die Frau entrechtet: Sie ist ein Wesen, das fast wie ein Sklave gehalten werden muß (Manus, Solon, Zwölftafelgesetz, Koran), unter der Vormundschaft ihres Gatten steht und für Ehebruch gesteinigt werden kann. Der Vater hat das Recht, seine Töchter zu verkaufen; die Kaufsumme dient als Existenzgrundlage für die Frau, wenn der Mann sie wieder verstößt.

Es gab Ausnahmen von dieser allgemeinen Entrechtung der Frauen, etwa in Ägypten, wo sie gleichberechtigt Verträge abschließen konnten und ihre Vermögen auch während der Ehe behalten und verwalten durften. Die griechischen Frauen waren im Haus eingeschlossen, völlig von öffentlicher Wirksamkeit verbannt. Die Ehe galt als wirtschaftliche Beziehung, da die Frau eine Mitgift bekam. Die Doppelmoral war sehr stark ausgeprägt: »Wir haben die Hetäre für die Vergnügungen des Geistes, die Pallaké für die Vergnügungen der Sinne, und die Gattin um uns Söhne zu schenken.«[2] So spricht Demosthenes, der Athener. Nur in Sparta ist die Lage der Frauen besser, weil es keinen Privatbesitz gibt: da alle Kinder der Gemeinschaft gehören, sind die Frauen nicht mehr Eigentum des Mannes, der sie nur nachts und heimlich besuchen darf; mit dem Erbrecht verschwindet auch der Begriff des Ehebruchs[3].

Die Stellung der römischen Frau war zunächst de jure eher noch

1 E. Neumann: Ursprungsgeschichte des Bewußtseins. Zürich 1949.
2 Zit. n. S. de Beauvoir: Das andere Geschlecht. Hamburg 1968, S. 91.
3 Sehr ausführlich bei S. de Beauvoir, a. a. O., S. 86 f.

schlechter als die der griechischen; der pater familias bestimmte über Leben und Tod aller anderen Mitglieder des Haushaltes. De facto aber konnte die Frau ihren Vater und ihren Ehemann, die beide solche Rechte hatten, gegeneinander ausspielen. Endlich wird dieses faktische Recht auch Gesetz; die römische Frau erhält Verfügungsgewalt über ihre Mitgift, sie kann sich scheiden lassen, und weil der Mann dann die Mitgift herausgeben muß, kann sie ihn auch erpressen. Schon lange vorher hatte Cato gesagt: »Überall beherrschen die Männer die Frauen, und wir, die wir alle Männer beherrschen, werden von unseren Frauen regiert.«[4]

Je genauer die historischen Dokumente auf seelische Vorgänge Rücksicht nehmen, desto deutlicher wird, daß die patriarchalische Dialektik den Mann letzten Endes ebenso unbefriedigt läßt wie die Frau. Er kennt nurmehr die Heilige und die Hure, aber keine echte Partnerin mehr. Das patriarchalische Männlichkeitsideal läßt die passiv-gefühlvollen Seiten des Mannes nicht zur Geltung kommen und schürt durch seine inneren Widersprüche starke Ängste, die wiederum auf die Frauen projiziert werden. Die höfischen Dichter des Mittelalters besingen den Minnedienst – aber die Frauen, die sie anhimmeln, werden von ihren rauhen Ehemännern verprügelt, vergewaltigt, willkürlich verstoßen; sie haben keine Rechte als die, möglichst viele Kinder zu gebären. Neben der Troubadour-Lyrik, in der die Frauen angeschwärmt werden, stehen bürgerlich inspirierte Schriften, die sie boshaft verspotten, ihre Lüsternheit, Lügenhaftigkeit, Untreue und Trägheit geißeln. Die geistigen Führer der Zeit, die Kleriker, greifen endlich die Ehe selbst an – sie ist ein Fegefeuer, ein Hindernis auf dem Weg zur Seligkeit. Ihren Höhepunkt erreicht diese unbewußte Dialektik, in der Männer ihre eigenen unterdrückten Wünsche in Frauen projizieren und sie in ihnen mit tödlichem Haß bekämpfen, während der Zeit des Hexenwahns.

Der Hexenglauben hat in den patriarchalischen Gesellschaften eine lange Vorgeschichte und es gibt Hinweise darauf, daß es sich bei den angeblichen Riten der Hexen tatsächlich um verstümmelte Überreste eines weiblichen Kults handelte[5]. Auch die Griechen

4 Zit. n. S. de Beauvoir, a. a. O., S. 97.
5 M. A. Murray: The Witch-cult in Western Europe. Oxford 1921.

fürchteten Hexen, vor allem die thessalischen; in ihnen personifizierte sich die immer noch gefürchtete Macht der unterdrückten vor-griechischen, matriarchalischen Religionen und zugleich die Angst des Mannes vor seinen eigenen, durch das patriarchalische Ideal verteufelten weiblichen Wünschen und Gefühlen. Diese seelische Dynamik scheint am besten geeignet, die Ursachen der Hexenverfolgungen aufzuklären, die – nach verschiedenen Schätzungen – bis zu drei Millionen Opfern das Leben kosteten. Die Ideologie dieser Hexenjagd wurde von den Dominikanerpatres Heinrich Institoris und Jakob Sprenger formuliert, die 1484 eine päpstliche Bulle von Innozenz VIII. (Summis desiderantes affectibus ...) erwirkten. Ihr Werk, der »Malleus Maleficorum« oder »Hexenhammer«[6] wurde zum Lehrbuch für die Inquisition, die sich von da an nicht mehr nur mit Ketzern, sondern auch mit Hexen befaßte. Sechs von sieben Kapiteln dieser Schrift befassen sich vorwiegend mit einer pervertierten Sexualität, denn »die Macht des Teufels (liegt) im Geschlecht der Menschen«[7], wobei sich der Satan männlicher (Incubi) und weiblicher (Succubi) Hexen bedient – engen Verwandten der babylonischen Lilith, der griechischen Lamia und des osteuropäischen Vampirs.

Wie tiefgründig der Haß und die Angst gegenüber den Frauen war, zeigt die Tatsache, daß das im »Hexenhammer« empfohlene Vorgehen vielen geltenden Rechtsvorschriften der damaligen Zeit widersprach. Sonst durfte etwa die Folter nicht wiederholt werden; bei Hexen war es gestattet, nach einigen Tagen wieder zu beginnen, was als Fortführung der ersten Tortur angesehen wurde. Grausame Proben wurden erlaubt; man fesselte die Verdächtige schmerzhaft, indem man die linke Hand mit der rechten großen Zehe fest verband und sie dann an einem langen Strick ins Wasser warf: Schwamm das Opfer oben, dann galt die Hexennatur als erwiesen; ging es unter, ließ man es laufen (oder vermittelte der Ertrunkenen ein kirchliches Begräbnis). Als sicheres Hexenzeichen galt ein Muttermal, das beim Einstich mit einer Nadel nicht schmerzte – deshalb

6 H. Insitoris, J. Sprenger: Malleus Maleficorum. Dt.: Der Hexenhammer, übers. von J. W. K. Schmidt, Berlin 1920.

7 Der Hexenhammer, a. a. O., S. 37.

wurden die Verdächtigen am ganzen Körper mit langen Nadeln gestochen.

Der »Hexenhammer« ist überreich an detailliert geschilderten Orgien zwischen Hexen und männlichen Dämonen, Hexern und weiblichen Teufeln mit allen erdenklichen Perversionen. Die patriarchalische, leibfeindliche Gesellschaft bekämpfte in diesen Frauen erbittert jene Phantasien, die sie selbst erzwang. Eine kirchliche Moral, die selbst den Geschlechtsverkehr zwischen Ehegatten zur Unzucht erklärte, wenn er nicht einzig und allein dem Zweck diente, Kinder zu zeugen und in einer einzigen, »richtigen« Position stattfand, mußte notgedrungen eine Menge sexueller, auch perverser Phantasien produzieren. Zu seelischen Krankheiten disponierte Menschen, die durch diese Moral besonders geschädigt worden waren (noch heute wird der Psychotherapeut oft mit ekklesiogenen Neurosen konfrontiert: Gewissensskrupel, zwanghafte Ängste, sexuelle Hemmungen, die durch eine verzerrte, ihrer Menschlichkeit beraubte »religiöse Erziehung« bedingt sind), mußten in einen Konflikt geraten, der den Inquisitoren geradezu in die Hände arbeitete.

Einerseits vermochten diese »Hexen« ihre sexuellen Phantasien nicht mehr zu unterdrücken, sondern äußerten sie in wirren, phantastischen Reden und allerlei abergläubischen Praktiken. Andrerseits neigten sie wegen der entstehenden Schuldgefühle dazu, sich für diese Gedankenverbrechen selbst grausam zu schädigen und zu bestrafen, wie es bis heute viele Neurotiker tun, die Krankheit und den Verzicht auf ein normales Leben ertragen, um sich für ein unbewußtes Gedankenverbrechen (etwa Inzest oder Vatermord) zu bestrafen. So lag es für eine seelisch kranke Frau nahe, sich selbst jener Hexerei zu bezichtigen, die als gräßlichstes Verbrechen damals in aller Munde war, wie sich auch heute noch oft genug ein seelisch kranker Mensch findet, der sich irgendeines spektakulären Verbrechens anschuldigt. Und wie die Richter der Inquisition, die ja ihre eigenen Phantasien an diesen Frauen rächten, mag auch die Opfer der Doppelmoral selbst die ausgedehnte Schilderung obszöner Orgien mit dem Satan befriedigt haben, die ja deutlich genug phallische Phantasien widerspiegeln. Auf dem Hexensabbat koitiert der Teufel alle Anwesenden, sein Glied ist hornartig, eine Elle lang, es verwundet die Hexen, bereitet ihnen große Schmerzen, sein Same ist eiskalt, denn er hat ihn vorher als Succubus von menschlichen Männern gestohlen. Der Hexensabbat spiegelt die männliche Phantasie wider, gleich eine ganze Schar Frauen zu vergewaltigen, während die Kastrationsangst mit der Vorstellung des horn- oder schlangenartigen, überdimensionalen und als Waffe tauglichen Teufelspenis abgewehrt wird.

Aber die von den Theologen und Inquisitoren damals phantasierten sadistischen Szenen wurden in den Prozessen nur allzuoft tragische Realität. Wie die Richter, mag auch die Opfer eine möglichst ausführliche Schilderung sexueller Akte befriedigt haben. Die seelisch Kranke, die bisher alle verachtet hatten, deren Phantasiewelt man verspottete, wurde nun zur Anklägerin, sie erhielt auf der Schattenseite des gesellschaftlichen Lebens, was man ihr auf der Lichtseite verweigerte. Der Inquisitor und die gefolterte Angeklagte wurden zum Opfer der patriarchalischen Dialektik in einem Maß, wie es niemals später erreicht worden ist. Der bewußten Todfeindschaft von Verfolgter und Verfolger stand ein unbewußtes Einverständnis gegenüber, denn eine Sexualmoral, die den Mann zum Sadomasochismus führt, wird auch bei der Frau masochistische Neigungen wecken. Und wie die christlichen Heiligen sich in Dornen wälzten, ihre Genitalien mit Fackeln versengten und sich in den Geißelkammern peinigten, so ließen sich viele Hexen nicht nur auf der Folter ein Geständnis abpressen – was nur allzu verständlich ist – sondern sie akzeptierten die Phantasien ihrer Peiniger und arbeiteten mit ihnen zusammen. Häufig schuldigten sie andere an, angesehene Frauen und Männer, die sie auf dem Hexensabbat gesehen haben wollten, wie auch diese sich dem Teufel hingaben. Und da man im Hexenprozeß selbst dem Zeugnis eines Besessenen glaubte (ganz im Gegensatz zu den juristischen Vorschriften der Zeit), wurden auch diese verhaftet, gefoltert und zu Geständnissen gezwungen.

Die Inquisitoren – meist Mönche – konnten zusehen, wie Frauen splitternackt ausgezogen und am ganzen Körper rasiert wurden (denn der Teufel versteckte seine Zeichen mit Vorliebe in den Schamhaaren), wie man sie bis aufs Blut peinigte, ihre Haut mit Nadeln zerstach, ihre Glieder auf der Bank ausrenkte und ihre Finger und Zehen in Schraubstöcken zermalmte. Dies alles geschah völlig legal, galt als gottgefälliges Werk. Davon waren die Inquisitoren überzeugt, die in diesen unschuldigen Frauen ihre eigenen, zu Perversionen verstümmelten sexuellen Wünsche bekämpften. Die Szenen, die sich abspielten, sind weit grausamer als das, was der Marquis de Sade in seinen Romanen schildert. Und sie waren millionenfache Realität. Aber im Gegensatz zu de Sade suchten die Richter nicht bewußt sexuelle Lust, sondern glaubten, einer Moral zu dienen, welche diese Lust verteufelte.

Es ist bezeichnend, daß die Hexenverfolgungen nicht im Mittelalter, sondern zu Beginn der Renaissance große Bedeutung gewannen und erst im »bürgerlichen« 16. und 17. Jahrhundert ihren Höhepunkt erreichten. Bekämpft haben sie neben den Ärzten (Paracelsus und Johann Weyer) manche Jesuiten (Adam Tanner, Friedrich Spee). Die letzten angeblichen Hexen wurden 1860 und 1873 in Mexiko verbrannt.

Wie zählebig die patriarchalische Dialektik ist, zeigt das Schicksal der Frauen während und nach der französischen Revolution: Nach der Freiheit der Anarchie setzt der Code Napoléon reaktionäre Akzente: Die Frau schuldet dem Mann Gehorsam, er kann sie im Fall eines Ehebruchs in flagranti straffrei töten, die vollen Bürgerrechte fehlen ihr, wenn die Ehe geschieden wird, verfügt der Mann über die Kinder. 1826 wird sogar die während der Revolution eingeführte gesetzliche Scheidung aufgehoben. Was Lionel Tiger im 20. Jahrhundert als »biologisches« Gesetz formuliert, wiederholt genau die Aussagen bürgerlicher Politiker und Schriftsteller im 19. Jahrhundert: »Die Frauen gehören der Familie und nicht der politischen Gesellschaft an; die Natur hat sie für die häuslichen Anliegen und nicht für öffentliche Funktionen geschaffen«, sagt Bonald[8]. Auguste Comte prophezeihte, daß die weitere Entwicklung der Gesellschaft dazu führen müsse, jede Arbeit der Frau außerhalb ihrer Familie abzuschaffen. Er hält die Frau für ein Wesen, das in »fortgesetzter Kindheit« lebe und deshalb nie die Ideale der Rasse erfüllen könne[9]. Balzacs Ideal ist ähnlich: die Frau ist für ihn Eigentum des Mannes, ihre einzige Bestimmung, sein Herz höher schlagen zu lassen.

8 Zit. n. S. de Beauvoir: Das andere Geschlecht, a. a. O., S. 122.
9 S. de Beauvoir, a. a. O., S. 123.

Nicht die Theorien, sondern die Praxis der Bourgeoisie verändern das Schicksal der Frau nachdrücklich: Sie hat, wie Bebel sagt, mit dem Arbeiter die Unterdrückung gemeinsam. Die Fabrikanten ziehen weibliche Arbeiter vor: Sie arbeiten sorgfältiger und brauchen weniger Lohn. Hermann Melville hat solche Fabriken als die »Hölle der jungen Mädchen« beschrieben, und sie waren es in der Tat. Die Arbeitszeit betrug bis zu 17 Stunden am Tag, die hygienischen Verhältnisse waren erbärmlich. Erst im Jahr 1900 wird die Arbeitszeit auf zwölf Stunden beschränkt, 1905 wird ein wöchentlicher Ruhetag festgelegt, 1907 erhält die Arbeiterin freie Verfügung über ihren Lohn. Bis heute sind die Durchschnittslöhne und -gehälter der Frauen niedriger als die der Männer. Die patriarchalische Dialektik, in der der Mann seinen Gefühlen, seiner Sinnlichkeit, seiner Passivität entfremdet wird, um aggressiv, durchsetzungswillig, leistungsbereit zu werden, erreicht in der bürgerlichen Moral des 19. Jahrhunderts ihren Höhepunkt. Und tatsächlich sind die von einer solchen Moral geprägten Staaten auch jene, die imperialistisch ganze Erdteile unterjochen und ihre eigene Kultur, ihren fanatischen Fortschrittsglauben, ihre Technik und ihr Leistungsethos allen übrigen Völkern aufnötigen wollen. Wer sich weigert, wird ausgerottet – wie die Indianer Nordamerikas –, oder versklavt, wie die afrikanischen Eingeborenen.

Erstmals genügt es dieser Dialektik nicht mehr, die normalen sexuellen Beziehungen der Geschlechter zu reglementieren und eine wirklich befriedigende Partnerschaft unmöglich zu machen, sondern es werden auch bisher kaum beachtete Notventile verstopft. Während die jesuitischen Autoren des 16. und 17. Jahrhunderts, die sonst keine Sünde ausließen, die Selbstbefriedigung gar nicht erwähnen, wird sie nun auf einmal zum schlimmsten Laster von Männern und Frauen. Man macht sie für alle erdenklichen Krankheiten verantwortlich – von der Tuberkulose bis zu Rückenmarksschwindsucht, Syphilis und Wahnsinn. Sinnreiche Apparate wurden konstruiert, welche den Penis stachen, sobald er sich aufrichtete; es gab Anti-Onanie-Gürtel und kleine Käfige, die ein Glockensignal im Zimmer der Eltern tätigten, wenn sich der Sohn eine Erektion zuschulden kommen ließ. Im Jahr 1827 empfahl der preußische Arzt und Staatsrat Weinhold seinem Innenministerium, alle Soldaten und alle Männer mit einem Einkommen unter einem bestimmten Minimum zu infibulieren, d. h. durch einen oder mehrere Schnitte in der Vorhaut einen Metallring zu ziehen, der Erektionen nurmehr schmerzhaft sein ließ.

Die Kastrationsdrohung wurde damals nicht nur von Eltern gegen onanie-verdächtige Kinder ausgesprochen, sondern auch von Ärzten verwirklicht: Sie ätzten die Eichel mit Höllenstein, schmierten das (stark krebserregende) Krotonöl auf sie, daß sie eiterte, oder brannten sie mit dem Glüheisen. Masturbierenden Frauen wurde womöglich noch übler mitgespielt: Gustav Braun, ein angesehener Wiener Frauenarzt, berichtete 1866 stolz, wie er die sündhafte weibliche Selbstbefriedigung durch Amputation der Klitoris bekämpfe. Andere Autoren verbrannten die Klitoris mit dem Glüheisen, beschnitten sie oder nähten einfach die Labien zusammen. Das geschah, als die Chirurgen noch nicht wagten, die Bauchhöhle zu öffnen: Die erste Klitorisamputation erfolgte 30 Jahre vor der ersten Blinddarmoperation[10]. Mit der Formel »große Leiden erfordern große Heilmittel« wurden solche Eingriffe bis zur Jahrhundertwende vertreten. Erst vor diesem Hintergrund wird der revolutionäre Charakter von Freuds Lehre deutlich.

Wie sehr die patriarchalische Dialektik sich bis heute erhalten hat, zeigt eine Studie von David Mark Mantell an amerikanischen Kriegsdienstverweigerern und freiwilligen Vietnamkämpfern, die meist schon mehrere Menschen (auch Frauen und Kinder) getötet hatten. Während die Kriegsdienstverweigerer aus Familien stammten, in denen über Gefühle offen gesprochen wurde, waren die Familien der freiwilligen Kämpfer durch typisch autoritär-patriarchalische Haltungen und einen häufig sadistischen Stil des Umgangs der Eltern geprägt. Es wurde viel geprügelt, man sprach wenig miteinander und hatte auch keine gemeinsamen Interessen. Wie sehr das (in den Industriegesellschaften immer noch vorherrschende) Ideal einer aggressiven, leistungsbewußten Männlichkeit mit einer Verdrängung der zärtlichen Komponenten der männlichen Erotik zusammenhängt, zeigen Mantells Aussagen über das sexuelle Verhalten der Vietnamkämpfer im Gegensatz zu den

10 V. Sigusch: Ergebnisse zur Sexualmedizin. Köln 1972, S. 27.

Kriegsdienstverweigerern: Während die Pazifisten nur mit Frauen schlafen wollten, die sie auch liebten, berichteten die Soldaten vorwiegend von ihren Erlebnissen mit Prostituierten. Auch der Umgang mit anderen Frauen war von dem Verhaltenstypus gegenüber den Prostituierten geprägt: Es ging den Kriegsfreiwilligen nur darum, die Sexualpartner möglichst schnell »umzulegen«, einen unverbindlichen Lustgewinn zu erzielen, ohne sich emotional zu engagieren[11]. Das Kind und die Frau sind beide für den patriarchalischen »autoritären Charakter«[12] eine mächtige Versuchung, in diesen Schwächeren die eigene Schwäche zu beherrschen, Gefühle zu unterdrücken. Unverbildet, der natürlichen Gefühlshaftigkeit näher, gefährden sie das kulturelle Ideal und die mühsam aufrechterhaltene Selbstkontrolle des »männlichen« Mannes und führen zu seinen zwanghaft-autoritären Reaktionen. Er begegnet ihnen mit jener harten Hand, die er insgeheim gegen sich selbst zu verlieren fürchtet (daher auch die so oft berichteten, masochistisch-perversen Neigungen führender Politiker, die immer wieder in Bordell- und Callgirlskandalen eine Rolle spielen).

So kommt es zu einem Teufelskreis, der über Generationen hinweg reicht und bis heute die Selbstverwirklichung beider Geschlechter erheblich einengt. Weil der durch die patriarchalische Dialektik (und letzten Endes durch die Selektionsprämie für aggressive Kulturen) geprägte Charakter nicht aus (Ich-)Stärke stark und in sich gefestigt ist, sondern wegen seiner (Ich-)Schwäche zwanghaft stärker und tüchtiger sein muß als die anderen, wird er seine Kinder durch autoritäre Erziehung daran hindern, ihrerseits eine sichere, auf Einsicht und Sensibilität beruhende Triebkontrolle zu erwerben. So werden neue autoritäre Erzieher programmiert, die wiederum vor der unbefangenen Triebhaftigkeit ihrer Kinder Angst haben und diese autoritär unterdrücken.

In dieser Industriegesellschaft mit ihrem von einer patriarchalischen Dialektik geformten Ideal des Menschen mußte sich die Emanzipationsbewegung zunächst darauf konzentrieren, nun die angemaßten Vorrechte des Mannes zu beseitigen. Die Geschichte

11 D. M. Mantell: Familie und Aggression. Frankfurt 1972.
12 T. W. Adorno: Die autoritäre Persönlichkeit. Frankfurt 1956.

dieses Kampfes ist so oft rekapituliert worden[13], daß wir es uns ersparen dürfen, sie noch einmal zusammenzufassen. Die Frauen haben sich die Eintrittsbillets in die männliche Welt der Leistungszwänge, der Herzinfarkte und Magengeschwüre nach und nach erobert[14]. Ging es wirklich darum?

Die Mutter als Sündenbock

Wer sich als Familienberater, Gruppenpsychotherapeut oder empirisch forschender Sozialpsychologe mit dem Geschehen in kleinen Gruppen einander gut bekannter Menschen befaßt, wird früher oder später mit dem Sündenbock-Phänomen konfrontiert. Die Gruppe projiziert ihre eigenen, verdrängten und meist recht zerstörerischen Phantasien und Wünsche auf das schwächste Mitglied. Es muß als Sündenbock die Aggressionen der anderen Gruppenmitglieder ertragen (und gleichzeitig oft überzeugt sein, daß es nichts besseres verdient hat). In der Schulklasse sind viele von uns zum erstenmal dieser unerfreulichen, aber für die Gruppe höchst bequemen Entlastung durch einen Sündenbock begegnet. Es war ein Schüler, dem sich alle überlegen fühlen konnten, den jeder ohrfeigen durfte, das Ziel aller bösen Streiche.

Diese Jagd auf Sündenböcke ist ein Zeichen kranker Gruppen, und als solches ebenso alt wie die menschliche Gesellschaft. James Frazer hat in einem monumentalen Werk[1] zahlreiche primitive Riten gesammelt, in denen die Konflikte und Schuldgefühle einer Gemeinschaft einem einzelnen aufgebürdet, ja in ihm bestraft werden. Die Gruppeneinheit wird auf diese Weise wiederhergestellt, da sich Aggressionen und Spannungen, die sonst die Gruppe zersprengen

13 S. de Beauvoir, a. a. O. – G. Greer, a. a. O. – K. Millet, Sexus und Herrschaft. München 1971. – E. Dessai: Sklavin, Mannweib, Weib. München 1971. – B. Friedan: Der Weiblichkeitswahn. Reinbek 1966. – J. Zinnecker: Emanzipation der Frau. Weinheim 1972.

14 G. Greer: Der weibliche Eunuch. Frankfurt 1971, S. 306.

1 J. Frazer: The Golden Bough. London 1913. Dt.: Der goldene Zweig. Köln 1968.

würden, gegen den Sündenbock entladen. Kurt Lewin und seine Mitarbeiter haben in ihren sozialpsychologischen Experimenten gezeigt[2], daß es eine autoritär-patriarchalische Gruppenstruktur ist, die Sündenbockphänomene hervorbringt. Und der Blick auf viele gegenwärtig gerade von psychoanalytischer und psychologischer Seite vorgebrachten Argumente zur Emanzipation der Frau zeigt sehr deutlich, daß es die Frau und Mutter ist, die in den Familien die Sündenbockrolle übernehmen muß. Die Literatur ist voll von »überbeschützenden«, »phallisch-kastrierenden«, »schizophrenogenen« Müttern; Väter werden sehr viel seltener mit solchen Attributen versehen. Sicher nicht zu Unrecht nannte man die Kinder-Psychoanalytiker in New York eine Zeitlang »Mother-Killers«. Sie pflegten alle Schuld an den psychischen Leiden ihrer Patienten in den neurotischen Verhaltensweisen der Mütter zu suchen.

Sicher bestätigt die Praxis diese Annahme oft genug – vorausgesetzt, der Analytiker ist so kurzsichtig, daß er außer der Mutter-Kind-Beziehung nichts mehr berücksichtigt. John Rosen, als Pionier einer Psychotherapie der Schizophrenie ein Wissenschaftler von historischer Bedeutung, spricht immer wieder von der »schizophrenmachenden«, der »perversen«, »sadistischen«, »vergiftenden« Mutter[3], und viele Autoren sind ihm darin gefolgt. Das kindertherapeutische Schrifttum[4] wimmelt von Beschreibungen kindlicher Verhaltensstörungen, die angeblich eindeutig und kausal auf mütterliche Fehler in der Erziehung zurückzuführen sind. Klassische Typen solcher neurotisierender oder schizophren machender Mütter sind Frauen, die ihre Kinder aggressiv ablehnen, und andrerseits solche, die sie übermäßig behüten und beschützen, so daß die Selbständigkeit und Eigeninitiative des Kindes in einer Treibhausatmosphäre ersticken. Diese Überbeschützung (overprotection) wird meist darauf zurückgeführt, daß die Mutter unbewußt das Kind ablehnt, es eigentlich nicht haben wollte, und nun mit übermäßiger Liebe und Aufopferung (hinter der ihr Haß gelegentlich durchschimmert, wenn das Kind nicht so ist, wie die Mutter es möchte) ihre starken

2 K. Lewin: Die Lösung sozialer Konflikte. Bad Nauheim 1953.
3 J. Rosen: Psychotherapie der Psychosen. Stuttgart 1964.
4 Siehe das Sammelwerk von G. Biermann (Hrsg.): Handbuch der Kinderpsychotherapie. München 1968.

Schuldgefühle und Aggressionen abwehrt. Man könnte geradezu als gemeinsamen Nenner aller seelisch krankmachenden, familiären Einflüsse die mehr oder weniger starke (und demgemäß mehr oder weniger schädliche) Neigung ansehen, ein Kind nicht als eigenes, selbständiges und also solches liebenswertes Individuum zu erleben, sondern als Objekt zur Befriedigung der (bewußten und unbewußten) Bedürfnisse der Erwachsenen.

In diesem Fall werden nämlich die Bedürfnisse des Kindes nicht von einer erleichternden Familienumwelt getragen, erfahren, unterstützt und differenziert (*facilitating environment* nach Winnicott), sondern umgebogen, verkrüppelt, verdrängt. Und leider folgen selbst jene progressiven Psychoanalytiker[5], die sonst den Einfluß der Familiengruppe unterstreichen, hier noch häufig dem Jargon, in dem solche Einflüsse einfach als »Mutter« umschrieben werden. Die »Mutter« ist dann überbeschützend, phallisch-kastrierend, pervers, psychosomatisch oder psychotisch machend. Gemeint ist in jedem Fall die Familienatmosphäre, und es ist bedauerlich genug, daß hier die Analytiker die familiäre Tendenz in einer patriarchalischen Gesellschaft noch unterstreichen, wonach die Frau und Mutter zum Sündenbock für das Versagen der Kleinfamilie gemacht wird.

Wie eng sich hier Wissenschaft und Vorurteil verflechten können, zeigt das Schicksal des Begriffs der Überbeschützung selbst. Er wurde durch D. M. Levy[6] genau erforscht: Die überbeschützende Mutter hält das Kind übermäßig lange in Abhängigkeit, sie infantilisiert es, unterbindet unabhängiges Verhalten, entweder durch Verbote oder durch ängstliches Schildern der drohenden Gefahren. Diese Konzeption fand ein enormes publizistisches Echo, das der latenten Frauenfeindlichkeit der amerikanischen Öffentlichkeit entsprach. Es gipfelte in der von E. A. Strecker[7] in seinem psychiatrischen Bestseller »Their Mother's Sons« aufgestellten Behauptung, die mütterliche Overprotection sei schuld daran gewesen, daß im zweiten Weltkrieg 1 825 000 amerikanische Wehrpflichtige wegen psychischer Störungen von vornherein vom Kampfdienst entbunden

5 Z. B. G. Ammon: Auf dem Weg zu einer Psychotherapie der Schizophrenie II. In: Dynamische Psychiatrie 4 (1971), S. 123.

6 D. M. Levy: Maternal Overprotection. 5. Auflage New York 1957.

7 E. A. Strecker: Their Mother's Sons. New York 1951.

werden mußten, während 600 000 weitere aus dem gleichen Grund später entlassen wurden.

Diese Verallgemeinerung der familiären Jagd nach Sündenböken auf die ganze Gesellschaft unterscheidet sich nurmehr wenig von dem inzwischen über 30 Jahre alten Buch Philip Wylies[8] »Generation of Vipers«, in dem die heute von modebewußten Autorinnen wie Esther Vilar wieder aufgegriffene These vom ausgebeuteten, unterdrückten und versklavten Mann zum erstenmal auf die patriarchalische Industriegesellschaft projiziert wird. Wie Vilar richtet sich auch Wylie gegen die Hausfrau und Mutter, welche die Männer bis zum seelischen und materiellen Ruin hetzt. »Mom ist alles und allgegenwärtig – keiner kann ihr entgehen. Jedermann im Land ist einfach von ihr abhängig. Als gute alte Mom, liebe alte Mom, deine dich liebende Mom usw. ist sie die Braut auf jedem Begräbnis und die Leiche auf jeder Hochzeit.«[9]

Die Neigung, für alle kindlichen Verhaltensstörungen und seelischen Krankheiten im späteren Leben die Mutter verantwortlich zu machen, hat eine ganze Reihe entlastender Funktionen. Einmal kann die patriarchalische Gesellschaft als Ganze nach wie vor selbstgerecht ihr eigenes System verteidigen. Nicht sie hat versagt, sondern die Mütter werden ihren Aufgaben nicht gerecht, sie sind nicht fähig, die Kinder richtig zu erziehen. Die Männer, vor allem die Familienväter werden ähnlich entlastet. Sie können die Verantwortung für die Erziehung an die Mutter delegieren und tun das auch; Alexander Mitscherlichs Wort von der »vaterlosen Gesellschaft« trifft hier zu. Selbst wenn die Frau ebenfalls berufstätig ist, bürdet man ihr diese Verantwortung auf, wobei ein reichlich unklarer »Mutterinstinkt« als biologische Basis dafür angeführt wird, daß die Frau morgens das Baby wickelt, anzieht und füttert, während der Mann noch ein Viertelstündchen schläft und dann gemächlich die Zeitung liest.

Psychologisch wichtiger als die Empörung darüber ist nun die Frage, warum die Mütter sich so aufopferungsvoll zur Verfügung stellen. Im Gespräch mit ihnen wird deutlich, daß sie häufig Schuldgefühle haben, nicht genug für das Kind zu tun (etwa, weil

8 Ph. Wylie: A Generation of Vipers. New York 1942.
9 Wylie, a. a. O.; zit. n. H. R. Hays: Mythos Frau, Düsseldorf 1969, S. 349.

sie noch halbtags arbeiten und es für diese Zeit weggeben müssen). Schuldgefühle sind nun die wichtigste Eigenschaft für den Träger einer Sündenbockrolle. Sie können zu einem regelrechten Teufelskreis führen. Die von bewußten oder unbewußten Schuldgefühlen geplagte Frau ist stets bereit, zuzugeben, daß sie etwas falsch gemacht hat. Sie wird deshalb zum Fliegenfänger für die bewußten und unbewußten Ängste, Aggressionen und Schuldgefühle der ganzen Familiengruppe und ist am Ende für alle erdenklichen Störungen verantwortlich. So wird ihr Selbstbewußtsein weiter untergraben; von Ängsten gelähmt, ist sie noch weniger imstande, das zu leisten, was sie von sich selbst verlangt, wodurch sich ihre Schuldgefühle weiter steigern.

Diese überlastete und schuldbewußte Mutter sucht nun die Praxis des Erziehungsberaters, Psychiaters oder Psychotherapeuten auf, klagt beredt über die Probleme ihres Kindes und meint deutlich genug ihre eigenen Probleme. Aber weil sie die einzige ist, die sich für das Kind verantwortlich fühlt, wird sie für diesen Psychologen oder Arzt auch die Repräsentantin der Familie schlechthin. Unbewußt und unwillkürlich setzt er die Sündenbockstrategie der Familiengruppe fort, denn mit einer ratsuchenden, von Schuldgefühlen geplagten und deshalb zu allen möglichen »Einsichten« bereiten Frau läßt sich leichter Erziehungsberatung treiben als mit einem Mann, der selbstsicher überzeugt ist, das Ganze ginge ihn nichts an, weil er ja seiner Frau regelmäßig und nicht zu knapp Haushaltsgeld gebe. So kommt es, daß die psychisch krankmachenden Mütter – und von ihnen wiederum besonders die überbesorgten – eine so zentrale Rolle im kinderanalytischen, psychohygienischen oder einfach auch populärpsychologischen Schrifttum spielen. Denn die anderen, häufig ebenfalls schwer gestörten Mitglieder der Familiengruppe suchen den Arzt oder Psychologen gar nicht erst auf.

Wenn das emanzipatorische Potential der Psychoanalyse realisiert werden soll, dann muß sie solche Schablonen konsequent in Frage stellen. Vielversprechende Ansätze dazu liefert vor allem die Familienforschung, in der die Interaktion innerhalb der *gesamten* Familiengruppe systematisch untersucht wird. Dabei stellt sich dann oft heraus, daß die angeblich »schizophrenmachende Mutter«, um nur ein Beispiel zu nennen, tatsächlich selbst das Opfer der unbewußten, zerstörerischen Dynamik der Familiengruppe ist. Theodore Lidz, Alice Cornelison, Stephen Fleck und Dorothy Terry haben beschrieben, wie Spaltung und Strukturverschiebung in der Ehe der Eltern (also eine »kranke Gruppe«) weit mehr seelischen Schaden anrichten können als eine auf die Bedeutung der Mutter als Individuum ausgerichtete Forschung sich träumen läßt[10]. Lidz hat immer wieder betont, wie wichtig die unauffälligere, früher nicht gesehene Pathologie der Väter für die krankmachenden Interaktionen in der Familie des später Schizophrenen ist[11]. Die Spaltung in der Ehe charakterisiert Lidz durch ständigen Machtkampf, Kommunikationen, die sich vor allem auf die Ausübung von Zwang richten, und den Versuch, durch Herabsetzen des Partners die Liebe der (später psychisch kranken) Kinder zu gewinnen. Je mehr sich der Mann dabei von seiner Familie abwendet, desto stärker ist die Frau gezwungen, ihre Kontaktwünsche und (unbewußt) sexuellen Bedürfnisse im Umgang mit ihren Kindern zu befriedigen, die sie oft in ihren Kampf gegen den Mann hineinzieht. In den Fällen der Strukturverschiebung waren die Väter durchweg so unverantwortlich, daß sie – außer dem Broterwerb – keinerlei Aufgaben in der Familie übernahmen. Häufig vermochten sie eine äußerlich »tüchtige« Fassade nur durch die Hilfe ihrer Frau aufrecht zu erhalten, die ihre Selbstaufopferung bis zum Masochismus trieb und sich gleichzeitig intensiv bemühte, die familiäre Psychopathologie zu verleugnen und als etwas ganz normales hinzustellen.

Eine interessante Interpretation der Beliebtheit des Versuchs, die Mutter zum Sündenbock für alle psychischen Anomalien der Kinder zu machen, gibt Harold F. Searles[12]. Er führt das weitverbreitete Bedürfnis der Patienten ebenso wie ihrer Psychotherapeuten, an dem »irrationalen, schimpfwortartigen Begriff der ›schizophrenogenen Mutter‹« festzuhalten, auf unbewußte Bedürfnisse zurück, eine solche imaginäre Mutter entweder zu finden (der Anspruch des Schizophrenen selbst) oder sich mit ihr zu identifizieren (der unbe-

10 Th. Lidz et al.: Marital Schism and Marital Skew. In: American Journal of Psychiatry 114 (1957), S. 241–248. Dt. in: G. Bateson et al.: Schizophrenie und Familie. Frankfurt 1969.

11 Th. Lidz: Der Vater. In: Psyche 8 (1959), S. 268 ff.

12 H. F. Searles: The effort to drive the other person crazy. In: British Journal of Medical Psychology 32 (1959), S. 1–19.

wußte Wunsch des Therapeuten). »Wir werden vielleicht auf einer unbewußten Ebene von den Befriedigungen, die eine solche Mutter mit ihrer Art einer symbiotischen Beziehung bietet, so stark angezogen, daß wir unsere regressiven Wünsche in diese Richtung verleugnen müssen und sie deshalb bewußt so wahrnehmen und in wissenschaftlichen Abhandlungen so darstellen, als wäre sie eine ganz und gar reizlose ›schizophrenogene Mutter‹ mit der in nähere Beziehung zu kommen die reine Hölle wäre.«[13]

Wer die höchst reale Macht unbewußter symbiotischer Bedürfnisse nach jenem extrem engen Kontakt, wie ihn nur Kinder und manchmal auch psychotisch reagierende Menschen bieten können, niemals erfahren hat, wird schwer Zugang zu dieser Feststellung von Searles finden. Vom Sündenbock geht eine geheime Faszination aus; mit gutem Grund sieht Frazer in ihm einen Nachkömmling jener heiligen Könige, deren göttliche Übermacht in archaischer Ambivalenz gegen das Ende ihrer Herrschaft mit Marter und Tod bezahlt werden mußte. Gerade der christlichen Religion ist der Sündenbock als Faszinosum ja sehr geläufig – Gottes Sohn selbst hat sich um der Erlösung der Menschen willen am Kreuz geopfert. Grotesk ins Negative verzerrt, spiegelt sich diese Faszination in Wylies Ängsten vor den allmächtigen »Moms« deutlich wider.

Zusammengefaßt: Die Betonung der »Mutter« als Ursache psychischer und psychosomatischer Krankheit ist im besten Fall kurzsichtig, im schlechtesten ein sozialpsychologischer Entlastungsmechanismus nach Art einer Jagd nach Sündenböcken. Weil der Mutter von versagenden gesellschaftlichen und familiären Gruppen Verantwortung aufgebürdet wird, die sie nicht mehr tragen kann, wird sie auch für möglicherweise auftretende, zerstörerische oder zumindest störende Folgen verantwortlich gemacht. Die ursächliche Bedeutung der Verantwortungslosigkeit in den angesprochenen Gruppen, welche erst die Mutter derart überlastet hat, bleibt dabei im Hintergrund, wird übersehen oder doch bagatellisiert. »In meiner Praxis lassen sich immer nur die Mütter blicken«, sagt der Er-

13 H. F. Searles, a. a. O., zit. n. G. Bateson et al.: Schizophrenie und Familie. Frankfurt 1969, S. 164.

ziehungsberater (vgl. S. 9)[14]. In der Mutter die Ursache für kindliche Verhaltensstörungen zu sehen, ist ebenso sinnvoll, wie (um es kraß zu sagen) den Henker für ein vollstrecktes Todesurteil verantwortlich zu machen. Es kann bei dieser Kurzsichtigkeit bleiben; sie ist wissenschaftlich angreifbar, bleibt aber ohne soziale Konsequenzen (das gilt etwa für den psychoanalytischen Jargon, in dem für das gesamte frühkindliche Familienmilieu undifferenziert »Mutter« gesagt wird). Öfter aber wird der Sündenbockmechanismus tendenziös eingesetzt. Das Streben nach Psychohygiene und die weibliche Angstbereitschaft hinsichtlich der seelischen Gesundheit der Kinder werden mißbraucht, um die Frau in einer traditionell-unterwürfigen Position festzuhalten und ihre Chancen einer gleichberechtigten Selbstverwirklichung einzuschränken.

Eine ganz besonders wichtige Rolle spielt hier die sehr undifferenzierte Behauptung vieler Psychologen und Psychoanalytiker, daß eine stabile Mutterbeziehung für die seelische Gesundheit des Kindes unentbehrlich sei. Es ist sicherlich richtig, daß ein Fehlen stabiler Bindungen an andere Menschen – d. h. ein allgemeiner Mangel an langdauerndem, freundlichen Kontakt – in der frühen Kindheit zu schweren Schäden der Persönlichkeit führt. Die zahlreichen und eingehenden Untersuchungen über Heimkinder unter den Bedingungen einer fließbandähnlichen Massenpflege reden hier eine sehr deutliche Sprache[15].

Der »psychische Hospitalismus« tritt in zwei Formen auf: Einmal kommt überhaupt keine Bindung an einen Erwachsenen zustande (wenn das Kind seit Geburt den Bedingungen der Massenpflege in einem Säuglingsheim ausgesetzt ist und später nach dem bis heute verbreiteten Altersgruppenprinzip von Heim zu Heim wechselt, so daß die keimenden Beziehungen zu den Erziehern immer wieder zerstört werden). Im anderen Fall wird die bereits bestehende Objektbeziehung zerstört. René A. Spitz[16] hat die dann entstehende »anaklitische Depression« genau beschrieben. Sie tritt auf, wenn ein

14 Auf 90 ratsuchende Mütter kommen höchstens fünf ratsuchende Väter; der Rest sind meist Institutionen (Schulen, Behörden usw.).

15 Zusammenfassend referiert von E. Schmahlohr: Frühe Mutterentbehrung bei Mensch und Tier. München 1968.

16 R. A. Spitz: Vom Säugling zum Kleinkind. Stuttgart 1967.

Kind im ersten Lebensjahr keine seelische Zuwendung durch den vertrauten Erwachsenen erhält.

Erster Monat: Die Kinder sind weinerlich, anspruchsvoll, klammern sich an den Beobachter, sobald es diesem gelungen ist, den Kontakt mit ihnen herzustellen.

Zweiter Monat: Das Weinen geht oft in Schreien über. Gewichtsverluste treten auf. Die psychische und körperliche Entwicklung scheint nicht weiter fortzuschreiten.

Dritter Monat: Die Kinder verweigern nun den Kontakt, den sie anfangs suchten. Sie liegen meist auf dem Bauch in ihren Betten, können nicht mehr richtig schlafen, sind wie gelähmt. Die Anfälligkeit für die verschiedensten Krankheiten steigt, der Gesichtsausdruck wird starr, die Bewegungen sind verlangsamt.

Nach dem dritten Monat wird der starre Ausdruck des Gesichts zur Dauererscheinung. Die Kinder weinen nicht mehr, sie wimmern nur noch gelegentlich. Die langsamen Bewegungen werden zur Lethargie; der Entwicklungsquotient (d. h. der Gradmesser des psychischen und motorischen Fortschritts) beginnt zu sinken.

Hospitalismus-geschädigte Kinder, wie man sie in allen zivilisierten Ländern in den Heimen finden kann, können oft mit vier Jahren noch nicht laufen, stehen oder sprechen. Die geistigen Schäden im Sinn eines Intelligenzausfalls sind häufig schwer und manchmal nicht mehr zu beheben. Bis heute – so sagte kürzlich der Kinderarzt Theodor Hellbrügge – werden in Deutschland viele Kinder durch das staatlich geförderte System der Massenpflege in den Säuglingsheimen regelrecht schwachsinnig gemacht und fallen dann als »geistig Behinderte« jahrzehntelang der Sozialhilfe zur Last[17].

Die emotionalen Schäden durch den Mangel an Objektbeziehungen wiegen womöglich noch schwerer. Die länger dauernde Trennung des Kindes von seinen Bezugspersonen gehört nach den umfassenden Studien von S. und A. Glueck zu den wichtigsten Teil-Ursachen der Entwicklung eines kriminellen Charakters (*delinquent character development*)[18]. Das Aufwachsen im Heim hat die emotionale Bindungsfähigkeit geschwächt oder fast ganz zerstört; die Kinder sind nicht mehr fähig, mitmenschliche Gefühle zu entwik-

17 Zit. n. W. Schmidbauer: Verwundbare Kindheit. Planegg 1973, S. 34.
18 Schmidbauer, a. a. O., S. 35.

keln, Freunde zu gewinnen, für andere Menschen zu sorgen oder ihnen zuliebe auf etwas zu verzichten. Sie können nicht lieben und fühlen sich nicht verantwortlich. Eltern und Lehrer klagen darüber, daß alles, was sie dem Kind sagen, wirkungslos bleibt. Die früher für ererbt gehaltene »gemütslose Psychopathie«, der »moralische Schwachsinn« ist tatsächlich die Folge solcher mangelhafter oder ganz fehlender Objektbeziehungen in der frühen Kindheit. Ein besonders krasses Beispiel ist der sadistische Mörder Jürgen Bartsch, ein in Heimen aufgewachsenes Kind, das offensichtlich außer seinen extrem destruktiven Sexualbeziehungen keine menschlichen Kontakte aufbauen konnte. Der Mangel an frühkindlichen Objektbeziehungen ist hier sicher nicht die einzige Ursache; er mag aber immerhin eine (vielleicht konstitutionell) überstarke sexuelle Aggressivität unkontrollierbar gemacht und ins Destruktive umgebogen haben, so daß situative Anreize und ungünstige Umweltverhältnisse ihren unheilvollen Einfluß auf den pubertierenden Jugendlichen gewannen.

Dem Kenner der Fachliteratur wird aufgefallen sein, daß ich hier fast zwanghaft die am meisten gebrauchten Ausdrücke für den Mangel an Objektbeziehungen vermieden habe: Mutterlosigkeit, Fehlen der Mutterperson, *maternal deprivation*. Es ist geradezu erschütternd, mit welcher Selbstverständlichkeit fast alle Psychologen und Kinderärzte, die sich mit dem Problem der seelischen Deprivation von Säuglingen und Kleinkindern befaßt haben, davon ausgehen, *daß es die Mutter ist, welche für den ersten Aufbau stabiler Objektbeziehungen allein verantwortlich sei*. Fehlen der Mutter wird dann eilig mit »maternal deprivation« gleichgesetzt, während doch tatsächlich der Aufbau menschlicher Beziehungen eine Angelegenheit ist, welche die *ganze Familiengruppe* betrifft. Die Mutter ist zwar faktisch noch am häufigsten das ausführende Organ. Aber es ist unbewiesen und aufgrund bestimmter Beobachtungen (auf die ich noch zurückkommen werde) auch unwahrscheinlich, daß nur die leibliche Mutter (wegen eines imaginären Mutterinstinktes[19]) oder eine weibliche Ersatzperson in der Lage sei, diese Objektbeziehungen zu gewährleisten. Freilich kann der Vater einen Säugling

19 Zur Kritik an diesem von manchen Human-Ethologen aufgestellten Begriff siehe W. Schmidbauer: Biologie und Ideologie. Hamburg 1973.

nicht stillen, und es steht fest, daß die natürliche Ernährung aus medizinischen und psychologishen Gründen erheblich besser ist als die Flaschenaufzucht (weil dem Baby nicht zuviel Nahrung zugeführt wird, mit dem heute sehr wichtigen Risiko einer späteren Fettleibigkeit, weil die Muttermilch wichtige Abwehrstoffe erhält, und weil endlich die biologisch aufeinander eingespielten Regulationen der Milchproduktion und des kindlichen Saugverhaltens ein Maximum an oraler Befriedigung gewährleisten)[20]. Aber schon während und vor allem nach der Stillperiode ist der Vater ebenso am Aufbau der Objektbeziehungen beteiligt wie die Mutter. Diese Beteiligung der ganzen Familiengruppe ist sogar sehr wertvoll, weil dann – etwa im Fall einer Krankheit der Mutter – das kleine Kind weit weniger unter dem Trennungsschmerz zu leiden hat. In einer Wohngemeinschaft ist der Aufbau stabiler Objektbeziehungen durch die verschiedenen verfügbaren Kontaktpersonen sicher leichter als in einer Kleinfamilie, wo das Kind einzig und allein auf die leibliche Mutter angewiesen ist und jede Trennung von ihr als vollständigen Zusammenbruch der Objektbeziehung erlebt (solange es keine innere Repräsentanz des mütterlichen Objekts aufgebaut hat). Diese Verantwortung der Familiengruppe im weiteren Sinn für den Aufbau der kindlichen Objektbeziehungen entspricht durchaus dem biologisch »natürlichen« Leben des Menschen auf der Kulturstufe der Jäger und Sammler, welche unsere Evolution geprägt hat. Wie Eibl-Eibesfeldt geschildert hat, nimmt ein Buschmann-Kind bereits im Krabbelalter Beziehungen zu einer ganzen Reihe von Frauen und Männern auf; es wandert von einer Hütte zur anderen, wird überall begrüßt, hochgehoben, von stillenden Müttern kurz an die Brust gelegt. Was in der Literatur als *maternal deprivation* oder Mutterentbehrung beschrieben wird, ist faktisch eine Beraubung an mitmenschlicher Zuwendung und stabilen Objektbeziehungen schlechthin. Das Kind in der Buschmann-Gruppe wird sich kaum je so allein fühlen, wie das Kind einer berufstätigen Mutter in der Großstadt in Kinderkrippe und Kinderhort.

20 Diese orale Befriedigung ist nicht nur für die augenblickliche psychische Ausgeglichenheit wichtig, die man bei Brustkindern im Gegensatz zu Flaschenkindern beobachten kann, sondern vor allem auch für eine harmonische Entwicklung des Antriebsleben überhaupt. Einzelheiten zur »oralen Frustration« siehe W. Schmidbauer: Verwundbare Kindheit. Planegg 1973.

Es muß also festgehalten werden, daß der Vater ebensogut wie die Mutter eine stabile Objektbeziehung gewährleisten kann und ebenso wie sie dafür verantwortlich ist. Es wären auf den ersten Blick primär gar keine großangelegten gesellschaftlichen Veränderungen notwendig, um in den Familien die Gleichberechtigung voll zu realisieren, sondern nur die Überwindung zwanghaft fixierter Rollenverteilungen und Arbeitszeit-Regelungen, vielleicht auch eine Überwindung der Kleinfamilie zugunsten einer Wohngemeinschaft, in der die Kinder viel mehr Gruppenkontakte haben und die einzelnen Mütter entlastet werden. Vom psychoanalytischen Standpunkt aus wird man sich davon nur Vorteile erwarten dürfen, wenn die Wohngruppe fähig ist, sich zu entwickeln, ihre Mitglieder zu tragen und nicht einem unheilvollen Sündenbock-Mechanismus zum Opfer zu fallen[21].

Wenn Vater und Mutter jeweils halbtags arbeiten und halbtags für die Kinder da sind, wäre eine solche kooperative Lösung auch in der Kleinfamilie realisierbar. Die Kinder könnten sich durch das breitere Angebot an Objektbeziehungen wahrscheinlich schneller aus der Abhängigkeit von ihren Eltern befreien, als es in der herkömmlichen Familie der Fall ist. Solche Modelle scheinen allerdings für jene Arbeiterfamilien schwer zugänglich, in denen beide Ehepartner verdienen *müssen* (obschon hier zu prüfen wäre, ob hier Lebensnotwendiges erarbeitet oder Konsumzwängen gefolgt wird). Hier ruft man oft nach einem erheblich erweiterten Angebot von Plätzen in Kinderkrippen und stellt sozialistische Länder als gutes Beispiel dar. In der DDR etwa stand bereits 1968 ein Angebot von 146 029 Krippenplätzen zur Verfügung, für 1000 Kinder eines Jahrgangs immerhin 185 Plätze, während es in Westdeutschland nur vier Plätze auf 1000 Kinder waren (West-Berlin liegt mit 40 Plätzen an der Spitze).

Aber man muß sich darüber klar sein, daß eine Kinderkrippe in dem Augenblick wirtschaftlich untragbar wird, in dem sie es sich zum Ziel setzt, dem Kind wirklich die seelische Zuwendung zu verschaffen, die in der biologischen Kernfamilie oder in der Wohnge-

21 Hilfestellung kann hier ein Gruppentherapeut leisten. Adressen über die Gesellschaft für analytische Gruppendynamik, 8 München 40, Schellingstr. 153 b, c/o Dr. Gröninger.

meinschaft gegeben und für ein optimales Heranwachsen auch notwendig ist. Vergleichuntersuchungen haben gezeigt, daß die Entwicklungsrückstände bei Krippenkindern zwar geringer sind als bei Heimkindern, aber doch auch merklich größer als bei Familienkindern. Es gibt keine Ausbildung und nach dem heutigen psychologischen Wissen auch kein Spielzeug und keine Maschine, die eine Pflegerin in Stand setzen, acht bis zehn Säuglingen oder Kleinkindern die Eltern zu ersetzen. Wenn man in der Kinderkrippe dem einzelnen Baby soviel Zuwendung verschaffen will, wie es in der Familiengruppe selbstverständlich ist, dann ist die Krippe nicht mehr wirtschaftlich.

Bei einer sicher die Kinder seelisch schädigenden Gruppengröße von zehn Säuglingen braucht man bei einer 45-Stunden-Woche schon eine Arbeitskraft für 2,4 Kinder (nach Zahlenangaben aus dem bayerischen Innenministerium)[22]. Wird die Gruppengröße auf drei Kinder reduziert, dann mag die Zuwendung »familienähnlich« sein, aber die Krippe ist unwirtschaftlich. Sie kostet mehr, als der zusätzlich berufstätige Elternteil verdienen kann. Man kann menschliche Zuwendung nicht automatisieren oder durch arbeitssparende Apparate ersetzen; an sich ist es töricht, die Berufstätigkeit der Eltern kleiner Kinder zu fördern, denn überall sind Arbeitskräfte eher entbehrlich als im Umgang mit kleinen Kindern.

Allerdings wird aus einer solchen Argumentation nur allzu rasch eine antiemanzipatorische Ideologie, wenn man sich – wie es die meisten Kinderärzte und Psychologen tun[23] – mit diesem Argument gegen die *weibliche* Berufstätigkeit wendet, und nicht gegen die ganztägige Arbeit der Eltern kleiner Kinder allgemein. Übrigens ist diese Argumentation auch in den sozialistischen Ländern weit verbreitet. Dort setzt heute nach den Angaben von Johannes Pechstein eine Gegenströmung ein, nachdem man lange Zeit die kollektive Erziehung fast zum Dogma erhoben hatte. In der Sowjetunion sind gesetzliche Regelungen geplant, um die innerhäusliche Arbeit junger Mütter zu honorieren, die sich dann in den ersten drei

22 W. Schmidbauer: Verwundbare Kindheit. Planegg 1973.

23 Einschließlich des Autors, der in seinem Buch »Verwundbare Kindheit« heute mit Unbehagen liest, daß auch er immer nur von Mütterarbeit, Berufstätigkeit der Frau und Unersetzlichkeit der Mutter sprach.

Jahren allein um die Kinder kümmern können (eine sicherlich wenig emanzipationsfreundliche Lösung, die sich allerdings doch wohltuend gegenüber der gesellschaftlichen Vernachlässigung junger – vor allem unehelicher Mütter – in den kapitalistischen Ländern abhebt). Das gleiche gilt für die Tschechoslowakei, wo sich heute kaum mehr Säuglinge in den Krippen der großen Städte befinden[24].

Es ist nicht allein Aufgabe der biologischen Mutter, sondern Pflicht der ganzen Familiengruppe, dem Kind genügend Zuwendung zu geben und es ihm so zu gestatten, ausreichende, befriedigende und stabile Objektbeziehungen aufzubauen. Wenn sich die Familiengruppe hier als leistungsunfähig erweist und die Schuld dafür nach dem Sündenbockprinzip der Mutter aufbürdet, dann sollten Psychoanalytiker und Sozialpsychologen darin ganz eindeutig das Signal einer kranken Gruppe erkennen und nicht, wie es bisher vielfach geschehen ist, zum Mitspieler, ja Ideologen dieser Suche nach Sündenböcken werden.

Es geht hier nicht darum, reale mütterliche Verantwortungslosigkeit und Vernachlässigung der Kinder zu entschuldigen, die es ja oft genug gibt. Aber die gruppendynamischen Aspekte von Begriffen wie *maternal deprivation*, Mutterentbehrung, schizophrenogener und überbeschützender Mütter müssen endlich erkannt und reflektiert werden. In der Familiengruppe gleichberechtigter Partner, die wohl die größten realen Chancen individueller Selbstverwirklichung bietet, muß auch die Verantwortung für die Kinder prinzipiell unter den Aspekten gleicher Lasten, gleicher Verantwortung und gemeinsamer Leistung betrachtet werden. Es gibt keinen mütterlichen Instinkt, der – unabhängig von gruppendynamischen Vor-

24 Die gesellschaftliche Tendenz, die Mutter zum Sündenbock zu stempeln, spricht sich sehr deutlich darin aus, daß die Bundesrepublik hinsichtlich des Schutzes der Mütter ein Entwicklungsland ist. Ihr System ist ganz auf die wirtschaftlich gesicherte Frau der Mittelklasse abgestellt, die nach der Geburt eines Kindes unschwer für mehrere Jahre aufhören kann zu arbeiten. Die Arbeiterfrau und vor allem die uneheliche Mutter stehen in einer ausweglosen Situation. In Frankreich, Österreich und der Tschechoslowakei etwa erhält die Mutter ein volles Jahr Gehalt bzw. Lohn für ihre innerhäusliche Arbeit (notwendig wären *drei* Jahre!) – in der Bundesrepublik dauert der gesetzliche Mutterschutz ganze acht Wochen. Immer sind nur die Frauen angesprochen. Daß die Mutter weiterarbeitet und der Vater sich der Kinder annimmt, ist nicht vorgesehen.

gängen – die Mutter hier zu Leistungen vorausbestimmt, welche ihre Selbstverwirklichung mehr an das Schicksal der Kinder binden als die des Vaters.

Emanzipation als Gruppenprozeß

Nutzanwendungen, Schlußfolgerungen, Praxis – in wie weit kann eine durch gruppendynamische und soziologische Gesichtspunkte erweiterte und ergänzte Psychoanalyse zu einer Emanzipation der Geschlechter beitragen? Diese Frage wirft zunächst eine zweite auf: die nach den Zielen der Emanzipation selbst. Es kann sich nicht um eine schematische Gleichheit der Geschlechter handeln, im Gegenteil, gerade diese ist abzulehnen, weil sie wohl in der Übernahme einer bereits durch die patriarchalische Dialektik verzerrten »Männlichkeit« durch die Frau enden würde. Die Frau, die im Arbeitsprozeß »ihren Mann steht«, die als Politikerin »der einzige Mann im Parlament« ist, die »im Haus die Hosen anhat« – sie alle gehören einer Übergangsphase an, in der Selbstverwirklichung nur als männliche Selbstverwirklichung gesellschaftlich akzeptiert ist, während die weibliche Identität in der Intimsphäre der Familie gefesselt bleibt, zu gesellschaftlicher Ohnmacht verpflichtet.

Die Psychoanalyse hat hier eine Schuld abzutragen, denn während sie auf der einen Seite die einzige Helferin ist, welche unbewußte, verinnerlichte Verbote weiblicher Selbstverwirklichung erkennen und auflösen kann, steckt in ihren Theorien ein verborgenes Verbot eben dieser Emanzipation, dessen Wurzel unter anderem in Freuds Persönlichkeit liegt. Er hat zwar John Stuart Mills Buch über die Unterjochung der Frau (The Subjection of Women) übersetzt, aber zugleich auch seiner Braut geschrieben: »Es ist doch ein gar zu lebensunfähiger Gedanke, die Frauen genauso in den Kampf ums Dasein zu schicken wie die Männer. Soll ich mir mein zartes, liebes Mädchen z. B. als Konkurrenten denken; ich glaube, alle reformatorische Tätigkeit der Gesetzgebung und Erziehung wird an der Tatsache scheitern, daß die Natur lange vor dem Alter, in dem man in unserer Gesellschaft Stellung erworben haben kann (die

Frau) durch Schönheit, Liebreiz und Güte zu etwas (anderem) bestimmt ... Gesetzgebung und Brauch haben den Frauen viel vorenthaltene Rechte zu geben, aber die Stellung der Frau wird keine andere sein können als sie ist, in jungen Jahren ein angebetetes Liebchen, und in reiferen ein geliebtes Weib ...«[1]

Es ist heute sehr deutlich geworden, daß diese Ansicht Freuds, die er im Grunde niemals revidiert hat, nicht in seinen psychoanalytischen Forschungen wurzelte, sondern im Gegenteil in der Unvollständigkeit dieser Forschungen. Freud hat in seiner Selbstanalyse zwar den Ödipuskomplex – die infantile Dreier-Beziehung mit Konkurrenz, Eifersucht und Haß gegenüber dem gleichgeschlechtlichen, Liebe zum andersgeschlechtlichen Elternteil – entdeckt und glänzend beschrieben. Aber die präödipale Beziehung des Kindes zu den Eltern ist seiner Aufmerksamkeit weitgehend entgangen, und zwar bei seinen Patienten ebenso wie in seiner eigenen Analyse.

Er sieht diese Periode der Symbiose wie M. Mahler sie nennt[2] meist als Zeit einer (was ihn selbst angeht) ungetrübt glücklichen Beziehung. Sie ist es aber wohl nicht gewesen, wenn man etwa bedenkt, daß Freud in seiner Arbeit über »Eine Kindheitserinnerung aus ›Dichtung und Wahrheit‹« (1917) einerseits den Zorn Goethes über die Geburt seiner Schwester schildert, andrerseits aber feststellt (mit deutlich autobiographischen Zügen): »Wenn man der unbestrittene Liebling der Mutter gewesen ist, so behält man fürs Leben jenes Eroberergefühl, jene Zuversicht des Erfolges, welche nicht selten wirklich den Erfolg nach sich zieht.«[3]

Auch Freud hat diesen ohnmächtigen Zorn des Kindes, dem ein Rivale geboren wird, stark empfunden. Die Idealisierung seiner frühesten Jahre dient wohl einer Abwehr archaischer Ängste vor der übermächtigen, bedrückenden, hermaphroditischen, (d. h. mit Merkmalen beider Geschlechter ausgerüsteten) Mutter. Die heute von allen Freud-Biographen unterstrichene, sehr ausgeprägte latente Homosexualität Freuds (er idealisierte Breuer, Fließ und C. G. Jung, wobei gerade in den Ohnmachtsanfällen, die seine Beziehung

1 S. Freud: Briefe 1873–1939. Frankfurt 1960. Brief vom 15. November 1883.
2 M. Mahler: On Human Symbiosis. London 1969.
3 S. Freud, zit. n. E. Jones: Leben und Werk von Sigmund Freud. Bd. I, Bern-Stuttgart 1962.

zu Jung charakterisierten, eine »feminine« Einstellung deutlich wird) wurzelt wahrscheinlich in der vor-ödipalen Mutterbeziehung, in der unbewußten Phantasie, sich mit der Mutter zu identifizieren, mit jenem übermächtigen Wesen, das ihn erhielt und nährte, ihm Schutz und Sicherheit gab.

Als Reaktionsbildung zur Abwehr dieser Phantasien und der mit ihnen verbundenen Passivität entwickelte Freud offensichtlich seine Ideologie der weiblichen Rolle, welche die Psychoanalyse vielfach geprägt hat (bis zu der im letzten Kapitel beschriebenen Tendenz der Psychoanalytiker, alle neurotischen und psychotischen Reaktionen eines Kindes dem Fehlverhalten der Mutter anzulasten). Möglicherweise hat Freud wegen dieses Abwehrkampfes keine echte Befriedigung in seinen heterosexuellen Beziehungen gefunden; Wilhelm Reich und Paul Roazen haben eine Reihe von Hinweisen darauf gesammelt[4].

Diese Schwierigkeiten betrafen nicht nur sein Eheleben, sondern auch seine Analysen von Frauen, von denen er keine zu einem Abschluß führen konnte, der ihn voll befriedigte. Die »Traumdeutung« steckt voller verborgener Vorwürfe gegen Freuds Frau Martha, an der sich die archaische Ambivalenz seiner Mutter-Beziehung offensichtlich wiederholte. Der Schöpfer der Psychoanalyse hat seiner intelligenten und energischen Gattin jede Teilnahme an seinem wissenschaftlichen Leben verweigert; statt Blumen brachte er ihr – wie man in der »Traumdeutung« nachlesen kann – Artischocken vom Markt, die er selbst gerne aß (worin man einen Bezug auf die nährende Urmutter sehen kann).

Hinter Freuds theoretisch verbrämtem Groll gegen die Frauen steht also ein Stück unvollständiger Analyse. Er hat dieses Risiko der nur durch Selbstanalyse gewonnenen Einsicht in das eigene Unbewußte durchaus erkannt, war aber auf der anderen Seite nicht bereit, sich von einem seiner eigenen Schüler analysieren zu lassen. Der von Roazen vermutete, unbewußte Haß Freuds gegen den bei Frauen erfolgreicheren Viktor Tausk würde zu dieser Deutung pas-

4 W. Reich: Reich Speaks of Freud, M. Higgins and C. M. Raphael (Eds.). New York 1967. – P. Roazen: Brother Animal. The story of Freud and Tausk. New York 1969.

sen. Seelisch war Freud nach Ansicht seiner Biographen[5] sehr von Martha abhängig, die keineswegs eine so hingebungsvolle, passive Frau war, wie er es in dem Brief über die »lebensunfähigen Gedanken« der Emanzipation zu erwarten scheint. Sie setzte sich in vielen persönlichen und familiären Angelegenheiten energisch durch; Freuds Verdruß darüber und über seine eigene Abhängigkeit äußert sich in seinen Werken nicht selten[6].

Auf der anderen Seite ist es sinnlos, nun die Psychoanalyse als emanzipatorische Psychologie pauschal abzulehnen, weil Freud aufgrund dieser blinden Flecken in seiner eigenen Persönlichkeit gerade angesichts der weiblichen Psyche die patriarchalischen Vorurteile seiner Epoche wiederholte und damit in diesem Punkt die revolutionäre Macht seiner Lehre lähmte. Seine grundlegenden Einsichten in die Bedeutung unbewußter Konflikte für seelische Gesundheit und Krankheit, seine Technik der auflösenden Psychotherapie mit den Mitteln des freien Einfalls, der Traumanalyse, der Interpretation von Widerstand und Übertragung bleiben davon unberührt. Sie erweisen sich immer dort als hilfreich, wo es nicht gesellschaftliche Hindernisse sind, die der Selbstverwirklichung im Wege stehen, sondern die in einer krankmachenden Familiengruppe erworbenen, frühkindlichen Schäden im Aufbau des Ich selbst.

Natürlich hängen diese Ich-Schäden eng mit der gesellschaftlichen Dynamik zusammen; es wäre aber eine Illusion, anzunehmen, daß man die persönliche Geschichte in einer krankmachenden Familiengruppe durch revolutionäre Agitation allein ungeschehen machen kann. Veränderungen der gesellschaftlichen Gegenwart können allenfalls künftige Generationen vor einem ähnlichen Neurotisch-Werden bewahren, aber nicht die eigenen neurotischen oder psychotischen Reaktionen aufheben. »Gerade die Treue zur psychoanalytischen Methode erlaubt uns, den in sich geschlossenen Psychologismus zu überwinden, um eine Tiefenpsychologie in soziale und dialektische Perspektiven münden zu lassen.«[7]

5 E. Jones: Das Leben und Werk von Sigmund Freud. 3 Bde., Bern 1960. Jack J. Spector: Freud und die Ästhetik. München 1973, S. 82.

6 Jones, a. a. O.. – H. Slochower: Incest in ›The Brothers Karamasow‹. In: American Imago 16 (1959), S. 127–145.

7 I. A. Caruso: Soziale Aspekte der Psychoanalyse. Hamburg 1972, S. 13.

Diese Dialektik ist nicht zuletzt durch eine doppelte Möglichkeit des Selbstbetrugs und der Mystifizierung gekennzeichnet: Einmal durch das Risiko, berechtigten revolutionären Kampf oder den Protest gegen autoritäre, patriarchalische Strukturen als Folge unbewältigter Kindheits-Konflikte zu deuten, zum anderen durch das pseudo-revolutionäre Ausleben kindlicher Konflikte auf der Bühne des Lebens. Dabei werden in einer Selbst-Ideologisierung Gesellschaft, »Establishment«, »System«, »Staat« zum Sündenbock für durchaus in der subjektiven Geschichte wurzelnde, persönliche Schwierigkeiten gemacht. Mit einer Variante dieses Problems sieht sich der (männliche) Analytiker einer Patientin mit Emanzipationsproblemen konfrontiert, dem es sehr schwer fallen wird, realitätsbezogenen Protest seiner Patientinnen gegen eine hochgradig diskriminierende Gesellschaft von irrationalem Neid auf imaginäre Bevorzugungen von Männern zu trennen.

Die Schwierigkeiten, auf die weibliche Selbstverwirklichung nach wie vor in erhöhtem Maß stößt, vermischen sich nur allzuoft mit einer rationalisierenden Abwehr der eigenen, depressiven Gelähmtheit, der Angst vor dem Risiko und anderen, in der Primärgruppe (meist der Familie) der Patientin erworbenen Haltungen. Die Schwierigkeiten der Emanzipation werden übertrieben und selbst dort für unüberwindlich gehalten, wo sie leicht überwindbar wären. Auf der anderen Seite macht sich die Neigung bemerkbar, nun »die Männer« nicht nur für das Scheitern der eigenen Selbstverwirklichung verantwortlich zu machen, sondern auch ungeheuere Ansprüche an sie zu stellen. Die sich mit einer solchen »Emanzipationsproblematik« selbst mystifizierende Frau verlangt dann, daß z. B. ihr Ehemann widerstandslos alle ihre Forderungen erfüllt und zweifelt an seiner Liebe, wenn er damit zögert. Dazu ein Beispiel aus der therapeutischen Praxis.

Frau Jane St. hatte bereits ihr Studium darauf abgestellt, ihrem Mann später in der Firma – einem mittleren Industriebetrieb – zu helfen. Als der damalige Besitzer starb, mußten Herr und Frau St. das Erbe rasch antreten. Er konnte sein Studium noch abschließen, sie brach es ab, um ihm zu helfen, weil er sich allein »nicht durchsetzen konnte«. Die Beziehung der Eheleute war durch große gegenseitige Abhängigkeit gekennzeichnet. Später konnten sie den Betrieb verkaufen, worauf der Mann unverzüglich eine neue, mehr künstlerisch orientierte Berufsausbildung aufnahm. Jane reagierte darauf mit Depressionen, die manchmal in heftige aggressive Ausbrüche umschlugen, in denen sie ihren Mann als rücksichtslos, gefühllos, gleichgültig und tyrannisch anklagte. Darauf folgten erneute Depressionen und Anklammerungstendenzen.

Die aus der Kindheit stammende und mit starken Ängsten erlebte Abhängigkeit Janes führte zu einer spezifischen Form ihrer »Emanzipationsproblematik«, die Widerstand und Übertragung in ihrer Therapie weitgehend bestimmte. Sie hielt einerseits alle Männer – auch ihren Analytiker – für unfähig, ihre Emanzipationswünsche wirklich zu verstehen und zu akzeptieren. Auf der anderen Seite verlangte sie aber ihre Selbstverwirklichung passiv, wie ein Weihnachtsgeschenk, zu erhalten, und vermied jede Anstrengung, die über eine konsumptive Haltung hinausging. Sie wollte ihr abgebrochenes Studium nicht wieder aufnehmen, spielte in Tagträumen mit verschiedenen Berufsplänen und rationalisierte ihr Zögern und ihre Bequemlichkeit damit, daß ihr Mann sie ohnedies nicht unterstützen würde. Ehe sie auch nur einen Schritt täte, müsse sie doch die ausdrückliche Versicherung haben, daß ihr Ehemann nun fünf Jahre lang den Haushalt und das Kind (einen fünfjährigen Jungen) versorge; schließlich habe sie für ihn das Gleiche getan. Interpretationen, die auf den unrealistischen Charakter ihrer Wünsche und ihre Abwehrfunktion hinwiesen, bekämpfte sie lange Zeit wütend und drohte, um ihretwillen die Analyse zu verlassen. Parallel dazu entwickelte sich aber auch eine heftige Übertragung; der Analytiker wurde idealisiert, in Träumen und Phantasien als idealer Partner hingestellt, der auf die schon beschriebene, oral-aufnehmende, passive Weise alle ihre Bedürfnisse erfüllen müsse.

Das in der Analyse erarbeitete Material zeigte deutlich, wie sehr die Dynamik in der Familiengruppe Janes ihre Emanzipationsproblematik mitbestimmte. Ich zitiere einen Ausschnitt aus einer einzigen Stunde:

»Mein Vater war tolerant, zumindest als er noch nicht soviel trank, er spielte mit mir, machte Witze. Die Mutter war immer ernst, pflichtbewußt, fürchtete stets, was die anderen Leute sagen könnten; sie hat ihm immer Vorwürfe gemacht. Ich erinnere mich noch an eine Szene morgens im

Schlafzimmer, wo ich mit Vater Affe und Kokosnuß spielte, es war sehr lustig, und wir haben viel gelacht. Als ich dann zu Mutter in die Küche kam, fragte sie streng, ›was macht ihr da für Unsinn?‹ Und ich sagte, ›ja es ist Unsinn, der Papa macht immer solchen Unsinn‹. Als ich aber dann wieder im Schlafzimmer war, sagte ich, ›bitte, bitte, mach weiter, Papa!‹ Meine Mutter war nur dann ziemlich entspannt, wenn sie betrunken war. Als Kind, und auch als ich schon groß war, durfte ich nie weg. Weil ich nach dem Empfinden meiner Mutter zu oft weggehen wollte, hat sie mich beschimpft, geschlagen. Einmal hat sie mich weggeschickt, ›geh doch, mußt gar nicht wiederkommen‹. Ich bin dann heulend zusammengebrochen, habe mich in einer Ecke verkrochen. Da hat sie mich hinausgeschoben. Ich konnte nicht mehr weg, ich habe mich im Garten versteckt und geweint. Da kam eine Frau, die war immer lieb zu mir, wohnte über uns, und bat mich, daß ich zu ihr komme. Aber ich habe mich nicht getraut, weil ich die Eifersucht meiner Mutter kannte ... Sie hat immer mein Mitleid erregt, wenn sie von meinem Vater geschlagen wurde. Sie war immer ganz leise, daß ich nichts merke, dabei habe ich es rüberpatschen gehört ...«

Das Ich dieser Patientin – d. h. das innere Steuerungssystem ihrer Persönlichkeit und in vieler Hinsicht die nach innen fortgesetzte Dynamik ihrer Primärgruppe, d. h. in diesem Falle des zerstrittenen Elternpaares – ging aus dieser »Erziehung« mit einem strukturellen Mangel hervor, der das spätere Verhalten Janes in ihrer Ehe und in ihrer Therapie mitbestimmt hat. Janes Hin- und Hergerissen-Werden zwischen aktiven, zielgerichteten und ausgesprochen emanzipationsbewußten Verhaltensweisen einerseits, passiver oraler Erwartung und Lähmung andrerseits entsprachen genau der Situation des kleinen Mädchens, dem die Familiengruppe keine sichere Identität gewährt, sondern das immer – je nachdem, ob es mit Vater, Mutter oder beiden Eltern zusammen ist – eine andere Rolle spielen muß. Sie konnte in verwirrender Mischung tatkräftig, zielsicher, schlagfertig und durchsetzungsfähig sein, dann aber wieder kindlich-abhängig oder wütend, trotzig und uneinsichtig. Sie war sich in ihrer Emanzipation nur dessen sicher, was sie nicht sein wollte – nämlich nicht so wie ihre Mutter, die immer Hausfrau geblieben war, von ihrem Mann abhängig und deshalb für jede Erniedrigung zugänglich (wenn der Vater betrunken nach Hause kam, mußte sie ihm die Schuhe ausziehen).

Auf der anderen Seite war diese zwanghaft an kleinbürgerlichen Normen und dem Urteil der »Leute« orientierte Mutter ihr einziger

Halt gewesen, als der Vater mehr und mehr unkontrollierbar und in seiner Trunkenheit unzuverlässig, launisch und aggressiv wurde. Von diesem inneren Halt konnte sie sich auch äußerlich nur sehr schwer lösen; sie wohnte mit dreißig Jahren noch im Haus der Mutter, die auch einen großen Teil der häuslichen Arbeiten erledigte. Eine positive weibliche Identität, in der die berufliche Leistungsfähigkeit integriert war, vermochte sie sich nicht zu gestatten. In ihrem Ehemann sah sie bald den freundlich-gefühlvollen Vater ihrer frühen Kindheit, bald den unberechenbaren Trinker ihrer späteren Kindheit, bald die zwischen symbiotischer Fesselung und völliger Ablehnung des Kindes schwankende Mutter. Ihre Haltung der Gesamtgesellschaft gegenüber war ähnlich: Hier schwankte sie zwischen progressiv-liberalen Programmen, vor allem was die Kindererziehung und die Frauenemanzipation anging, und archaischen Beraubungs- und Verarmungsängsten, die sie auf politische Gruppen projizierte, von denen sie angeblich enteignet und totalitär bedroht werden würde.

Aus dieser Skizze über Jane läßt sich ablesen, wie die Familie als zentral bedeutsame »Übergangszone« zwischen Individuum und Gesellschaft, zwischen »Natur« und »Kultur« entscheidend das Lebens- und Emanzipationsschicksal prägt. Wenn sich die Psychoanalyse, ihrer soziologischen Voraussetzungen bewußt, um eine Rekonstruktion des »Familienromans« mit Hilfe ihrer Methoden der freien Assoziationen, der Widerstands- und Übertragungsanalyse bemüht, wird sie von selbst zur dialektischen Methode. Dabei ist unter »dialektisch« jener Prozeß zu verstehen, in dem jeweils die Erkenntnis umweltverändernd wirkt und ihrerseits die Umweltveränderungen die Erkenntnis umgestalten – das Sein bestimmt das Bewußtsein (psychoanalytisch gesprochen: auch das Unbewußte und die unbewußten Teile von Über-Ich bzw. Ich), umgekehrt kann ein verändertes Bewußtsein auch das Sein prozeßhaft verändern und von ihm verändert werden. Wie die Familie funktioniert, so funktioniert auch die Gesellschaft. »*Heute* kann die patriarchalische Familie nur eine neurotische sein, ebenso wie jeder Versuch, einen Staat oder auch nur einen Betrieb ›patriarchalisch‹ zu regieren, nur ein reaktionärer sein kann«[8], sagt Igor A. Caruso. Er fährt fort:

8 Igor A. Caruso, a. a. O., Hamburg 1972, S. 30 f.

»Eine ungerechte soziale Struktur, verbietend, überfordernd, possessiv, verdinglichend, ängstigend und unterdrückend prägt die innerhalb der Familie stattfindenden Austausche zu ihrerseits verbietenden, überfordernden, possessiven, verdinglichenden, ängstigenden, unterdrückenden Verhältnissen, und in der nämlichen Weise werden auch die Kinder, künftige Mitglieder der Gesellschaft, geprägt.«[9]

Wenn die Diskrepanz zwischen der biologischen und der kulturellen Evolution (siehe S. 107) ein Maß erreicht, in dem die tatsächlichen, biologischen, triebhaften Bedürfnisse des Kindes nicht mehr von den Eltern akzeptiert werden, dann müssen diese Eltern unbewußt ihr Kind hassen, weil sie die Aggressivität einer besitzergreifenden, Menschen zur Ware, zum Objekt machenden Umwelt in sich aufgenommen haben. Es ist klar, daß eine Psychoanalyse, die sich nur auf die Anpassung des Individuums an die Gesellschaft ausrichtet und diese Gesellschaft selbst gar nicht wahrnimmt, solchen Krankheitsprozessen nicht gerecht werden kann (und sich deshalb auch jeder Veränderung der »Standardsituation« in der Einzeltherapie widersetzt, während man gruppentherapeutisch gar nicht ohne ein bestimmtes Maß gesellschaftlicher Analyse arbeiten kann). Es gibt gewiß Psychoanalytiker, die nur an Anpassung und Versöhnung des Menschen mit einer nicht menschengemäßen Gesellschaft denken und sich auch dazu bereitfinden, als »ein Alibi des schlechten Gewissens und ein Ersatz der notwendigen Gesellschaftskritik« aufzutreten[10], zu der »hilflosen Reparaturwerkstatt einer kranken Gesellschaft« zu werden[11]. Aber in der Kritik daran sollte man sich hüten, das Kind mit dem Bade auszuschütten. Der Kern der Psychoanalyse ist, wie wir gezeigt haben, dialektisch und darum entwicklungsfähig. Nicht dieser Kern (der keineswegs mit allem identisch ist, was Freud gesagt hat), sondern die Erstarrung der Theorie, die Kommerzialisierung und Institutionalisierung der Praxis sind es, welche kritisiert werden müssen.

Bisher haben wir Vorurteile gegen die Psychoanalyse geprüft, wie sie immer wieder von den Feministen ausgesprochen werden. Sicher-

9 Ebenda, S. 30 f.
10 I. A. Caruso: Soziale Aspekte der Psychoanalyse. Hamburg 1972, S. 38.
11 G. Ammon: Gruppendynamik der Aggression. Berlin 1970, S. 60.

lich muß eine individualistische Therapie, die den Menschen als abgekapseltes Individuum begreift und ihn mit Hilfe der Nachtmeerfahrt durch das eigene Unbewußte in Einsamkeit und Freiheit wiederherstellen will, heute ihre eigene Ohnmacht erkennen. Der Mensch ist kein Einzelgänger, sondern ein Gruppenwesen; sein körperliches und vor allem seelisch-geistiges Überleben hängen davon ab, daß er als Kind und als Erwachsener Gruppen findet, die ihn akzeptieren, die seine Selbstverwirklichung tragen. Die Emanzipationsprobleme der Geschlechter, die heute sehr einseitig auf die Frau projiziert werden, lassen sich in einer individualistischen Therapie nicht lösen; unter diesem Gesichtspunkt ist der hilflose Zorn, mit dem Kate Millet und Germaine Greer die Psychoanalyse verwerfen, nur allzu berechtigt[12].

Allerdings läuft gerade die radikale Theorie der Feministen in Gefahr, letzten Endes eine inhumane Praxis fortzuführen. Wenn man sich Hilfe nur von einer Revolution verspricht, bleibt die Selbstbefreiung, nachdem jede psychologische Hilfe abgelehnt wird, wiederum eine Aufgabe, die von der Frau allein bewältigt werden soll und an der sie scheitern muß, weil sie gar nicht individuell zu lösen ist. Noch extremer als Germaine Greer ist hier Sulamith Firestone, die sich die Erlösung der Frau und den endgültigen Abschluß aller sozialrevolutionären Bewegungen von illusionären technologischen Fortschritten erwartet, wonach die Kinder im Stil von Aldous Huxleys »Brave New World« in Retorten gezeugt und damit die Familien endgültig aufgehoben werden sollen[13].

Ein Gruppen-Konzept der Emanzipation geht aber davon aus, daß die menschliche Selbstverwirklichung kein individueller, sondern ein sozialer Prozeß ist, der nur innerhalb einer Gruppe ablaufen kann. Diese Gruppe muß entwicklungsfähig sein und den einzelnen Mitgliedern eine Erweiterung und Vertiefung ihrer Indivi-

12 Einige Zitate aus G. Greer: Der weibliche Eunuch. Frankfurt 1970, S. 90 (Kapitel: »Der psychologische Humbug«) verdeutlichen das: »Das nichtsahnende Wesen sucht Hilfe, denn es ist unglücklich, ängstlich und verwirrt, und die Psychologie überredet es, die Ursache in *sich selber* zu suchen. Die Person ist leichter zu verändern als der Status quo, der in der optimistischen Philosophie der Psychologen einen höheren Wert darstellt. . . . Psychologen können die Welt nicht in Ordnung bringen, also bringen sie die Frauen in Ordnung.«

13 S. Firestone: The Dialectic of Sex. London 1971.

dualität und Identität gestatten. Eine solche Gruppe kann zu einem »befreiten Gebiet« (Günter Ammon) in einer patriarchalischen, unterdrückenden Gesellschaft werden. So gesehen, bietet sie Hilfe im Hier und Jetzt, ohne sich doch an eine kurzsichtige Anpassungsideologie zu verlieren. Eine solche emanzipatorische Kleingruppe kann die falsch gestellte Alternative zwischen Revolution und Evolution überwinden.

Manchmal ist ja auch gegen die Psychotherapie eingewendet worden, sie stabilisiere ein inhumanes System, indem sie die Anpassungsfähigkeit des Individuums vergrößere. Aber die Konsequenz, auf Therapie zu verzichten, um neurotisches oder psychotisches Leiden in revolutionäres Bewußtsein umzuschmieden, ist letzten Endes nicht nur unmenschlich, sondern auch zum Scheitern verurteilt. Denn die Fesseln einer Neurose oder Psychose lähmen auch jegliche erfolgreiche politische Arbeit. Sie führen dazu, daß infantile Konflikte sozial ausagiert werden und die Reaktion leichtes Spiel hat.

Die emanzipatorische Gruppe schafft einen Raum, in dem die Mitglieder – Männer und Frauen – ihre sozialen Prägungen, ihre verinnerlichten Familiennormen und emotionalen Haltungen überprüfen und verändern können. Dazu muß diese Gruppe aber eine Reihe von Voraussetzungen erfüllen, denn es gibt auch Gruppen, welche eine zerstörerische Dynamik entfalten und nicht selten das schwächste, am meisten zu Schuldgefühlen bereite Mitglied in eine schwere neurotische oder psychotische Reaktion treiben. Diese Gefahr besteht vor allem dann, wenn solche Gruppen wilde Gruppenanalyse betreiben, das heißt ohne eine gründliche psychologisch-psychoanalytische Ausbildung durch inquisitorische Fragen, Vorwürfe und Deutungen keine Persönlichkeitsentwicklung gestatten, sondern Verhaltensveränderung erzwingen wollen.

Eine emanzipatorische Gruppe braucht eine zentrale Figur – einen Menschen, der durch seine persönliche Reife, durch psychologisches und gruppendynamisches Wissen und durch die Bereitschaft, Verantwortung auf sich zu nehmen, verhindert, daß die Gruppe sich einen Sündenbock sucht und durch zerstörerische Angriffe auf diesen Sündenbock die Angst vor ihrer eigenen, prozeßhaften Entwicklung verdrängen kann. Diese zentrale Figur ist kein autoritärer Führer; autoritäres Verhalten entspricht ja durchweg einer (patriarchalisch orientierten) Angstabwehr und fassadenhaften Starrheit. Sie besitzt aber natürliche Autorität, die in ihrer sachlichen Orientierung wurzelt und allmählich von der ganzen Gruppe übernommen wird.

Um verbindlich zu werden und Intimität zu erlauben, muß eine solche Gruppe sich nach außen abgrenzen (in der analytischen Gruppentherapie und Gruppendynamik geschieht das vor allem durch ein Schweigegebot, das die Gruppeninteraktion betrifft). Auf der anderen Seite soll sie aber diese Gruppengrenze nicht starr nachziehen, sondern elastisch halten, so daß z. B. der Kontakt zur Wirklichkeit und zur Gesamtgesellschaft nicht verloren geht, die Gruppe neue Mitglieder aufnehmen und alte entlassen kann, usw[14].

Wie läßt sich die Emanzipation in der Gruppe konkret realisieren? Es ist nicht möglich, hier Rezepte zu geben, allenfalls kann ich Hinweise anbieten. Die traditionelle Kleinfamilie, welche die hohe Mobilität und Konsum-Intensität der westlichen Industriegesellschaft trägt und verinnerlicht, ist sicherlich nicht leicht in eine Gruppe zu verwandeln, in der Selbstverwirklichung und Identitätsfindung für beide Partner möglich sind. Viel eher droht hier eine unheilvolle Kombination von symbiotischen und Sündenbock-Mechanismen. Die Ehepartner ersetzen sich gegenseitig die Eltern, vor allem jenen Elternteil, der im kindlichen Symbiosekomplex eine zentrale Rolle spielte. Auf der anderen Seite verwirklicht der eine seine Identität auf Kosten des anderen, bzw. werden die Kinder benützt, um nach dem Gesetz der narzißtischen Projektion[15] eigene innere Mängel und Ich-Defekte auszugleichen (wodurch wiederum der Symbiosekomplex verewigt wird).

Meist lebt in der Kleinfamilie der Mann seelisch auf Kosten der Frau; sie regeneriert sein im Arbeitsprozeß überbeanspruchtes seelisches Gleichgewicht und erhält als »Gegenleistung« immer wieder

14 Diese Gesetzmäßigkeiten sind theoretisch, z. B. durch Bücher, nur teilweise zu vermitteln. Vgl. etwa W. Schmidbauer: Sensitivitätstraining und analytische Gruppendynamik. München 1973. Oder G. Ammon: Gruppendynamik der Aggression. Berlin 1970. Einen viel gründlicheren Einblick vermittelt die Selbsterfahrung einer analytisch orientierten Gruppendynamik; Möglichkeiten dazu bietet u. a. die Gesellschaft für analytische Gruppendynamik, München (Siehe S. 150).

15 H. E. Richter: Eltern, Kind und Neurose. Stuttgart 1967 (Hamburg 1971).

ihre Abhängigkeit, Hilflosigkeit und Unvollkommenheit bestätigt. Der Mann braucht sie, um sich unabhängig, selbstständig, kurz »männlich« zu fühlen, wie es ihm die patriarchalische Dialektik gebietet. Will die Frau nicht auf ihre soziale – und damit berufliche – Selbstverwirklichung verzichten (wobei die Frage, wie diese »Selbstverwirklichung« am Fließband und im Büro aussieht, hier nur gestellt werden kann), dann geschieht das im Raum der rollenfixierten Kleinfamilie auf Kosten der Kinder. Die gesellschaftlichen Vorschriften dulden, ja fordern das. Die Frau muß um einen Platz im Kindergarten oder in der Säuglingskrippe betteln – und wenn sie ihn erhält, muß sie (sehr zu Recht) fürchten, daß ihr Kind durch diese unvollkommenen Institutionen in seiner seelischen Entwicklung geschädigt wird. Wie sehr die Psychoanalytiker und Psychologen dazu neigen, in solchen Fällen die Mutter zum Sündenbock zu machen (und damit die familiäre Jagd nach Sündenböcken unterstützen) haben wir schon gezeigt (S. 140).

Theoretisch ist es sicherlich denkbar, daß auch die Kleinfamilie zu einer emanzipatorischen Gruppe wird, in der sich Mann und Frau von ihren jeweils in ihren Primärgruppen erworbenen Rollenvorschriften und Erlebniszwängen befreien können. Die Erfahrung zeigt aber, daß sich sehr oft hinter einer pseudo-emanzipierten Maske die alten Normen verbergen, daß unbewußt und unausgesprochen die familiären Verhaltensmuster der patriarchalischen Dialektik entsprechen, während die Fassade »emanzipiert« scheint – der Mann arbeitet beispielsweise gelegentlich auch in der Küche, kocht am Sonntag ein aufwendiges Essen, aber nachher muß die Frau aufräumen und saubermachen.

Solche Zwänge bleiben unentdeckt, weil sie den erworbenen, gefühlshaften Rollenvorschriften entsprechen, deren Befolgung im seelischen Bereich durch das Über-Ich erzwungen wird, das »Verfehlungen« mit Schuldgefühlen bestraft. Die Dialektik Frau (Küche, Kinder, Kleider, Konsum) – Mann (Arbeit, Politik, »Freiheit«) ist emotional verfestigt. Gelegentlich drückt sich die Abhängigkeit der Frau noch darin aus, daß sie die Emanzipationsgedanken des Mannes, der eine »Emanze« haben will, weil es schick ist, nachschwätzt und endlich selbst glaubt. Ich habe mehrmals miterlebt, wie Frauen in tiefe Depressionen gerieten, weil sie die Emanzipationsvorstellungen *ihrer Männer* nicht realisieren konnten, die ihnen von diesen terroristisch und egoistisch aufgenötigt wurden. In einem Fall überzeugte ein Mann, der sich von Wilhelm Reichs Schriften begeistern ließ, seine Frau, sich in der Ehe gegenseitig volle sexuelle Freiheit zu gestatten. Er selbst nahm dann aufgrund dieser »Übereinkunft« Beziehungen zu anderen Partnern auf. Die Frau wurde immer deprimierter und machte sich Vorwürfe, weil sie ihrem Mann die vereinbarte Freiheit offensichtlich nicht gönnen konnte und ihrerseits keine Lust hatte, mit anderen Männern zu schlafen. Erst im Lauf einer Gruppen-Selbsterfahrung erkannte der Ehemann, wie kurzsichtig und brutal sein »progressives« Vorgehen war. (Damit ist nichts gegen sexuelle Freizügigkeit gesagt, solange sie wirklich von allen Beteiligten getragen wird). In einem anderen Fall reagierte eine Frau mit schweren Depressionen und psychosomatischen Symptomen, weil ihr Mann nach der Heirat weiterhin seine Freunde ihr vorzog, mit ihnen über sie sprach, sie in der Wohnung einquartierte und sie immer wieder wegen ihrer »kleinbürgerlichen« Wünsche nach einer Abgrenzung des Ehepaars angriff, die tatsächlich aber nur einem verzweifelten Versuch entsprachen, aus der Sündenbockrolle in dieser Freundesgruppe herauszukommen.

Sicherlich günstiger als in der Kleinfamilie sind die Chancen einer Emanzipation innerhalb von informellen Freundeskreisen, Wohngemeinschaften, Ehepaargruppen und Kommunen, wobei man diese Modelle gegenüber ihren Verfälschungen durch die terroristischen Experimente in Berlin abgrenzen muß (die gerade wegen ihres Scheiterns und ihres Promiskuitätszwanges von der kleinbürgerlichen Presse als typisches Beispiel kollektiver Lebensformen hingestellt wurden)[16]. Die Wohngemeinschaft kann heute eine Reihe von Mängeln der Kleinfamilie ausgleichen, die vor allem die Selbstverwirklichung der Frauen behindern. Sie bietet den Kin-

16 Aufschlußreich für den terroristischen Charakter der Geschlechtsbeziehungen in der Berliner »Kommune I« ist folgende Aussage von Dieter Kunzelmann: »Es ist wie bei der Pferdedressur. Erst muß einer das Tier einreiten, dann steht es allen zur Verfügung. Erst ist es Liebe oder so etwas ähnliches, nachher nur noch Lust. Der Trick ist schrecklich einfach: Man macht ein Mädchen verliebt, schläft mit ihr und markiert nach einer Weile den Enttäuschten oder Desinteressierten. Dann überläßt man sie der Aufmerksamkeit der anderen und das Ding ist gelaufen.« (Zit. n. R. Reiche: Sexualität u. Klassenkampf. Frankfurt 1968, S. 156.)

dern ein viel »natürlicheres« Milieu. Wenn wir von der menschlichen Evolution ausgehen, dann ist es eine künstliche und mit erheblichen seelischen Risiken behaftete Situation, daß die Kernfamilie abgeschlossen in einem anonymen Wohnblock lebt[17] und nur selten Besuch empfängt, während die Kinder den größten Teil ihrer Zeit auf die Spielfläche ihres Zimmers und den Kontakt mit ihren Eltern angewiesen sind. Demgegenüber entspricht das Leben in einer Gruppe primitiver Jäger und Sammler weit mehr den kindlichen Bedürfnissen. Hier lebt das Kind in einer Kindergruppe, hat viele Kontaktmöglichkeiten zu unterschiedlichen Erwachsenen und kann jederzeit – wenn eine Bezugsperson schlecht gelaunt, wütend, traurig oder krank ist – auf andere Elternfiguren ausweichen, die ihm ebensoviel Schutz und emotionale Sicherheit bieten. Diese Situation, auf die offensichtlich die seelischen Bedürfnisse unserer Kinder mehr zugeschnitten sind als auf das Leben in der Zwei-Zimmerwohnung einer Trabantenstadt, kann die Wohngemeinschaft weit eher wiederherstellen.

Die günstigste Größe liegt nach den Erfahrungen aus der Gruppendynamik zwischen acht und zwölf Erwachsenen mit ebensovielen Kindern. Haushalt und Erziehung der Kinder werden gemeinsam finanziert; die Arbeit jeweils delegiert, so daß z. B. ein Paar einmal pro Woche die Kinder versorgt und für alle Essen kocht, und den Rest der Woche diese Arbeiten von anderen abgenommen bekommt. Diese Lebensform ist auch erheblich wirtschaftlicher, weil teuere Konsumgüter (Fernseher, Waschmaschine) besser ausgenützt werden können. Vor allem aber sind die seelischen Belastungen viel geringer, wenn die Gruppe tatsächlich als emanzipatorische Gruppe funktioniert. Wenn jemand krank wird, bedeutet das keinen zeitweisen Zusammenbruch der gesamten Gemeinschaft wie in der Kleinfamilie. Eine Ehescheidung hat nicht mehr die zerstörerischen und deprimierenden Folgen wie in der Kleinfamilie, die ja fast notwendig den Symbiosekomplex der frühesten Kindheit wie-

17 Die Anonymität solcher Wohnblocks zu überwinden und sich z. B. als Hausgemeinschaft mit gegenseitiger Hilfe zu konstituieren, wäre ein wichtiger Schritt. Das hätte auch architektonische Konsequenzen, z. B. statt der gemeinsamen Waschküche ein großes Spielzimmer im Haus, ein Gemeinschafts- u. Kommunikationsraum für die Mieter usw.

derholt und eine maximale wechselseitige Abhängigkeit der Partner begünstigt, so daß die Auflösung der Ehe als Weltuntergang erlebt wird.

In der Beratung, aber auch in der aktiven Mitarbeit in solchen Wohngemeinschaften eröffnet sich für alle sozialen Berufe ein neues Tätigkeitsfeld. Es ist zu erwarten, daß solche Gruppen, die Verantwortung füreinander übernehmen und einzelne Aufgaben gemeinsam auf den dafür Geeignetsten delegieren, in vielen Bereichen der Gesellschaft Pionierarbeit leisten können: In der Psychotherapie von schweren Neurosen, Suchtkrankheiten und Psychosen (wie es in den Synanon-Häusern der USA mutatis mutandis geschieht), in der Kindererziehung (auch von adoptierten oder Heim-Kindern), in der Kunst (vor allem Musik, Theater und andere, primär gruppenbezogene Aktivitäten) und in der Arbeit (als Landkommune etwa, die gemeinsam einen Bauernhof bewirtschaftet, wobei ebenfalls das sonst so belastende Problem des »Angehängtseins« durch die Versorgung von Haustieren gelöst werden kann).

Sicher lassen sich auch in der emanzipatorischen Gruppe die Organisationsprobleme leichter lösen als die psychologischen. Es hat immer Menschen gegeben, die aufgrund ihrer Intuition, ihrer überlegenen, spontanen oder geschulten Einsicht fähig waren, Gruppen konstruktiv zu führen. Das hieße, sie so zu gestalten, daß sie nach außen Schutz gewähren, nach innen erfahrungs- und entwicklungsfähig sind und ihre Mitglieder zugleich tragen und in ihrer Selbstverwirklichung fördern. Aber es gibt natürlich keine Garantie dafür, daß immer ein Mitglied in solchen Gruppen – Frau oder Mann – fähig ist, diese Aufgabe der zentralen Figur zu erfüllen. Deshalb wäre es von Vorteil, wenn mindestens ein Angehöriger einer solchen Wohngemeinschaft praktische Erfahrungen in der unbewußten und bewußten Dynamik von Gruppen hätte, wie sie die Teilnahme an gruppendynamischen Trainings vermittelt[18]. Oder aber die Wohngemeinschaft konsultiert einen erfahrenen Gruppendynamiker bzw. Gruppenanalytiker, der sich in regelmäßigen Abständen zur Verfü-

18 Allerdings wird hier viel als Gruppentraining oder Gruppendynamik vermarktet, was nur wenig Realitätsbezug hat oder zu sehr an der Oberfläche verharrt. Für die hier angesprochene Aufgabe wäre zweifellos die analytische Gruppendynamik Methode der Wahl. Vgl. S. 150.

gung stellt und die eventuell auftretenden Probleme gemeinsam mit der Gruppe durcharbeitet.

Abschließend möchte ich noch zusammenfassen, warum die Emanzipation nicht nur theoretisch als Gruppenprozeß aufgefaßt werden muß, sondern auch praktisch am ehesten in Gruppen realisiert werden kann:

1. Soziale Normen und Rollenverhaltensweisen werden in Gruppen (Familie, Schulklasse, Jugendgruppe) erworben; sie können deshalb auch am ehesten in der Gruppe überprüft und korrigiert werden.

2. Das Urteil einer konstruktiv funktionsfähigen Gruppe ist objektiver und umfassender als das Urteil des klügsten Einzelnen. Das gilt vor allem auch dann, wenn Gefühle und unbewußte Konflikte zu Wahrnehmungsverzerrungen führen. Während in einer Paar-Beziehung die blinden Flecke der Partner einander überschneiden, ja fast deckungsgleich sein können, ist das in der Gruppe erheblich seltener der Fall. Voraussetzungen, daß diese überlegene Urteilsfähigkeit und der Wirklichkeitssinn der Gruppe deutlich zum Tragen kommen, sind eine Gruppengrenze und intakte, vertrauensvolle Kommunikation innerhalb der Gruppe.

3. Die Gruppe bietet eine Fülle möglicher »Aufhänger« für Übertragungen, das heißt für die unbewußte, zwanghafte Wiederholung kindlicher Reaktionsweisen, die ursprünglich vor allem die Elternpersonen betrafen. Die Gruppe wird als »Mutter« erlebt; ich würde den Ausdruck »Muttergruppe« vorziehen, weil sich diese Wiederholung nicht auf die leibliche Mutter bezieht, sondern auf die primäre Familiengruppe, die das Kind während seiner Entwicklung umgab. Dabei wird in der emanzipatorischen Gruppe nicht nur die primäre Reaktionsweise des Kindes deutlicher, sondern auch seine sekundäre Abwehr dieses Wiederholungszwanges. In einer Selbsterfahrungsgruppe weigerte sich ein Teilnehmer etwa hartnäckig, ein Protokoll zu schreiben. In der Analyse dieser Haltung wurde deutlich, daß er sich in einer entscheidenden Umbruchsphase seines Lebens von seiner anspruchsvollen Mutter distanziert hatte und diesen Protest gegen an ihn gestellte Ansprüche nicht nur in der Gruppe, sondern auch in seinem ganzen Leben immer wieder zwanghaft erneuerte.

4. Die Gruppe macht deutlich, daß die Emanzipation von fixierten Geschlechtsrollen keine individuelle Leistung, sondern ein Gruppenprozeß ist, in dem Frauen und Männer ihre aus der Kindheit stammenden Wiederholungszwänge und zu Selbstverständlichkeiten erstarrten Haltungen überprüfen und verändern müssen. Weil Problembewußtsein und Abwehrformen der einzelnen Gruppenmitglieder verschieden sind, können sie sich gegenseitig helfen. Eine in ihrem Arbeitsverhalten stark gehemmte und passive Frau kann etwa auf sexuellem Gebiet aktiv und selbstsicher sein. Diesen Emanzipationsschritt vermag sie auch den anderen Gruppenmitgliedern zu vermitteln, während sie von diesen ein aktiveres, selbstbewußteres Arbeitsverhalten übernimmt. Die Gruppe ist auch fähig, die in einer Paarbeziehung häufig auftretenden »Kollusionen«, unreflektierte, gemeinsam getragene und nicht realitätsgerechte Überzeugungen kritisch zu überprüfen, welche oft zu unüberwindlichen Hindernissen in der Emanzipation einer Kleinfamilie werden. Weiterhin kann die Gruppe auch symbiotische Paarbeziehungen offener machen, indem sie die verzahnten Gefühle und die komplementär einander ergänzenden Rollen trennt (vor allem dadurch, daß in der Gruppe ein ganzes Netz neuer Beziehungen ermöglicht wird).

Emanzipation ist stets ein Gruppengeschehen, das von Individuen getragen wird, die Gruppen verändern und von Gruppen in einem ständigen Interaktionsprozeß verändert werden. Nur der Frau diesen Prozeß wie eine Medizin zu verschreiben und nicht die ganze Familie, ja mit ihr die ganze Gesellschaft in ihn einzubeziehen, heißt sicherlich, ihn von vornherein unmöglich zu machen und dem Status quo lediglich ein neues Gesicht zu geben (wie das der »emanzipierten Frau«, die eine Männerrolle spielt, oder das der durch Haushalt und unterbezahlte Berufsarbeit doppelt belasteten Frau).

Auf der anderen Seite sind Wohngemeinschaft, Gruppentherapie und Familienberatung keine Patentrezepte, mit denen sich die Emanzipationsprobleme bequem lösen lassen. Die patriarchalische Dialektik ist bis heute in den aggressiven, militaristischen und imperialistischen Industriegesellschaften fest verwurzelt; auch die sozialistischen Länder sind durch den (heute illusionär gewordenen) Selektionsvorteil solcher aggressiver Kulturen zum Teil gezwungen worden, patriarchalisch-militaristische Ordnungen zu konservieren oder sogar neu aufzubauen. Die Emanzipation des Mannes vom Idealbild der aggressiven Männlichkeit ist, so gesehen, eine wichtigere Zukunftsaufgabe als die viel beredete Frauenemanzipation. Sie wird aber nur mit dieser gemeinsam gelöst werden können. Jeder Emanzipationsschritt, der im (stets nur teilweise) »befreiten Gebiet« einer emanzipatorischen Gruppe möglich wird, ist ein Schritt zu diesem Fernziel. Ob es erreichbar ist, wird niemand voraussagen können; daß aber eine menschenwürdige Zukunft von unseren Schritten zu diesem Ziel abhängt, dürfte bereits heute ziemlich deutlich sein.

I. Literaturangaben

Abraham, K.: Manifestation of the female castration complex. In: International Journal of Psychoanalysis, Vol. III (1922)

Adorno, T. W.: Die autoritäre Persönlichkeit. Frankfurt 1956

Ammon, G.: Auf dem Weg zu einer Psychotherapie der Schizophrenie. In: Dynamische Psychiatrie 4 (1971)

Ammon, G.: Gruppendynamik der Aggression. Berlin 1970

Ammon, G. (Hrsg.): Gruppendynamik der Kreativität. Berlin 1972

Ammon, G.: Dynamische Psychiatrie. Darmstadt 1973

Bachofen, J.: Das Mutterrecht. Basel 1867

Balint, M.: Primary Love. London 1952

Balint, M.: Die Urformen der Liebe und die Technik der Psychoanalyse. Bern/Stuttgart 1966

Beauvoir, S. de: Das andere Geschlecht. Hamburg 1968

Biermann, G. (Hrsg.): Handbuch der Kinderpsychotherapie. München 1968

Biermann, G. (Hrsg.): Kindsmißhandlung. München 1969

Bonaparte, M.: Female Sexuality. New York 1965

Briffault, R.: The Mothers. New York 1927

Caruso, I. A.: Soziale Aspekte der Psychoanalyse. Hamburg 1972

Chasseguet-Smirgel, J.: La Sexualité Féminine. Paris 1964

Dessai, E.: Sklavin, Mannweib, Weib. München 1971

Deutsch, H.: Psychologie der Frau. Bern 1948

DeVore, I. (Ed.): Primate Behavior. New York 1965

Eibl-Eibesfeldt: Grundriß der vergleichenden Verhaltensforschung. München 1967

Eiljersen, M.: I Accuse! London 1968

Erikson, E. H.: Jugend und Krise. Stuttgart 1970

Firestone, S.: The Dialectic of Sex. London 1972

Frazer, J.: The Golden Bough. London 1913. Dt.: Der goldene Zweig. Köln 1968

Freud, S.: Bruchstücke einer Hysterie-Analyse. Ges. Werke Bd. V

Freud, S.: Einige Charaktertypen aus der psychoanalytischen Arbeit. Ges. Werke Bd. X

Freud, S.: Die Weiblichkeit. Ges. Werke Bd. XV

Freud, S.: Einige psychische Folgen des anatomischen Geschlechtsunterschieds. Ges. Werke Bd. XIV

Freud, S.: Die endliche und die unendliche Analyse. Ges. Werke Bd. XVI

Freud, S.: Totem und Tabu. Ges. Werke Bd. IX

Freud, S.: Briefe 1873–1939. Frankfurt 1960

Friedan, B.: Der Weiblichkeitswahn. Hamburg 1970

Graves, R.: The White Goddess. London 1965

Greer, G.: Der weibliche Eunuch. Frankfurt 1971

Grunberger, B.: Über das Phallische. In: Psyche 17 (1964)

Hays, H. R.: Mythos Frau – Das gefährliche Geschlecht. Düsseldorf 1969

Hazel, H. E.: Wer emanzipiert wen wohin? In: Albus, A. et al.: Maskulin-Feminin. München 1972
Institoris, H., Sprenger, J.: Malleus Maleficorum. Dt.: Der Hexenhammer. Berlin 1920
Jones, E.: The Life and Work of Sigmund Freud. New York 1953. Dt.: Das Leben und Werk von Sigmund Freud. 3 Bde., Bern 1960
Kroeber, Th.: Der Mann, der aus der Steinzeit kam. München 1967
LaBarre, W.: The Human Animal. Chicago 1954
Laing, R.: The Divided Self. London 1965
Lawick-Goodall, J. v.: Wilde Schimpansen. Hamburg 1971
Levy, D. M.: Maternal Overprotection. 5. Aufl. New York 1957
Lévi-Strauss, C.: Les structures elementaires de la parenté. Paris 1949
Lewin, K.: Die Lösung sozialer Konflikte. Bad Nauheim 1953
Lidz, Th. et al.: Marital Schism and Marital Skew. In: American Journal of Psychiatry 114 (1957)
Lidz, Th.: Der Vater. In: Psyche 8 (1959)
Lommel, A.: Fortschritt ins Nichts. Zürich 1969
Malinowski, B.: The Sexual Life of Savages. London 1953
Mandel, A. u. K. H.: Einübung in Partnerschaft. München 1971
Mantell, D. M.: Familie und Aggression. Frankfurt 1972
Masters, W. H., Johnson, V. E.: Human Sexual Response. Boston 1966
Mead, M.: Mann und Weib. Hamburg 1958
Mellaart, J.: Catal Hüyük. London 1967
Milett, K.: Sexus und Herrschaft. München 1971
Mitscherlich, M.: Müssen wir hassen? München 1972
Montagu, A.: Die natürliche Überlegenheit der Frau. Wien 1955
Montrelay, M.: Recherches sur la Feminité. In: Critique, Juli 1970
Marshall, L.: Kung Bushmen Bands. In: Africa 30 (1960)
Murray, M. A.: The Witch-cult in Western Europe. Oxford 1921
Neumann, E.: Ursprungsgeschichte des Bewußtseins. Zürich 1949
Paczensky, G. V.: Die Weißen kommen. Hamburg 1970
Reich, W.: Reich Speaks of Freud, M. Higgins and C. M. Raphael (Eds.). New York 1967
Reich, W.: Psychischer Kontakt und vegetative Strömung. Abhandl. zur personellen Sexualökonomie Nr. 3. Kopenhagen, Prag und Zürich 1935
Reiche, R.: Sexualität und Klassenkampf. Frankfurt 1968
Richter, H. E.: Eltern, Kind und Neurose. Stuttgart 1963 (Hamburg 1971)
Rosen, J.: Psychotherapie der Psychosen. Stuttgart 1964
Schaller, G.: The Mountain Gorilla. Chicago 1963
Schmalohr, E.: Frühe Mutterentbehrung bei Mensch und Tier. München 1968
Schmidbauer, W.: Biologie und Ideologie. Hamburg 1973
Schmidbauer, W.: Erziehung ohne Angst. München 1972
Schmidbauer, W.: Homo consumens. Stuttgart 1972
Schmidbauer, W.: Jäger und Sammler. Planegg 1972

Schmidbauer, W.: Kleine Psychotherapie. Planegg 1970
Schmidbauer, W.: Mythos und Psychologie. München 1970
Schmidbauer, W.: Psychotherapie – Ihr Weg von der Magie zur Wissenschaft. München 1971
Schmidbauer, W.: Sensitivitätstraining und analytische Gruppendynamik. München 1973
Schmidbauer, W. Die sogenannte Aggression – Die kulturelle Evolution und das Böse. Hamburg 1972
Schmidbauer, W.: Verwundbare Kindheit. Planegg 1973
Schurtz, H.: Altersklassen und Männerbünde. Berlin 1909
Searles, H. F.: The effort to drive the other person crazy. In: British Journal of Medical Psychology 32 (1959)
Sherfey, M. J.: The Evolution and Nature of Female Sexuality in Relation to Psychoanalytic Theory. In: Journal of the American Psychoanalytic Association 14 (1966)
Sigusch, V.: Ergebnisse zur Sexualmedizin. Köln 1972
Slochower, H.: Incest in ›The Brothers Karamasow‹. In: American Imago 16 (1959)
Spitz, R. A.: Vom Säugling zum Kleinkind. Stuttgart 1967
Staewen-Haas, R.: Identifizierung und weibliche Kastrationsangst. In: Psyche 24 (1970)
Strecker, E. A.: Their Mothers Sons. New York 1951
Tiger, L.: Warum die Männer wirklich herrschen. München 1971
Turnbull, C.: The Forest People. New York 1961
Vilar, E.: Der dressierte Mann. Gütersloh 1971
Weininger, W.: Geschlecht und Charakter. Berlin 1932
Wickler, W.: Sind wir Sünder? München 1970
Wickler, W.: Verhalten und Umwelt. Hamburg 1972
illiams, Th.: Fiji and the Fijians. London 1868
Woodburn, J.: The Social Organization of the Hadza of North Tanganyika. Cambridge 1964
Wollstonecraft, M.: A Vindication of the Rights of Women. London 1972
Wylie, Ph.: A Generation of Vipers. New York 1942
Zinnecker, J.: Emanzipation der Frau. Weinheim 1972

II. Weiterführende Literatur

a. Neuere Arbeiten zur Frauenemanzipation

Cuneen, S.: Geschlecht weiblich, Religion katholisch. München 1971
Dessai, E.: Hat der Mann versagt? Reinbek 1972
Gmelin, O., Saussure, H.: Bankrott der Männerherrschaft. Frankfurt 1971
Krisis und Zukunft der Frau. Psychotherapie, Religion, Gesellschaft. Stuttgart 1967
Kunstmann, A.: Frauenemanzipation und Erziehung. Starnberg 1971
Lehr, U.: Die Frau im Beruf. Eine psychologische Analyse der weiblichen Berufsrolle. Frankfurt 1969
Lempert, W.: Leistungsprinzip und Emanzipation. Frankfurt 1971
Menschik, J.: Gleichberechtigung oder Emanzipation. Die Frau im Erwerbsleben der BRD. Frankfurt 1969
Merfeld, M.: Die Emanzipation der Frau in der sozialistischen Theorie und Praxis. Reinbek 1972
Mollenhauer, K.: Erziehung und Emanzipation. München 1971
Morgan, E.: Der Mythos vom schwachen Geschlecht. Düsseldorf 1973
Myrdal, A. / Klein, V.: Die Doppelrolle der Frau in Familie und Beruf, Köln 1971
Nave-Herz, R.: Die Frau in der modernen Gesellschaft. Versuch einer Darstellung eines aktiven gesellschaftlichen Konflikts. Neuwied 1972
Rohrmoser, G.: Emanzipation und Freiheit. Freiburg 1970
Rotzoll, Ch. (Hrsg.): Emanzipation und Ehe. München 1969
Savramis, D.: Das sogenannte schwache Geschlecht. München 1973

b. Historische Darstellungen

Bebel, A.: Die Frau und der Sozialismus (1885). Berlin [56]1950
Ditzion, S.: Marriage, Morals and Sex in America. New York 1953
Engels, F.: Der Ursprung der Familie, des Privateigentums und des Staates. Stuttgart 1886
Flexner, Eleanor: Century of Struggle: The Woman's Rights Movement. Cambridge/Mass. 1966
Gilman, Ch. P.: The Man-Made World? Our Androcentric Culture. New York 1914
Anthony, S. B. et al. (Eds.): History of Womans Suffrage. 6 Bde. New York 1881–1922
Klein, V.: The Feminine Character. History of an Ideology. London 1946
Kraditor, A.: The Ideas of the Woman Suffrage Movement. New York 1965
O'Neill, W. L.: Everyone was Brave. The Rise and Fall of Feminism in Amerika. Chicago 1969
Pankhurst, E.: My Own Story. London 1914

Patai, R.: Women in the Modern World. New York 1967
Sinclair, A.: The Emancipation of the American Woman. New York 1965
Wollstonecraft, M.: Eine Verteidigung der Rechte der Frau mit kritischen Bemerkungen über politische und moralische Gegenstände (Originalausgabe London 1792). Dresden 1899

Personen- und Sachregister

Wolfgang Schmidbauer

Erziehung ohne Angst

Eine Orientierungshilfe für Eltern.
215 Seiten. Linson

Seele als Patient

Ein Aufklärung für Gesunde und Gefährdete.
349 Seiten. Linson

»Das vernutzte Wort ›Aufklärung‹ hat hier einmal sein volles Gewicht. Denn der Autor bietet mehr als eine populäre Darstellung psychiatrischen Lehrbuchwissens. Mit Recht spricht er von der ›Wehrlosigkeit‹ des Laien gegenüber der Psychiatrie und ihren Institutionen; der aber ist nicht mit Information an sich, sondern nur mit kritischer Information abzuhelfen.«
(Hans Krieger / DIE ZEIT)

Sensitivitätstraining und analytische Gruppendynamik

Mit einem Geleitwort von Günter Ammon.
2. Aufl., 13. Tsd. Serie Piper 56. 180 Seiten. Kartoniert

Piper

Serie Piper:

1 Hannah Arendt, Macht und Gewalt
2 Alexander und Margarete Mitscherlich, Eine deutsche Art zu lieben
3 Ich bin Bürger der DDR und lebe in der Bundesrepublik
Hrsg. Barbara Grunert-Bronnen
4 Christian Graf von Krockow, Nationalismus als deutsches Problem
5 Weizsäcker, Dohmen u. a., Baukasten gegen Systemzwänge
6 Aldous Huxley, Die Pforten der Wahrnehmung · Himmel und Hölle
7 Karl Jaspers, Chiffren der Transzendenz
8 Robert Havemann, Rückantworten an die Hauptverwaltung
»Ewige Wahrheiten«
9 Rudolf Wassermann, Der politische Richter
10 Hans Albert, Plädoyer für kritischen Rationalismus
11 Friedrich Gulda, Worte zur Musik
12 Hannah Arendt, Walter Benjamin · Bertolt Brecht
13 Karl Jaspers, Einführung in die Philosophie
14 Mario Wandruszka, Interlinguistik: Umrisse einer neuen Sprachwissenschaft
15 Michael Wertheimer, Kurze Geschichte der Psychologie
16 Hauptworte – Hauptsachen. Zwei Gespräche: Heimat Nation.
Hrsg. Mitscherlich / Kalow
17 Grebing / Greiffenhagen / Krockow / Müller, Konservatismus – Eine deutsche Bilanz
18 Leszek Kolakowski, Die Philosophie des Positivismus
19 Carlo M. Cipolla / Knut Borchardt, Bevölkerungsgeschichte Europas
20 Christa Meves, Verhaltensstörungen bei Kindern
21 Herbert Giersch, Kontroverse Fragen der Wirtschaftspolitik
22 Andreas Flitner, Spielen – Lernen
23 Karl Jaspers, Aspekte der Bundesrepublik
24 Biologie und Gesellschaft. Hrsg. Watson Fuller
25 Christian Graf von Krockow, Sport und Industriegesellschaft
26 Karl W. Deutsch, Der Nationalismus und seine Alternativen
27 Gerd Albers, Was wird aus der Stadt?
28 Über Eigentum und Gewalt. Zwei Gespräche. Hrsg. Mitscherlich / Kalow
29 Jesus und Freud. Hrsg. Heinz Zahrnt

Serie Piper:

Serie Piper:

62 Erving Goffman, Interaktion: Spaß am Spiel / Rollendistanz
63 Können wir unsere Zukunft überleben? Hrsg. G. R. Urban
64 Friedenserziehung in der Diskussion. Hrsg. Chr. Wulf
65 H. Kolitzus / G. Rager, Die 15-Minuten-Realität
66 Fasil Iskander, Das Sternbild des Ziegentur
67 Ignatij Dworjetzkij, Der Außenseiter
68 Neue Ziele für das Wachstum. Hrsg. J. Schlemmer
70 Günter Ammon, Psychoanalyse und Psychosomatik
71 Hanne-Lore von Canitz, Droge und Sexualität
73 K. Thimm / D. Echols, Schwarze in Deutschland
74 E. Ansermet / J.-C. Piguet, Gespräche über Musik
75 Information und Imagination
76 Hannah Arendt, Über die Revolution
77 Erhard Rosenkranz / Rüdiger Jütte, Abschreckung contra Sicherheit
78 Ingeborg Bachmann, Anrufung des Großen Bären. Die gestundete Zeit. Gedichte
79 Jurij Trifonow, Der Tausch
80 Carl-Ludwig Reichert, Red Power
81 Wolfgang Schmidbauer, Emanzipation in der Gruppe
82 Hospitalisierungsschäden in psychiatrischen Krankenhäusern. Hrsg. Asmus Finzen
83 Hans Lenk, Wozu Philosophie
84 Peter Uwe Hohendahl, Literaturkritik und Öffentlichkeit
85 Christian Graf von Krockow, Mexiko
86 Heinz Politzer, Hatte Ödipus einen Ödipus-Komplex?
87 Michael Hereth, Freiheit, Politik und Ökonomie
88 Leonie Ossowski, Mannheimer Erzählungen
89 Ursula Dechêne, Der lange Tod des Fixers P.
90 Hilde Domin, Von der Natur nicht vorgesehen
91 Wolfgang Hädecke, Eine Rußlandreise
92 Gerd Bucerius, Der angeklagte Verleger
93 Hans Jürgen Eggers, Einführung in die Vorgeschichte
94 Marcel Reich-Ranicki, Zur Literatur in der DDR